石 峻 谈力群 著

小学

XIAOXUE TIYU JIAOYU
SHIJIAN YU TANSUO

体育教育实践与探索

安徽师范大学出版社

·芜湖·

责任编辑:李　玲
装帧设计:丁奕奕

图书在版编目(CIP)数据

小学体育教育实践与探索 / 石峻,谈力群著. —芜湖 :安徽师范大学出版社,2015.12
ISBN 978 - 7 - 5676 - 2251 - 7

Ⅰ.①小… Ⅱ.①石…②谈… Ⅲ.①体育课 – 教学研究 – 小学 Ⅳ.①G623.82

中国版本图书馆 CIP 数据核字(2015)第 252728 号

小学体育教育实践与探索

石　峻　谈力群　著

出版发行:安徽师范大学出版社
　　　　芜湖市九华南路 189 号安徽师范大学花津校区　　邮政编码:241002
网　　　址:http://www.ahnupress.com/
发 行 部:0553 – 3883578 5910327 5910310(传真)　　E-mail:asdcbsfxb@ 126. com
印　　　刷:浙江新华数码印务有限公司
版　　　次:2015 年 12 月第 1 版
印　　　次:2015 年 12 月第 1 次印刷
规　　　格:787 mm×960 mm　1/16
印　　　张:18.25
字　　　数:340 千
书　　　号:ISBN 978 - 7 - 5676 - 2251 - 7
定　　　价:38.00 元

前　言

　　教科研能力是影响当下中小学体育教师专业化发展的瓶颈,也是普通体育教师成长为专家型体育教师的关键所在。作为一名基层体育教师,除了上好课、抓好业余体育训练、组织好校园文体活动之外,还要在力所能及的情况下做好教科研工作。当下,绝大数体育教师的教科研意识淡薄,对体育教科研工作不重视,平时不爱动笔。很多教师,虽然课堂教学能力很强,业余训练成效显著,校园文体活动开展得有声有色,但由于缺乏反思性研究和文字积累与理论提升,久而久之,教科研便成了他们的短板,从而影响了他们的专业成长。虽然教育部门也经常举办有关提高体育教师教学论文、案例撰写等教科研能力的培训,但收效甚微,实效性不高。市场上缺少专业的小学体育教科研方面的指导书籍,广大一线体育教师迫切需要来自实践并有理论提升的相关书籍,以指导自己的专业发展,提升自己的教科研能力。因此,本书的出版,能为广大一线体育教师提供一定的指导和帮助。

　　本书所列文章,是作者从近年来所撰写的 70 多篇发表或获奖的论文及案例中筛选出来的典型作品。这些作品是从一个基层体育教师的视角,对学校体育发展与创新、课程(资源)开发与利用、体育课堂教学与机智、课外体育组织与实施及学生体质健康调研与调控等方面的思考和感悟。由于本人水平有限,思维狭窄,可能在某些观点或表述上偏颇,敬请大家批评指正。

　　本书得到了浙江省特级教师、原省体育教研员董玉泉老师,浙江省特级教师夏玲玲老师,温州市教育教学研究院体育教研员蔡景台教授及龙湾区教师发展中心曾荣老师的悉心指导,在此深表感谢!

著　者

2015 年 8 月

目　录

学校体育发展与创新

课程（资源）开发与利用

甚至无效。

体育课堂教学与机智

课外体育组织与实施

获得的体育知识得以巩固,技能得以提高。

学生体质健康调研与调控

学校体育发展与创新

摭谈学校体育档案建设

体育档案是记载和反映一个学校体育教学、教研、教改等情况的归档保存材料,即指学校及体育教师从事体育教学实践活动和体育教学管理活动等直接形成的、有保存价值的各种文字、图表、声像等不同形式的体育教学文件材料。进一步认识体育档案建设的重要性,深入探讨学校体育档案建设的具体措施和制度,是加强体育教学管理的一个环节,有利于真实反映体育教学过程、教学研究及教学改革成果。本文是笔者结合自己的工作实践,就体育档案建设问题的一些个人认识。

一、体育档案的种类

根据档案内容的特点和使用价值,体育档案可分为以下四大类:

(一)综合材料类

包括上级主管部门如国家体育总局、各省(市)教育厅(局)下发的有关体育工作的文件,体育教学目标,体育教学改革、教学工作开展过程中形成的具体计划、规程,各级各类运动竞赛秩序册、成绩册等有关材料(如获奖情况、照片)等。

(二)体育课堂教学、教学改革和课外活动类

包括学校体育课程设置,教师自编教材讲义,公开课、观摩课的开展记录,上级单位、学校或个人举办的学术讲座、研讨会材料,典型教案或备课记录,教学计划,全校各班级各学年体育测验成绩以及各学年学生参加《国家学生体质健康标准》检测情况统计表,课外活动安排、计划和开展情况综述等。

(三)体育场地、器材和体育经费类

包括体育场地平面示意图,器材分类目录及器材报损、丢失登记表,体育场地、器材管理使用制度,体育教学有关录像带、录音带、幻灯片、图片分类目录,

体育经费的投入和使用明细等。

（四）体育教师业务档案类

包括教师基本情况登记表，教师学期、学年考核表，教师教学情况考核评估表，教师个人进修情况登记表，教师职称变更、学历变更统计表，教师业务活动奖励情况登记表，教师学期教学计划、进度、总结，教师毕业证书、职称证书复印件等。

二、学校体育档案建设存在的问题

对温州地区部分学校体育档案建设情况调查分析表明，有90%以上的学校体育档案材料除了几张学生体育测验成绩登记表外，其他几乎是一片空白，究其原因，主要是：

（一）领导重视不够

有的学校领导对体育档案建设不管不问，而有的学校领导甚至认为体育档案建设是一项多余的工作，与教学无关，因此出现了体育档案建设"上无人管、下无人做"的现象。

（二）硬件建设影响档案建设

有些学校对办学方向和目的认识不清，对体育硬件设施投入极少，如场地、器材等都达不到《中华人民共和国义务教育法》所规定的最低标准，甚至连学生上体育课所需的基本场地、器材都不能保证，从而严重影响和制约着体育档案建设。

（三）体育教师队伍不稳定

体育教师队伍不稳定也导致体育档案建设不健全。有些地区，体育教师缺少，很多学校聘用的是代课教师，导致体育教师队伍稳定性不高，流动性大。体育教师流动时，有时会把自己所经手的有关材料带走，致使别人无法弥补所缺少的材料，即使有些能弥补也或多或少不全甚至失真。

三、学校体育档案建设的措施

(一)领导重视,统筹安排,将体育档案建设纳入学校管理系统

体育档案隶属专业档案范畴,对于它的建设也应当实行专业对口管理。体育档案的收集工作涉及面广,工作量大,任务艰巨,如何做好这项工作呢?

(1)需要学校领导的重视,用系统的思想指导。根据整体性、相关性、有序性、创造性原则,采取一系列有效措施,加强体育硬件建设,搞好体育档案建设。

(2)在体育档案建设过程中,建立健全管理制度,增强全体体育教师的档案意识,在各方面的支持和配合下,保证体育档案建设工作顺利进行。

(3)在学校主管领导、教务处主任具体负责的同时,在学校体育教学中枢——体育教研组,配备兼职体育档案管理人员。体育档案管理人员应积极宣传档案的内容、作用和价值,主动为体育教学服务。

(二)建立健全体育档案管理制度,使其科学化、规范化

1. 体育档案管理人员责任制度

体育档案管理人员应全面负责档案的督促、指导、收集、整理工作,使档案材料齐全、完全、规范,并注意材料的科学有机联系。体育档案材料的收集主要是靠平时的积累,因此要求每位体育教师在平时办完自己经手的工作之后,速将所归纳的材料成套交给管理人员,然后管理人员将有价值的材料按体系整理立卷。案卷应有简单明确的标题、目录和备考表,案卷装订要整齐、牢固,封面书写要工整、清晰。管理人员必须以认真、严谨的科学态度和任劳任怨、积极负责的工作精神,确保体育档案建设的质量。

2. 查阅、借阅制度

查阅、借阅档案材料时,必须严格办理查阅、借阅手续,自觉维护档案材料的完整齐全。档案材料只限在指定地点查阅,未经领导同意,一律不得向外单位出借。因工作需要,需借阅档案材料复印时,需经领导批准后方可借出,归还时要进行检查。

本文写于 2000 年

对乐清市部分民办学校学生体育现状的调研

《全日制义务教育体育与健康课程标准(实验稿)》已正式颁布并在全国大部分地区开始实验,乐清市作为实验地区,已从2003学年起正式全面实施实验,体育学科作为实验领域之一被列为实验研究对象。为做好实验前期的准备工作,较深入细致地了解学校学生体育状况,使实验研究工作有针对性、实效性、科学性地开展,保证实验工作顺利进行,本文是在对乐清市部分民办学校三至六年级学生体育现状进行抽样问卷调查的基础上,对调查结果进行数理统计和分析,全面深入地了解民办学校学生体育现状,并以此为突破口,力求探索出一套适合改善学生体育状况,有利于学生身心健康和谐发展的新路子,以促进民办学校学生体育状况向良好的方向发展。

一、研究对象与方法

(一)研究对象

2006年,在乐清育英学校、乐清师范附小、柳市春晖寄宿学校、柳市英华学校、虹桥朝阳学校五所民办学校中,每个学校三至六年级各年级随机抽取一个班级作为研究对象,共20个班级,985名学生。

(二)研究方法

1.文献资料法
查阅有关文献资料,进行科学的理论分析。

2.调查法
共发出985份问卷,收回982份,其中有效问卷962份。问卷内容包括体育动机、体育兴趣与爱好、体育行为、外界因素、体育认知效果、心理健康及社会适应六个方面。

3.数理统计法
对调查对象的调查结果进行统计学处理,按各年级各类别进行分类统计,并对统计结果进行横向和纵向分析。

二、调查结果及分析

(一)体育动机

表1的统计结果显示,有一半以上(54.8%)的学生参与体育活动的动机是健身,而且这种以健身为动机参与体育活动的学生比例随着年级的升高、年龄的增长大体呈现下降趋势。这主要是因为随着学生年级的升高、年龄的增长,他们的生活阅历、认知水平也逐渐提高,他们参与体育活动的动机不再停留在基本的健身层面上,有相当一部分学生已转化为以转换心情、消遣为动机的较高层面,但也有近三分之一的学生仍处在以娱乐、考试、比赛等的短期动机层面,甚至对参与体育活动是无目的、随意的。

表1　学生参与体育活动的动机调查统计

体育动机	三年级		四年级		五年级		六年级		合计	
	人数	比例(%)	人数	比例(%)	人数	比例(%)	人数	比例(%)	人数	比例(%)
健身	107	60.8	165	66.8	68	42.8	187	49.2	527	54.8
娱乐	42	23.9	37	15.0	33	20.8	16	4.2	128	13.3
转换心情、消遣	16	9.1	14	5.7	24	15.1	72	18.9	126	13.1
无目的、随意的	3	1.7	9	3.6	6	3.8	44	11.6	62	6.4
考试、比赛等	8	4.5	22	8.9	28	17.6	61	16.1	119	12.4

从影响学生参与体育活动的主要因素调查结果可以看出,大部分学生是基于自身需求参与体育活动的,同时也说明大部分学生对参与体育活动有主体意识,但也有相当一部分学生参与体育活动的主要因素来自外因。对于这些以外界因素甚至是一些错误因素为动机来参与体育活动的学生,在今后的体育教学中不可忽视,应加以引导。

(二)体育兴趣与爱好

兴趣是学生学习的动力源泉。通过调查我们了解到,大部分学生是比较喜欢体育活动的,而且都有自己喜欢的体育项目,大部分学生喜欢的项目不是单一的,其中喜爱球类和游戏类的学生最多。调查中我们还发现,低年级学生的兴趣偏向于游戏类项目,高年级学生的兴趣偏向于对抗性项目;男生喜欢竞争性、冒险性强的项目,女生喜欢趣味性、娱乐性强并能展现美的项目;个子高、弹跳力好的学生喜欢跳高运动,柔韧性好、协调性强的学生喜欢技巧性运动。

此外,我们从调查中还发现,随着年级的升高,学生喜欢体育活动的程度有急剧下滑的态势,这不能不引起我们的注意和重视。从对体育课的态度调查可以看出,约有 28% 的学生对现行的体育课是不喜欢的,这也可能是学生不喜欢体育活动、没有自己喜欢的体育项目的原因之一。体育课是实现学习领域目标的途径之一,因此,我们必须寻找问题的根源,改变体育课教学模式,让所有学生都能主动、快乐地参与体育课。

(三)体育行为

表2 参与课外体育锻炼的主要时间段

时间段	三年级		四年级		五年级		六年级		合计	
	人数	比例(%)	人数	比例(%)	人数	比例(%)	人数	比例(%)	人数	比例(%)
5:00—7:00	—	—	—	—	—	—	16	4.2	16	1.7
12:00—14:00	104	59.1	184	74.5	122	76.7	38	10.0	448	46.5
16:00—18:00	56	31.8	51	20.6	24	15.1	244	64.2	375	39.0
其他时间	16	9.1	12	4.9	13	8.2	10	2.6	51	5.3
几乎没有时间	—	—	—	—	—	—	72	18.9	72	7.5

课外是学生从事体育活动的主要时段,也是体现学生体育行为的最佳时机,特别是民办寄宿学校,学生均寄宿在学校,如果没有丰富的课外活动,学生的身心是很难得到协调发展的。

调查结果显示,学生从事课外体育活动的时间段,三至五年级学生主要是

12：00—14：00，六年级学生主要是16：00—18：00时，这主要是与学校课程安排和作息时间安排相关。另外，大部分民办寄宿学校还有每天集体晨跑、每周周末体育活动等固定课外活动，这些活动有助于丰富学生的课外生活，充分发挥寄宿学校的优势。

通过调查还发现，部分学校大部分学生能保证一周三次以上、每次一小时左右的课外活动时间，但从课外活动的组织形式、内容上看，它们还值得研究和改善。从组织形式上看，学生课外活动基本上以学生自发小群体和自己活动形式为主，在课外活动时间不从事体育活动的学生还占相当大的比例。因此，学校必须加大课外活动改革力度，把课外活动时间还给学生，鼓励学生走出教室，到操场、到大自然中去。

（四）外界因素

影响学生体育状况的因素是多方面的，除了学生自身内因外，还包括学校、社会、家庭等外界因素。通过对影响学生体育状况的外界因素调查发现，学校因素，包括学校的体育场地、器材、任课教师、课程的设置和内容等对学生体育状况有明显影响。

调查结果显示，大部分学生觉得学校领导、教师对学生参与体育活动是比较重视的，对学校体育场地、器材、任课教师、课程的设置和内容等是比较满意的，但有小部分学生觉得学校也有不完善的地方，如有30.4%的学生对学校体育场地、器材不满意，而对学校体育课程内容不满意的占17.3%。这个调查结果不能不引起我们的重视和反思：学校必须优化现行的体育课程内容，改善学生的体育活动场所，进一步加大器材投入。

（五）体育认知效果

学生对健康的理解是不同的，有54.8%的学生认为健康是指身强力壮、精力充沛（见表3），其实这只是一个狭义的健康概念，指的是身体健康。实际上，广义的健康指的是身体健康和心理健康，参与体育活动的最大收获其实就是获得了广义的健康。

调查结果也显示，有67.6%的学生认为参与体育活动的最大收获仅仅是身体健康，实际上这只能说明学生对健康概念的理解有误，并不能反映学生的行为效果。

表3　学生对健康的理解

健康认知	三年级		四年级		五年级		六年级		合计	
	人数	比例（%）	人数	比例（%）	人数	比例（%）	人数	比例（%）	人数	比例（%）
没病或少病	24	13.6	38	15.4	20	12.6	41	10.8	123	12.8
身强力壮、精力充沛	102	58.0	132	53.5	89	56.0	204	53.7	527	54.8
心理愉快	36	20.4	48	19.4	28	17.6	114	30.0	226	23.5
其他	14	8.0	29	11.7	22	13.8	21	5.5	86	8.9

（六）心理健康及社会适应

表4　体育活动对学生对待成绩与挫折态度的影响

选项	三年级		四年级		五年级		六年级		合计	
	人数	比例（%）	人数	比例（%）	人数	比例（%）	人数	比例（%）	人数	比例（%）
能正确对待	152	86.4	228	92.3	144	90.5	362	95.3	886	92.1
对挫折无法忍受	12	6.8	13	5.3	9	5.7	8	2.1	42	4.4
对成绩沾沾自喜	12	6.8	6	2.4	6	3.8	10	2.6	34	3.5

　　以上调查结果显示,通过参加体育活动,大部分学生能正确对待自己的成绩与挫折。调查发现,有26.9%的学生认为参加体育活动能使自己的情绪发生明显的变化;有75.1%的学生认为参加体育活动能使自己的自信心、自尊心增强,有助于悦纳自己,自尊自爱;有53%的学生认为参加体育活动能使自己正确评价自己、他人以及自己在集体中的位置,且随着年龄的增大这些变化也越来越明显。但是也有一部分学生认为体育活动对自己的生活态度没什么影响,甚至还有副作用,对于这部分学生我们应该多多关注。

　　此外,体育卫生保健教育能引起学生在生理、心理保健方面的变化(见表5)。结果显示,有82.1%的学生认为有明显变化,体育卫生保健教育能使自己形成积极向上的生活态度,同时参加各种各样的体育活动能使自己在关心集体和他人等方面发生巨大的变化,能帮助自己有效地树立、增强集体荣誉感。

表5　体育卫生保健教育使学生在生理、心理保健方面的变化情况

选项	三年级		四年级		五年级		六年级		合计	
	人数	比例（%）	人数	比例（%）	人数	比例（%）	人数	比例（%）	人数	比例（%）
有明显变化,更重视	148	84.1	190	76.9	126	79.2	326	85.8	790	82.1
没有这方面知识学习	3	1.7	11	4.5	9	5.7	27	7.1	50	5.2
与以前一样不重视	25	14.2	46	18.6	24	15.1	27	7.1	122	12.7

体育活动不仅有助于身体健康,也能增进心理健康,对发展学生的社会适应能力具有独特的作用。调查结果显示:有80%以上的学生了解体育活动对心理健康的作用,能认识到身心发展的关系;70%的学生能正确理解体育活动与自尊、自信的关系;60%的学生学会了通过体育活动调控情绪的方法;60%的学生能通过体育活动建立和谐的人际关系,具有良好的合作精神和体育道德。

调查统计过程中我们还发现,男、女学生在某些因素上有差异,具体表现为男生心理障碍多于女生,特别是偏执、敌意等方面尤为明显,这一差异主要体现在高年级男、女学生身上,且随着年龄的增长而愈加明显。这一现象符合男、女学生青春期的性格特征,主要是由年龄生理特点决定的。以上调查结果不宜乐观,体育活动应面向全体学生,全面提高学生的心理健康水平和社会适应能力。

三、结论与建议

（1）少年儿童正处在生长发育最旺盛的时期,这一时期学生的身体状况对他们的健康成长具有重要影响。体育活动是促进学生身体发展和健康的重要手段,因此,我们必须引导学生积极参与体育活动、发展体能,引导他们形成正确的终身体育观。

（2）充分开发体育课程资源,加大体育课程的选择性,尽可能地满足学生多种多样的体育兴趣和要求。现代心理学与教育学一致认为,兴趣是一个人对客观事物的一种积极、自觉、充满热情的认识倾向,是个体主观能动性的体现,是学习中最活跃的因素。研究影响学生运动兴趣的因素,对开展学校体育活动具有重要意义。一般地说,学生最感兴趣的是力所能及与趣味性强的项目,对此,

教师要多做观察和研究,在安排教学内容时,合理搭配,把握时机,多选择一些学生喜闻乐见的项目,如一些民族民间传统体育项目等。

(3)学校体育是终身体育的基础,运动兴趣和习惯是促进学生自主学习和终生坚持锻炼的前提。学校体育活动的组织和措施应该反映学生的要求,确保所有学生均有机会参加自己兴趣高、基础好的运动,体验乐趣和成就感,成为有能力、热情的运动参与者。同时,学校应根据学生的需要成立相关单项体育协会或俱乐部,组织丰富多彩的各类体育活动或比赛,确保学生每天的活动次数和活动时间。

(4)学生心理健康问题已是不容回避的客观事实,学校一定要高度重视学生心理健康教育,广泛宣传和普及心理健康知识,使学生有机会理解和体验身体、心理和社会适应等健康的维度,学会了解社会、文化、经济和环境等因素对心理健康的影响,并能采取有关避免、降低和控制危险情景的策略和安全步骤。

(5)课程标准开拓出了一个全新的学习领域——社会适应。因此,分析研究学校体育对提高学生社会适应能力的功能十分重要,我们应从体育教学群体环境中身体练习、特殊教法、游戏、体育竞赛及体育活动特殊的"规则效应"中去提高学生的社会适应能力。

世界卫生组织对健康提出了一个明确而全面的定义:健康不仅是没有疾病和不虚弱,而且是在身体、心理和社会发展方面都保持完美的状态。即健康是三维的,包括身体健康、心理健康和社会适应。依据三维健康观,要使学生真正实现身体、心理、社会适应的整体健康目标,必须使学生在掌握体育健康课程基本知识和运动技能的同时,形成体育与健康的意识,养成良好的体育锻炼习惯,更好地落实"健康第一"的指导思想。

本文写于 2007 年

树立"健康第一"的教育思想
确保学生每天一小时体育活动

为切实提高广大学生体质健康水平,保证中小学生每天一小时体育活动时间,乐清育英学校在各级教育行政部门领导的大力关心和支持下,认真贯彻落实《中华人民共和国体育法》《学校体育工作条例》及中央7号文件精神,不断深化体育课程教学改革和课外体育活动改革,大力推行"快乐大课间"体育活动,弘扬求真务实精神,大兴求真务实之风,全面提高学校体育工作质量,不折不扣地落实学生每天一小时体育活动,成效显著。

一、领导重视,把落实学生每天一小时体育活动作为一项全校性教育工作来抓

体育工作作为学校工作的组成部分,每学期都被列为学校的一项重要工作。我校领导已把落实学生每天一小时体育活动,提高到了全面贯彻党的教育方针、坚持"健康第一"的教育指导思想的高度来认识。本着对社会、对家长、对学生全面负责的精神,我校把落实学生每天一小时体育活动作为一项全校性教育工作来抓,始终把学生的体质健康状况作为衡量学校教育质量的重要评价指标。建校伊始,学校就建立了以校长为组长,由各部门负责人参与的体育工作领导小组,负责领导全校的体育工作。学校各部门、各科教研组组长在校长的统一领导下,积极支持和参与这一工作,并明确规定班主任对落实本班学生每天一小时体育活动全权负责。学校体育工作领导小组定期或不定期培训班主任及热爱体育并有专长的文化课教师,充分发挥他们在此项工作中的作用。体育教研组重点做好学生体育骨干的培训、活动计划的制订、场地和器材的安检及活动的业务指导等,以保证活动安全、有序、有效地开展。

此外,学校还制订了一系列督导检查措施:对落实学生每天一小时体育活动工作突出、成绩显著的组织和个人,给予表彰和奖励;凡未落实学生每天一小时体育活动的班级,不得评为先进班级,班主任不得评为优秀班主任;凡不积极参加每天一小时体育活动的学生,不得评为三好学生;凡直接参加组织指导学生体育活动的教师均给予适当的报酬。在校领导的高度重视下,全校上下思想

统一,齐心协力,确保了这项工作卓有成效地开展。

二、实施新课程,贯彻新课标,开齐并上好体育课

我校严格按照教育部关于中小学体育课设置的规定和要求开设体育课:一、二年级每周为 4 课时,三至六年级每周为 3 课时。当然仅仅在时间上按要求开足了体育课是不够的,关键是要上好体育课。新课程改革正在如火如荼地进行,新的课程提出了新的课程理念,倡导"以人为本"的教育理念,倡导"自主、合作、探究"的学习方式。因此,我校体育教师在新课程改革浪潮中,不断地转变教育理念,在新课程理念及"快乐体育"思想的指导下,每一节课都要求体现"为学生服务"的教育理念,注重把时间和空间还给学生,不断鼓励学生树立自信心,敢做课堂的主人。

教学中依据课程标准的教学理念,强调以学生发展为中心,体现以人为本的精神,注重激发学生的运动兴趣。在练习中培养学生的体育意识,强调学生的创新精神和实践能力,让学生学会求知、学会做事、学会合作,让每个学生通过玩中学、学中玩、玩中创,充分感受自主与合作学习的愉悦,在愉悦中逐步掌握所学内容的动作方法。同时,在激活思维、拓展能力的过程中,让学生体验合作、创新、成功的心情,从而有效地提高学生主动参与学习的兴趣。

在教学内容资源的开发与利用的策略上,力求重建有现实意义、探索性和有价值的教学素材和课程内容,努力发掘发生在学生身边的同时又是学生特别喜欢的素材,把一些民族民间传统体育活动内容和新兴的体育活动内容,如跳竹竿、大秧歌、踏板舞等引进课堂,并以此为突破口进行教学设计,使新课程标准下的教学内容对学生充满诱惑感和吸引力,为教学目标达成服务。在培养学生个性的同时,让学生真正体验到体育学习的快乐,满足学生的心理需求,同时还不断改变传统的评价方式,采用教师鼓励性评价、学生相互评价、学生自我评价等多种综合性评价形式,真正让学生在成功中体验快乐,从课堂上确保了学生每天一小时体育活动的质。

另外,学校坚持走"科研兴校"之路,不断深化教育改革,励精图治,在 15 年的坚实历程中树立了"以促进学生的健康发展为宗旨,培养适应时代发展要求的健康人"的办学理念,确定了"以诚信为魂,以健康教育为支点,把学校办成具有特色和现代特征的'和谐''绿色'学校"的工作目标。学校始终把教学质量作为学校生存的第一生命线,并不断以课题研究为突破口,把提高课堂教学质

量和促进学生身心健康发展作为重点。学校还先后开展了以"对乐清市寄宿学校及走读学校9~11岁儿童身体形态调查分析""民办学校快乐体育教学模式研究""民办学校小学体育教学安全及安全事故防范研究"为课题的实验研究,并均取得了丰硕的成果。

图1　生动活泼的课堂

三、改革传统课间操形式,实行"快乐大课间"体育活动制度

"快乐大课间"体育活动是我校实施全国教育科学"十五"规划教育部重点课题"民办学校体育研究"子课题、浙江省教育厅教研室教学研究系统教学研究立项课题"民办学校快乐体育教学模式研究"研究领域的延伸,是在课间操基础上发展和创造出来的一种新的体育活动组织形式。与传统课间操相比,"快乐大课间"体育活动时间长(25分钟),活动内容多,组织形式活,练习强度适宜。它不仅可以对学生紧张的学习起到调剂作用,而且对促进学生身心健康有明显的实效。

我校自2003年第一学期起就全面实行了"快乐大课间"体育活动制度,共分为前期准备、方案设计、分组训练和展示推行四个阶段。前期准备阶段包括结合学校实际设计活动的框架,确定分组活动的内容、活动内容的编排及指挥音乐的选择与制作等,它是活动实施的起点。方案设计方面,我们力争做到科学性、创造性、特色性和可操作性。分组训练中,我们重点选择了民族民间传统体育活动内容、新兴体育活动内容及师生自创体育活动内容,充分调动了学生参与活动的热情。

活动内容的编排上,我们把握时代与民族两条主线,由师生共同编创有特色的主题操(班操和级操)。此外,我们还从美感、时代性、儿童心理、教育作用等角度出发,选择、制作了指挥音乐,把体育与艺术教育融为一体,在提高学生身体素质的同时培养了他们感知美、鉴赏美、创造美的能力。

至 2007 年 12 月,学校一共创编了四套"快乐大课间"体育活动,包括"红领巾"迪斯科、36 步集体舞、东北大秧歌、竹竿舞等。我们推行这一活动得到了学生的喜爱、家长的欢迎及社会的广泛关注。2003 年 12 月,中央电视台国际频道对我校开展的这一活动作了报道;2004 年 6 月,中央电视台又对我校的这一活动进行了专题拍摄;2005 年 9 月 8 日,中央电视台《少年体校》栏目再次到我校进行大课间活动拍摄,并在 9 月 25 日在少儿频道向全国播放。我校"快乐大课间"体育活动先后向社会展示过 5 次,引起了社会各界的强烈反响,一些知名企业也纷纷加入到我们改革的行列,分享我们改革的成果,如 2004 年 5 月 27 日,"肯德基"乐清店就主动同我校联手举办了庆"六一·肯德基"杯快乐大课间展示活动。

图 2　富有民族特色的竹竿舞(左)及东北大秧歌(右)

图 3　中央电视台对我校"快乐大课间"体育活动进行专题拍摄

图4 "快乐大课间"体育活动多次向社会展示

开展"快乐大课间"体育活动不仅保证了学生每天一小时体育锻炼时间,增强了学生的体质,缓解了学习疲劳,而且有利于培养学生良好的品质、个性、情感、兴趣等多项素质。活动还能增强学生的竞争意识、合作精神、争取胜利的信心与勇气以及承受失败与挫折的能力,具有培养学生严密的组织性、纪律性、集体责任感、荣誉感、民族进取心和奋发向上精神的功能。

我校开展"快乐大课间"体育活动以来,学生在许多方面都发生了巨大的变化:学生良好的精神风貌前所未有;学生在优美的音乐声中锻炼身体、消除疲劳,学习精力更加充沛;"快乐大课间"体育活动培养了学生的竞争意识、合作精神和集体主义精神,同学之间关系融洽,学生的体质明显增强;在参与创编"快乐大课间"体育活动内容的过程中,学生非智力因素也得到了开发,创新能力得到了提高,能有效地将体育与艺术有机结合,达到了以美辅德、以美促智、以美健体、以美育人的目的。

目前,"快乐大课间"体育活动已成为我校体育工作的重要组成部分和我校推进素质教育的突破口,它在为学生提供素质发展的条件与时空的同时,也有力地推动了学校的不断发展。

(1)为配合大课间活动的深入开展,多年来学校改进、增设了一大批体育器材,改造了全校室内外的音响系统,学校的面貌与硬件设施正发生质的飞跃,为学生提供了更好的健身环境。

(2)学生的思想道德和心理素质不断提高。丰富多彩的活动,不仅培养了学生的组织纪律性、集体主义和爱国主义精神,而且还使他们形成了互相激励、自学奋进的良好习惯,各种优良的意志品质正在潜移默化地形成。

(3)师生身体素质明显增强,对教育教学工作的协调发展起到了积极作用。

学生体质健康标准测试合格率明显上升,教师也变初期的"被动参加"为现在的"主动参与",大家都感到25分钟的大课间活动对自己身体素质与精神状态的改善大有益处,有利于教学质量的提高。

(4)每天25分钟的大课间体育活动,提供了师生之间、教师之间、校领导与教师之间相互了解的机会,有利于建立良好的校园人际关系,增强了学校的凝聚力与战斗力。

总之,实行"快乐大课间"体育活动,不仅改变了传统的课间操制度的弊端,也着实提高了学生的活动兴趣和课间操的锻炼效果,是保证学生每天一小时体育活动时间有益、高效的补充。

四、开放的课外活动,丰富了校园文体活动,保证了学生充足的锻炼时间

我校是一所新型民办寄宿制学校,根据全体学生寄宿在校这一得天独厚的条件,除了每天早晨安排1 000～1 200米晨跑外,还不断丰富学生课外体育活动,对课外活动课充分放开,尊重学生的兴趣、爱好,重视学生的参与性、娱乐性、合作性,彻底改变了那种要求学生统一行动,整齐划一,不考虑学生兴趣、爱好的做法。学生可以选择自己喜欢的运动项目,可自带体育器材,体育教师和班主任到场指导和组织,课外活动真正成为学生的乐园,学生不仅身心得到了锻炼,而且个性也得到了张扬。

此外,我校还经常组织小型校园文体活动及周末体育活动,如班级之间篮球友谊赛、乒乓球擂台赛、1分钟跳绳比赛、跳跳球比赛、自行车慢骑比赛等。这些活动几乎是周周有、月月有、次次新,每一次活动学生参与率都超过90%,参与热情高涨。如2005学年第一学期,我校小学部各年级开展的集体体育活动(除校运动会、体育文化节校级体育比赛及班级小型文体活动外)就达到了30次(见表1)。

表1 育英学校小学部2005学年第一学期校园文体活动安排表

时间	一年级	二年级	三年级	四年级	五年级	六年级
9月	30米集体接力	20米赶小猪	投准比赛	跳跳球比赛	乒乓球擂台赛	自行车慢骑
10月	30米钻圈比赛	1分钟跳绳	跳跳球比赛	20米踩高跷	1分钟仰卧起坐	50米集体接力

时间	一年级	二年级	三年级	四年级	五年级	六年级
11 月	1 分钟跳绳	50 米集体接力	足球射门	乒乓球比赛	跳长绳比赛	篮球友谊赛
12 月	呼啦圈	打"保龄球"	1 分钟跳绳	定点投篮比赛	30 米踩高跷	10 千克负重接力
元月	"矮人"赛跑	垒球投准	集体游戏	1 分钟仰卧起坐	篮球友谊赛	拔河比赛
负责人	王焕霞	元立军	赵强	王立新	黄丹敏	项桂云

晨跑

自行车慢骑比赛

迎面接力比赛

踩高跷比赛

跳跳球比赛

钻圈比赛

图 5 丰富多彩的校园文体活动

五、加强体育场馆、器材建设，营造良好活动环境

多年来，我校严格按照《小学体育器材设施配备目录》和《中学体育器材设施配备目录》的要求购置必要的体育器材，建设、改善体育场地设施，所有器材都是按照省一类学校体育器材配备标准来购置的。学校还先后投资 150 多万元修建了塑胶运动场，投资 60 多万元改建体育多功能厅，每年用于购买体育器材的经费不少于 10 万元。此外，学校还计划拨出专项资金兴建快乐体育园地，努力满足学生体育活动的需要，以确保学生每天一小时体育活动顺利开展。

六、加强宣传教育，营建良好的学校体育氛围

此外，我校还充分运用各种宣传渠道，如橱窗、校广播站、网站、黑板报等，广泛深入地宣传"每天锻炼一小时，健康工作五十年，幸福生活一辈子"，并加强对学生体育价值观、社会责任感和集体荣誉感的教育，培养学生刻苦锻炼的精神。在实际工作中，学校还根据我校是温州市体育传统项目学校及乐清市训练点的优势，逐渐形成了自己的田径、羽毛球体育训练特色和独特的体育精神，营造了一种良好的校园体育文化氛围，使学生自觉参加每天一小时体育活动。

总之，落实学生每天一小时体育活动，是一项现在乃至今后一个相当长时期内学校体育工作的重要任务，是学校体育工作最主要的目标，是为学生奠定良好终身体育基础的最基本的途径，是促进学生健康成长最有力的措施，是衡量学校体育工作是否到位的重要标准。我们将进一步脚踏实地，结合我校实际特点，采取切实有效的措施，按照《教育部关于落实保证中小学生每天体育活动时间的意见》要求，认真落实学生每天一小时体育活动，为提高我校学生的体质、健康水平作出更大的贡献。

本文写于 2008 年

对乐清市农村小学体育课程改革现状的调研

农村学校体育教育是农村教育的重要组成部分,加强农村学校体育教育无疑对实现体育课程标准提出的教育发展总目标至关重要,也是一项具有战略意义的重要工作。本文对 2008 年乐清市农村小学体育课程改革现状进行抽样问卷调查,并对调查结果进行统计和分析,提出了相关对策。

乐清市全面实施体育课程改革以来,体育课程领域已取得了突破性进展。然而,目前对于乐清市大部分农村小学来说,由于区域发展不平衡和教育经费短缺等多种原因,农村小学体育场地设施陈旧、运动器材不足、经费缺乏、学校体育管理滞后、有关法规和要求落实不到位等,客观上已经成为提高学校体育教育质量、推进体育课程改革的障碍。学生体育锻炼得不到基本场地、器材的保证,体育活动时间不能落实,有关规定和要求不能有效地执行,影响小学生体能素质健康发展。因此,研究农村小学体育课程改革五年来存在的问题及对策至关重要,有助于寻求改变农村小学体育课程现状及加快推进农村小学体育课程改革的方式方法。

一、研究对象

以乐清市六大学区 97 所农村小学及 246 名体育教师为研究对象。

二、研究方法

(一)文献资料法

查阅、收集、整理近年来相关资料,为本文观点和研究思路提供借鉴。

(二)问卷调查法

设计"乐清市农村小学体育师资队伍情况调查问卷"及"乐清市农村小学体育课程实施现状调查问卷",以文件形式发放,要求以学校为单位填写上报。共收回问卷各 97 份,问卷全部有效,有效率100% 。

（三）访谈法

随机对所调查的部分农村小学的领导及一线体育教师进行访谈,了解相关情况。

（四）数理统计法

整理调查结果后,利用 EXCEL 软件进行统计分析。

三、调查结果及分析

（一）师资队伍现状

调查统计结果见表1、表2。

表1　乐清市农村小学体育教师年龄、学历结构状况

		人数	比例（%）
年龄段	30 岁以下	205	83.3
	30～39 岁	17	6.9
	40 岁及以上	24	9.8
学历	中专及以下	56	22.7
	大专	162	65.9
	本科	28	11.4

表2　乐清市农村小学体育教师职称状况

职称	人数	比例（%）
高级	11	4.5
一级	126	51.2
二级	78	31.7
其他（代课、无职称）	31	12.6

我市坐落在浙东沿海经济发达的温州地区,本次调查的乐清市 97 所农村小学中,在册体育教师246 名,其中男教师144 人,女教师102 人。学历结构状

况为:本科学历 28 人、大专学历 162 人、中专学历 47 人、高中及高中以下学历 9 人,分别占 11.4%、65.9%、19.1%、3.6%,学历合格率为 96.4%。年龄结构状况为:30 岁以下教师 205 人、30～39 岁教师 17 人、40 岁及以上教师 24 人,分别占 83.3%、6.9%、9.8%(见表 1)。教师职称状况为:小学高级教师 11 人、一级教师 126 人、二级教师 78 人、其他(代课、无职称)教师 31 人,分别占 4.5%、51.2%、31.7%、12.6%(见表 2)。乐清市级及以上教坛新秀、骨干教师 2 人,占 0.8%。

综上所述,我市小学体育教师队伍情况喜忧参半,喜的是,年龄结构合理,学历状况良好,任职资格合格,男女教师比例协调;忧的是,在访谈中得知大部分教师虽然挂名为体育教师,其实在兼任语文、数学等学科教学工作。此外,在农村小学体育教师中骨干教师比例偏少。

(二)场地、器材现状

本次调查的 97 所农村小学中,有 200 米以上环形跑道的学校只有 7 所,生均体育场地面积为 3.88 平方米,而且大部分学校体育场地的质地较差,运动场杂草丛生,高低不平。有室内场地的学校只有 3 所,而且还被挪作他用。体育器材与《小学体育器材设施配备目录》规定的配备标准相差甚远,全市农村小学人均体育经费不足 5 元/年,这反映出我市农村小学体育器材极度缺乏的现状。而体育经费的严重不足是制约农村小学体育发展的主要因素。

(三)体育课程实施现状

1.体育课程落实现状

课程改革以来,我市广大农村体育教师认真学习课程标准理念,落实课程标准精神,但也有些农村学校由于领导不重视体育课程,不按要求开齐开足体育课。在本次调查的 97 所小学中,没有一所学校在一、二年级每周开设 4 节体育课,而三至六年级每周开设 3 节体育课的学校也只有 18 所,占 18.6%。可见,我市农村小学体育开课情况与教育部的要求仍有较大差距。

2.体育教学的依据与课本使用情况

在体育新课程改革已全面开展的今天,体育课程标准的试行从理论上讲已覆盖所有中小学。在调查中我们发现,我市农村小学选择依据课程标准进行教学的学校只有 43 所,约占 44.3%,而选择依据体育教学大纲进行教学的学校约占 55.7%，即仍占有相当大的比例。

3.体育课外活动的现状

据调查,在此 97 所农村小学中,不开展课外体育活动的学校有 32 所,约占 33.1%;每周开展 1 ~ 3 次的学校有 43 所,占 44.3%;每周开展 4 次及以上的学校仅占 22.6%。

4.开展课间操的情况

据调查,我市农村小学正常开展每日课间操活动的情况非常好,其中还有 12 所学校每日安排了 2 次课间操活动,这符合新课程改革的潮流。

(四)农村学校体育课程存在的问题

1.农村学校体育资源贫乏,分配极不平衡

我市地域辽阔,城乡间与地区间经济文化发展的差异决定了我市农村体育资源的短缺和贫乏,特别是在开发和利用体育课程资源方面,城镇与农村存在着极大的差异。城镇的一些学校可以利用社会赞助、学生自购器材改善办学条件和场地设施建设,而农村学校很难做到,即使部分学生有能力购买器材,但受场地等硬件设施的限制最终只能成为泡影。对于农村学校而言,课堂上只要能提供一定数量的篮球、足球等,对学生来说就是"理想课堂"了。除了球类外,农村学校大部分运动项目最终都只能是"纸上谈兵",更别说培养学生技术、技能了。同时,在农村仍然存在着相当数量的"一校一师"现象。在被调查的 97 所小学中,有 6 所学校无体育教师,体育课程由其他任课教师兼带,而且在大部分农村学校中,体育课程都很难按要求开设,这些都是目前急需解决的难题。

2.大班教学问题严重,导致部分体育项目无法开展

我市农村学校中每班超过 60 人的班级仍然十分普遍,大班教学问题已经成为农村学校中很普遍的问题。场地的短缺、器械的贫乏、师资的不足,使得农村许多学校的班级人数大大超过教育行政部门的规定。由于体育教学对场地、器材的依赖远远超过其他课程,因此,大班教学问题对体育教学的影响比对其他课程的影响更为严重,这给体育课的组织、安全等方面带来了极大的负面作用。

3.学校领导班子的态度直接影响着体育教学的发展

在我市农村学校,领导仍然存在传统的重主轻副的思想。重智育轻体育的模式,直接限制了农村学校体育教学的发展。在有些领导心中,只有语文、数学

等文化课程,至于体育,他们认为,在不影响主课的前提条件下,仅仅是对学生紧张学习生活的一种调节和放松。再加上体育活动本身特有的规模大、范围广等特点,使得大部分体育活动无从搞起,即使搞活动也仅仅是出于形式,至于要达到什么样的程度、取得什么样的成绩,很多学校领导则认为是无关紧要的,这在某些程度上大大歪曲了体育活动的性质,贬低了体育活动应有的作用和价值。

4.教师自身的素质和业务水平直接阻碍了农村学校体育教学的发展

在农村学校体育课堂中,穿皮鞋、西服进课堂的体育教师大有人在。他们粗鲁的教学语言、草率的教学态度、草草了事的示范动作、"放羊式"的教学模式,与体育教师的身份截然不符。有些教师甚至认为教学只为了应付检查,即使教出来的东西也大部分仅仅是为了作秀,即所谓的"小大人"。同时,教学方法呆板、滞后,教学思想陈旧、落后、停滞不前等,都是农村学校体育教学面临的又一大重要难题。

四、对策与思考

(一)加强各级教育行政部门领导的学习,提高思想认识

把农村体育纳入学校教育的发展战略,充分认识到农村学校体育的价值具有终身效益,真正全面贯彻教育方针,提高对农村体育的参与意识和社会责任感,是促使农村学校体育工作蓬勃开展的重要环节之一。同时也要加强体育具有社会功能和价值意义的教育,培养学生锻炼身体的习惯,使他们形成自觉锻炼身体的心理定势。多年后,他们将分布在社会的各条战线上,这对增强整个社会体育意识的作用是不可估量的,意义是深远的,是一项迫切的教育任务和长远之计。

(二)加强体育场地、器材的建设,增加体育经费的投入

具体措施是:学校挤一点,上级拨一点,争取社会赞助一点;土法上马,土洋结合,因陋就简,因地制宜,自制为主,为教学和业余训练提供必备条件。

(三)优化教学内容与过程是发展农村学校体育的重要途径

1. 充分挖掘农村体育教学资源,培养学生学习动机

让学生成为学习的主人,人人从情感上、行动上主动参与教学活动,做到人人参与活动,人人健康发展,把固定化的知识、技能转化为灵活多变的教学手段。农村有许许多多的生活材料都可用作体育课教学素材。对于学生学习动机的培养,农村小学有着特有的优势,如把一些运动技能迁移到学生日常生活中,促使他们更好地掌握运动技能,并围绕运动技能的教与学去实现其他领域的目标,以实现"健康第一"之目标。

2. 采取形式多样的教学方法,激发学生学习兴趣

农村学生相对于城镇学生而言,身体素质、体育能力、认知水平等稍弱,较难的教学内容会降低农村学生的学习兴趣,因此,在教学中,为了激起学生的学习兴趣,教学内容的安排要深浅适当,难易适度,并且要求教学内容必须是学生经过一定努力所能掌握的。同时还要考虑到水平较差的学生也能跟上教学要求,选择一些适合农村学生的教学方法,这样就能使学生体验到学习上的满足感,从而推动学习。

3. 利用竞赛因素,调动学生参与体育学习

体育教材中的各项体育活动本身就含有竞赛特点。适当采用竞赛形式组织教学活动,利用竞争心理因素激发学生学习的积极性。在农村,到处都是竞赛的情景,如田里农民丰收、播种、搬运、劳动,树林里小动物们追跑等,无不蕴藏着竞赛形式。在教学组织形式上可采用这些来组织学生进行竞赛,让学生亲自体验劳动的艰辛与乐趣,以此达到学习的目的。

(四)将体育工作列入学校全面工作的评估条件中

要克服单纯以升学评价学校的不良倾向,加强农村学校体育工作规章制度建设,使农村学校体育逐步实现规范化、科学化,不断发现和培养乡、村学校体育工作的先进典型,树立榜样,使得学有方向、赶有目标,创造良好的体育环境。

(五)加强农村学校体育师资队伍建设

(1)动员和鼓励优秀体育教师到农村学校去任教,不断充实农村学校体育师资队伍,增加数量,提高质量,积蓄后备力量。

（2）建立县、镇、村三级辅导站，定时定点辅导。建立乡村联系点制度，努力提高农村小学体育教师业务能力和工作水平。

（3）加强专职、兼职体育教师培训、函授、进修和观摩学习等，提高他们的思想觉悟、思想境界和文化素质，使其掌握体育专业理论及相邻学科的基础知识，如美学、音乐、语言文学等方面的知识。只有掌握熟练的技术、技能，建立知识的立体结构，才能从各个学科体系中汲取自己所需要的东西，并融化到体育工作的实践中，使教学和业余训练不断地创新和发展。

（4）关心广大农村体育教师生活，稳定教师队伍，正确对待体育教师的待遇、地位、荣誉等，尊重体育教师的劳动，调动体育教师的积极性，使他们安心工作。

总之，在新一轮课程改革下，特别是党中央提出新农村建设的大好背景下，作为农村体育教师，必须正视现实，因陋而简，不断加强自身业务知识的学习，改善自己的知识结构，提高自己的专业素质和能力，以培养合格人才为己任。同时，对于农村小学管理者来说，必须转化观念，加大体育投资力度，摆正体育学科的位置，大面积提高教学质量，切实提高农村小学生身体素质，促进学生身心健康和谐发展，为新课程在广大农村顺利实施和社会主义新农村建设尽一份责任和义务。

本文写于 2008 年

对乐清市农村中小学体育校本研训现状的调研

传统教研方式制约着校本研训的深入开展,学校和教师校本研训意识不强,展示课、公开课等形式的教研离教师的教学实际有一定距离,不能满足体育教师的专业发展需求。创新研训机制,强化校本意识,加强专业引领,是深入推进农村中小学体育校本研训制度建设的有效之举。

随着体育课程改革的深入推进,体育教师专业素养成为制约新课程实施的最关键因素。体育校本研训的诞生是新课程背景下教学研究重新定位后的必然产物,课改前和课改中的大规模培训怎样变成体育教师课堂教学的实际行为,是体育校本研训要解决的根本问题和主要任务。本文对 2008 年温州乐清市部分农村中小学体育校本研训现状进行了抽样调查,并对调查结果进行分析,以期对农村中小学体育校本研训提出一些建设性意见。

一、调查对象、方法与内容

(一)调查对象

浙江省温州乐清市部分农村初中及小学共 55 所,及各学校部分体育教师共 350 人。

(二)调查方法

调查主要采用抽样问卷调查法,并辅以访谈法和文献调查法。调查人员将问卷直接发给教师,当场无记名填写、回收,保证了问卷的有效性。

(三)调查内容

调查问卷按教研的组织结构、教研实施的程序、教研内容的针对性和实效性、教研的形式等维度进行设计,以了解教师的自身感受。本次调查共发放问卷 350 份,收回问卷 337 份,回收率 96.3%。

二、调查结果及分析

(一)对体育校本研训认识情况等的调查

有关体育教师对体育校本研训的认识、对体育校本研训作用的认识,以及学校领导参与体育教研活动情况的调查结果见表1、表2和表3。

表1　体育教师对体育校本研训的认识

对体育校本研训的认识	人数	比例(%)
是一种新的教研形式	256	76.0
同过去的教研一样,只是换了个名字	55	16.3
不清楚什么是校本研训	26	7.7

表2　体育教师对体育校本研训作用的认识

对体育校本研训作用的认识	人数	比例(%)
有促进作用	181	53.7
对教师帮助很大	98	29.1
实效性很差	58	17.2

表3　学校领导参与体育教研活动情况

参与情况	人数	比例(%)
主动参与	244	72.4
被动参与	35	10.4
偶尔参与	37	11.0
不参与	21	6.2

可以看出,大多数中小学体育教师经历了近六年的课程改革后已充分认同了体育校本研训,过半数的体育教师在体育校本研训中受益,近三分之一的体育教师从体育校本研训中得到了很大帮助,所以体育校本研训已成为深受体育教师欢迎的教研形式。

调查中还发现,体育教研组的建设是体育校本研训中不可忽视的工作,因已引起了大多数学校的重视,大多数学校的体育教研组组长是由体育教学骨干担任,他们在课程改革和教学工作中越来越受到重视,赢得了广大教师的信任。大多数学校领导将参与体育教研活动、组织研究体育教学问题作为抓好业务工作的主渠道,并得到了广大教师的认可。这些是体育校本研训工作得以顺利开展的前提条件。

(二)对体育教研组主要任务等的调查

有关体育教研组的主要任务、体育教师对课题研究的认识、教研主题,以及体育教师对传统评优、评先活动的认识的调查结果见表4、表5、表6和表7。

表4 体育教研组的主要任务

主要任务	人数	比例(%)
讨论教学问题	255	75.7
安排教学进度	50	14.8
安排教学活动	28	8.3
其他	4	1.2

表5 体育教师对课题研究的认识

认识	人数	比例(%)
非常有用	243	72.1
没有时间和条件进行	79	23.4
没有用	12	3.6
不可能	3	0.9

表6 教研主题

教研主题	人数	比例(%)
教学热点问题	223	66.2
教研组长安排	52	15.4
学校领导安排	31	9.2
随意	31	9.2

表7 体育教师对传统评优、评先活动的认识

认识	人数	比例(%)
非常有意义	213	63.2
作用不大	55	16.3
只是一种荣誉	38	11.3
为了评职称	31	9.2

根据上述统计结果并结合对不同中小学领导、体育教师的访谈可以看出,体育教研组作为体育教师探讨教学问题的主要组织,在学校有着传统的优势和地位。特别是随着新课程改革的推进,大多数体育教师认同课题研究对教学有着引领和导向作用,因为课题是新理念和教学改革方向的体现,课题研究会给他们带来新东西,提供集中研究、团队合作的平台。教研组的研究多数有着共同的主题,但也存在组长及领导安排的现象,这些能否反映教师的需求,帮助教师解决教学中遇到的实际问题,值得进一步研究探讨。

对于评选教学能手、教学骨干等活动,大多数教师认为非常有意义,说明中小学体育教学评比已成为广大教师认可的教师专业成长渠道,充分发挥了已有的体育教学能手在新课程改革中的作用,并创新了体育教学能手评选机制,有利于促进广大体育教师的专业成长。但还应注意到,有些体育教师缺乏课题研究的时间和条件,体育教学能手评选后所发挥的作用受到其他体育教师的质疑。

(三)对校本研训形式等的调查

有关校本研训形式、体育教师对教学后记(教学反思)意义的认识、有效教研形式以及体育教师对公开课或研讨课作用的认识的调查结果见表8、表9、表10和表11。

表8 校本研训的形式

形式	人数	比例(%)
围绕一个主题研讨	170	50.5
交流学情	112	33.2
领导讲话	18	5.3
理论学习	37	11.0

表9　体育教师对教学后记(教学反思)意义的认识

认识	人数	比例(%)
有利于及时总结得失	284	84.3
没什么用处	25	7.4
加重了负担	21	6.2
束缚了教师	7	2.1

表10　有效教研形式

形式	人数	比例(%)
学科组教研	164	48.7
备课小组集体备课	67	19.9
进行课题研究	54	16.0
参加县(市)或镇教研活动	44	13.0
其他形式	8	2.4

表11　体育教师对公开课或研讨课作用的认识

认识	人数	比例(%)
作用很大	227	67.4
作用不大	59	17.5
不实用	34	10.1
只是做样子	17	5.0

　　校本研训的形式对教师的影响是最深刻的。从以上调查结果可以看出,传统的"围绕一个主题研讨"的教研仍占主流,约三分之一的教研还是进行学情交流,没有明确体现出研究意识及问题意识。但绝大部分教师对写教学反思是认同的,表明教师在实施新课程过程中已初步具有进行自觉反思的研究意识,这是校本研训深入推进的生命力所在。随着校本研训形式的改革,虽然近半数教师认为学科组教研最有实效,但集体备课和课题研究也成为广大教师的需求。丰富多样的教研形式使广大教师的教研视野更宽广,多渠道获取教研信息将会使常规教研质量得到提升。从调查中可以看出,广大教师对不同层次公开课或研讨课的作用很认同,这也反映出课程改革以来不同层次的公开课或研讨课对新课程

实施起到了非常明显的典型引路作用,校本研训还应循着公开课或研讨课的路线走下去,因为课堂是实施新课程的主阵地,新课程最终要落实在新课堂上。

(四)对体育教师最希望的指导方式等的调查

有关体育教师最希望的指导方式及听课、评课方式的调查结果见表12、表13。

表12　体育教师最希望的指导方式

方式	人数	比例(%)
课改专家与经验丰富的教师指导	131	38.9
同事之间对教学实际问题的切磋交流	74	21.9
经验丰富的教师在教材教法方面的指导	39	11.6
与同事共同阅读理解材料,并相互交流	55	16.3
纯理论指导	38	11.3

表13　体育教师最希望的听课、评课方式

方式	人数	比例(%)
专家、优秀教师和自己合作备课,再听课、评课	122	36.2
听优秀教师的课并结合自己的教学实际参加讨论	73	21.7
听优秀教师的课并听专家点评	54	16.0
专家和优秀教师听自己的课并点评	64	19.0
与和自己水平相当的教师相互听课讨论	24	7.1

调查显示,中小学体育教师最希望得到专家和优秀教师对其课堂教学的指导,这要求我们在体育校本研训过程中应将专业引领落实在课堂教学中。教师同事之间对教学实际问题的切磋之所以受到教师的欢迎,是因为教师在日常课后随机开展的教研活动使他们不自觉地从同伴互助中受益,同时也反映了在课程改革中,教师随时面临许多实际问题急需同伴切磋。

新课程改革以来,不同层次的研讨、观摩活动,都以公开课为主要形式来展示新的理念和新的课堂教学模式,但我们可以看到,一线体育教师最希望的是专家、优秀教师能和自己合作备课,再听课、评课,以及既能听到优秀教师的课,听专家对优秀教师的课的点评,又能结合自己的教学实际参加讨论,有发言的机会。一部分教师还希望专家和优秀教师能听自己的课并进行点评,这些都为体育校本研训的实效性指明了方向。因此,我们应加强专业引领资源的建设,对当前校本研训现状进行不断总结、反思和提升。

三、问题与建议

(一)存在的问题

1.教研机制创新不够,不能适应课程改革对体育教师专业成长的需求

首先,当前多数学校仍沿用传统的教研组织形式和研究模式,在大部分中小学中,以一人为主的教学权威意识,使校本研训不能成为广大体育教师平等、真诚交流的平台。多数体育教师在校本研训中没有新鲜感,特别是缺乏对校本研训的设计、策划意识,校本研训仍是学校领导、组长随心所欲的事,提出的问题不切合体育教师的教学实际,使得教研在一定程度上成为教师的新"负担"。

其次,体育校本研训的视野过于狭窄,多数仍只满足于每学期一次的公开课研讨及体质健康标准检测成绩的分析,而体育教师的学习交流、教学资源的开发与利用等没纳入校本研训中。

再次,当前体育教师的负担过重和体育教师待遇问题也促使教师很难有积极性或静下心来进行教学反思和教研。体育校本研训在中小学仍属"挤时钻空"之事和教学之外的"副业",远未成为学校教学工作的中心。

2.校本意识和问题意识不强

传统教研的主题多来自上级、课程标准和教科书,多数体育教师已习惯于此,因此,怎样将体育新课程实践中的许多问题提升成为教研组共同的教研课题,对学校领导和教研组组长提出了挑战,它直接影响着体育教师参与校本研训的积极性和校本研训的实效性。特别是当前一些学校仍存在照搬外校教研模式的现象,重形式轻内容,重一次性轻规划,重展示轻坚持和跟进,使校本研训形不成长效机制。

3.公开课离一线教师还有一定的距离

公开课、观摩课是体育校本研训的一种重要方式,是使体育课程改革与体育教师的专业发展真正结合起来的重要途径。但目前多数体育公开课或规模过大,或过滥过多,水平一般,这一方面使多数教师只有听和看的份,没有亲身参与讨论的机会;另一方面,由于条件限制等原因,教师缺乏选择性,得不到期望的收获。特别是由于得不到课改专家和优秀教师的跟进点评、指导,使一些基层做公开课的体育教师得不到有效提升,进而和其他体育教师一样对公开课产生"厌倦感"。体育公开课作为校本研训的重要方式,需要进一步走近普通教师的课堂教学实际。

(二)建议

1. 加强体育教师校本意识和研究意识

校本意识就是"基于学校,为了学校,在学校中"意识。要使体育校本研训成为教师实施新课程过程中的问题"会诊所"、困难"求助站",学校必须制订出体育校本研训的长远规划,帮助体育教师形成个人专业成长规划,完善学习、对话和交流制度,使体育教研组织成为学校体育教育教学的参谋部。要对体育校本研训进行精心设计和安排,广泛征求体育教师的意见,使教研的主题真正反映体育教师在教学中遇到的实际问题。要完善研究机制,使教学问题有研讨,更有实施和反馈,通过完整的研究程序,形成研究成果。

2. 加强专业引领及农村中小学体育校本研训工作,提升教师教研水平

要重视研究课题对校本研训的引领作用。在课题的选择和产生上,要从学校和体育教师的实际出发,以课题组形成研究集体,通过课题联系不同层次的专家,对体育校本研训予以指导,使新的理念尽快转化为体育教师的教学行为,使体育教师在课题研究中得到专业提升。要进一步加强中小学优秀、骨干体育教师队伍建设,特别是针对农村中小学体育师资薄弱的现实,要加快培养农村体育教学骨干,充分发挥优秀、骨干体育教师的作用,通过定点扶持、结对带动、定期送教下乡等活动,使农村中小学的体育校本研训走出低水平循环状态。专家和优秀体育教师要转变参与教研的方式,和学科教师一起备课、听课、点评、研究、跟进指导,提前介入、全程参与教师的公开课研讨活动,使中小学体育学科的每一次教研都让体育教师有实实在在的收获与提高。

本文写于 2009 年

跳下奥数战车　奔向运动赛场

国际数学奥林匹克(International Mathematical Olympiad,简称 IMO),简称奥数。奥数竞赛是一项以数学为内容,以学生为对象的国际性竞赛活动,至今已有 50 余年的历史。奥数竞赛作为一项国际性赛事,由国际数学教育专家命题,出题范围超出了所有国家的义务教育水平,难度大大超过大学入学考试。有关专家认为,只有 5% 的智力超常儿童适合学奥数,而能一路过关斩将冲到国际数学奥林匹克竞赛顶峰的人更是凤毛麟角。

当今,奥数竞赛已成为中华大地上最有影响力的学科竞赛,从小学到初中,各地各校的奥数培训班如雨后春笋,许多孩子迫于家长及老师的压力,被无奈地绑上了奥数战车,使得"全面奥数"风愈演愈烈。很多孩子被迫离开运动赛场走进奥数赛场,巨大的精神压力及大量的偏、怪、难题夺去了他们的睡眠和体育锻炼时间,使得他们的体质健康水平每况愈下,孩子的运动天赋受到了克制,运动能力、竞技水平逐年下降。尽管教育主管部门出台减轻学生负担,严格禁止各类小学、初中以各种名目办奥数班的规定,但很多学校依然打起了擦边球,变奥数为"趣味数学""数学思维训练"等。然而,对于这一现象,我们教育工作者应如何面对? 我们学校体育教育者应如何面对? 这是摆在我们面前不可忽视的一个教育问题,也是一个社会问题。

案例一:田径组门可罗雀　奥数组人满为患

乐清育英学校是一所民办寄宿学校,为发展学生个性特长,学校从建校初就开设了兴趣活动课,每周 4 节,包括活动类、表演类、智力类等 30 余个项目,供学生选择。当时的热门项目主要集中在田径、篮球等体育活动类项目,参加者还要经过班主任推荐、选拔、试训 3 个环节,一个辅导老师少则要带 30 来人,多则要带 50 来人,可谓人满为患。近年来,随着奥数热的升温,田径队、篮球队可用门可罗雀来形容,每个小组人数都在 10 人左右,而且来参加田径、篮球项目的学生大部分是行为习惯差、身体素质差、无兴趣、无特长的学生,而一些好的优秀体育苗子都被卷进了奥数热潮中,绑上了奥数战车。

案例二：往事不堪回首

2012 年的教师节期间，一位曾在小学田径队训练的学生来看我。他叫郑光辉，是 2003 年从我校小学毕业的一名体育特长生，如今高中没毕业的他在家继承家业，担任家族企业的老板。他有 1.82 米的身高、修长的下肢，是难得一遇的体育人才，可他为什么没走上体育之路？事情还得从他小学四年级那年说起。

我是郑光辉小学时的体育老师，他刚进校的时候我便发现了这位与众不同的体育特长生——好动，协调性好，善模仿，各方面身体素质都不错，于是我便把他招募到了我负责的田径队训练。三年级那年，他的跳远成绩就能同高年级学生抗衡了，到了四年级，他代表乐清市参加温州市田径分龄赛获得了 10 岁组男子跳远四项全能第一名。但五年级时，情况发生了变化，因为五年级是小学毕业的关键年（当时小学阶段是五年制），家长、班主任找到我，说孩子数学基础差，因初中招生考试又不考体育，学体育没有用，于是决定让孩子放弃田径训练，主攻奥数，以应付小升初考试。尽管我反复强调田径训练不会影响孩子学习，要为孩子的前途着想，对孩子来说，有坚实的田径基础，今后也可以走体育这条路，但还是无济于事，就这样，郑光辉离开了田径队。小学毕业考试结果公布，郑光辉的数学成绩不仅没有提升反而还挂起了红灯，体育成绩也大幅度下滑。

回想学奥数的情景时，郑光辉说："往事不堪回首，那简直是折磨，我本来数学成绩不怎么样，学奥数无异于将我的不足暴露于同伴面前，反而打击了我对数学学习的兴趣和自信心。在奥数班学习一年，我不仅数学成绩没有提高，反而还退步了，真后悔当时放弃田径去学奥数。"

案例三：是否还会重复昨天的故事

赵一墨是田径队一名队员，2011 年读三年级。他身高不算太高，但有运动天赋，反应敏捷，下肢爆发力好，尤其是在短距离项目上成绩非常突出，是第 14 届、15 届连续两届校运动会 60 米短跑金牌得主，运动能力在同龄队员中首屈一指。他一、二年级时一直在田径队训练，但三年级第一学期开学后，一直没来田径队训练，而是转去了奥数班。听他同学说，赵一墨本身不喜欢奥数，是那天（9 月 6 日）兴趣小组报名时他妈妈来了硬逼他去奥数班的，他当时还哭着不愿去，后来百般无奈还是去了。

一次偶然的机会我碰到了他妈妈,问及此事,他妈妈解释说:"孩子到了三年级,我感觉他数学基础不太好,升初中时都要考奥数题,将来升初中的时候会吃亏的,现在三年级刚好有奥数兴趣小组开起来,我就让他去学学奥数,为今后早作准备。"听了家长一席话,我陷入了沉思……

案例四:我不学奥数同样也很优秀

杨杨是2011年从我校初中毕业的一名体育特长生,她以优异的成绩被温州中学体育特长班录取。杨杨的体育特长是田径,她从小学一年级开始就跟随我练田径,一直到初中毕业,整整9年,杨杨一直没有放弃,也没有退缩。9年间举行的校运会,只要是她参加的比赛项目,金牌全部被她垄断。她先后参加过乐清市6届中小学田径运动会,共获得过8枚金牌,参加温州市少儿田径分龄赛、温州市中学田径运动会也获得过4次冠、亚军,2011年参加浙江省第九届少儿田径运动会获得了200米第二名和100米第四名的优异成绩。用她的一句话说:"别人在学习上有成就,我能在体育上有成就,我不学奥数同样也很优秀。"

杨杨在上小学时练田径家长也不太支持,就在她小学毕业的那一年,她爸爸妈妈看到别的同学都在学奥数来应对初中招生考试,心里很着急,也曾经找我说过要杨杨放弃田径训练。但因为孩子的坚持和执着,她不但学习成绩稳居班级、年级前茅,体育成绩也非常突出。中考时,她文化成绩考了640.5分,100米、200米专项成绩也达到了二级运动员水平,省内很多知名高中向她抛出了橄榄枝,她最终选择了温州中学。

对于大多数孩子而言,奥数无疑增加了他们的负担,束缚了他们的个性特长发展,剥夺了他们的休息和体育锻炼时间,所以我呼吁解放孩子,让孩子来到操场,来到大自然,到阳光下,还孩子一个幸福快乐的童年。

一、别把孩子绑上奥数战车

有人把奥数竞赛比作一场金字塔登顶淘汰赛,最后登顶的只有少数人,事实也确实如此。用一组数据可以分析奥数金字塔的登顶概率:2008年温州市中考考生人数约为8.8万,最后上温州中学数学班的人数为30,也就是说,在所有考生中能够挤进数学班的概率不到万分之四。2008年浙江省高考报名人数为

36.44 万,来自教育部门的信息表明,当年浙江省所有考生中,因为奥数竞赛获奖取得清华、北大保送生资格的仅 48 人,也就是说,在浩浩荡荡的高考大军中,因为奥数竞赛获奖拿到清华、北大"敲门砖"的学生不到万分之二。可见,一些学校为了片面追求升学率,实施"全民奥数"的策略,不仅违背了教育规律,扼杀了学生个性发展,还给学生造成了很大的学习负担及身心压力。参加奥数学习,无形地剥夺了学生的休息时间及锻炼时间,学生每天一小时体育锻炼时间得不到保障,不利于学生体质健康发展。

但我们绝不能因此把奥数置于死地,因噎废食地彻底告别奥数。我们必须清醒地面对一个事实:自从第一届国际数学奥林匹克竞赛 1959 年在罗马尼亚举行以来,IMO 为发现数学人才作出了贡献,许多 IMO 优胜者后来成了杰出数学家,如沃尔夫奖获得者卢瓦兹,菲尔兹奖获得者德林菲尔德、约克兹、博切兹、高尔斯、马古利斯、拉佛阁等。因此,学习奥数应该是从发现孩子数学天赋的时候开始,而不是人为规定在小学、初中或高中进行,最为关键的是我们不能把不愿意、无兴趣的孩子绑上奥数战车。

二、尊重学生主体地位,体现课标理念

"以学生发展为中心,重视学生的主体地位"及"关注个体差异与不同需求,确保每一个学生受益"是体育与健康课程标准的两个基本理念。这就要求我们一线体育教师在注意发挥教师主导作用的同时,特别强调学生学习主体地位的体现,以充分发挥学生学习的积极性和学习潜能,提高学生的体育学习能力;同时还要充分注意学生在身体条件、兴趣爱好和运动技能等方面的个体差异,使每个学生都能体验到学习和成功的乐趣,以满足自我发展的需要。

上述案例中,郑光辉、赵一墨同学是典型的有个性的个体,他们的"主体地位"没有得到重视,他们的兴趣、特长没有得到发展,这有悖于新课程理念。郑光辉没有沿着体育这条路走下去,他的潜能没能发挥出来,尽管他已成为私营企业的老板,但在他心灵深处留下的遗憾是无法填补的。而作为一个体育教师,我对失去一个优秀体育人才也深感内疚。但愿郑光辉的故事不要重演,赵一墨能早日回到他喜爱的田径队,杨杨的体育之路越走越宽。

三、坚持以人为本,贯彻"生本"教育思想

坚持以人为本,最重要、最根本的就是要贯彻"生本"教育思想。"生本"教

育思想要求我们要把学生具体化为具有不同个性需求的学生,具体考虑不同个体、不同阶段的不同需求,感受每个学生需求的多样性,尽量使我们的教育服务满足他们的多样化需求,从而使他们每个人感受各自不同的愉悦。

教师工作和服务的对象是学生,学生是发展的人。"发展",一方面说明学生拥有无尽的潜能,这就要求教师必须相信学生的潜能,激发学生的潜能,挖掘学生的潜能,帮助学生跨上新的台阶,获得成功的体验,同时要求教师树立科学的人才观,不能以单一标准即分数来衡量学生,否则就会培养出大批高分低能的应试型选手。"全民奥数"现象,正是学校追求分数的表现,它扼杀了学生个性和特长的发展。因此,我们必须首先把自己从分数中解放出来,不以分数作为衡量学生的唯一尺度,这样才能使学生从分数中解脱出来,让那些不爱奥数、喜欢运动的孩子回到运动场、来到太阳下强健体魄,挥洒自己的特长,展现自我。

四、重视全面发展,关注特长发展

全面发展与特长发展应当是相辅相成的。全面发展就是让学生德、智、体、美等各方面素质和谐发展,但这并不会导致因强调全面发展而忽视发展学生个性、特长的问题。奥数学习指向的是发展智力,它只是学生全面发展的一方面。现今,德、智、体育三者都有不足之处,有人认为德育最不足,而我认为最不足的是体育,尤其是学生的体能不强,这与强国必先强身不符,但三者都受到应试教育的制约而发生扭曲,学生的个性、特长在选择和发展上也缺乏机会和时间。其实,学校各类兴趣小组、体育特长班的开设为学生个性、特长发展搭建了很多平台,也为学生个性、特长发展提供了很多发展机会和时间。因此,针对当前教育发展的现状和趋势,我们教师所该做的就是帮助学生发现自己身上所存在的特质与专长,并尽可能地创造条件为他们的这一特质与专长提供成长的舞台和机遇,而不是为了单纯追求文化成绩而抹杀学生的这些特质与专长。

总之,在教育教学过程中,我们教育工作者必须牢牢把握科学发展观,坚持以生为本,关注学生个体差异及不同需求,促进学生全面发展,尽我们最大的力量帮助他们确立并达到自己所期待的人生目标。

郑光辉的故事已成为过去,赵一墨的故事还可能重演,但愿杨杨的故事能够永远延续……

本文写于2012年

由三个问题引发的思考

本文三个真实的小故事,折射出我校体育教学、课外活动及业余训练的弊端与困惑。如何让学生喜欢体育教师、喜欢体育课、喜欢体育、主动参加体育活动与训练,是我们每一位体育教师都要思考的问题。

问题一:"老师,这学期你为什么不教我们体育课?"

【背景】由于教学工作的变动,本学期不再带五年级体育课的我,开学初就收到了五年级部分同学的来信并受到很多同学的质问:"老师,这学期你为什么不教我们体育课?"其实,这也是我意料之中的。除了与孩子们相处整整四年有了深厚的感情外,我也知道孩子们喜欢我上体育课的缘由。

【分析】我曾对我校小学部三至六年级共 785 名学生对体育及体育课的态度做过问卷调查。通过调查我了解到,喜欢体育但不喜欢上体育课的学生占 18.8%,喜欢体育也喜欢上体育课的学生占 61.1%,不喜欢体育但喜欢上体育课的学生占 11.0%,体育和体育课都不喜欢的学生占 9.1%。

调查结果显示,大部分学生是比较喜欢体育活动的,而且都有自己喜欢的体育项目,大部分学生喜欢的项目不是单一的,其中喜爱球类和游戏的学生最多。调查中我们还发现,低年级学生的兴趣偏向于游戏类项目,高年级学生的兴趣偏向于对抗性项目;男生喜欢竞争性、冒险性强的项目,女生喜欢趣味性、娱乐性强并能展现美的项目;个子高、弹跳力好的学生喜欢跳高运动,柔韧性好、协调性强的学生喜欢技巧性运动。

此外,从调查中我们还发现,随着年级的升高,学生喜欢体育活动的程度有急剧下滑的态势。从对体育课的态度调查可以看出,约有 28% 的学生对现行的体育课是不喜欢的,这也可能是学生不喜欢体育活动、没有自己喜欢的体育项目的原因之一。体育课是实现学习领域目标的途径之一,因此,我们必须寻找问题的根源并解决问题,让所有学生都能主动、快乐地参与体育课。

学生喜欢我上体育课或许是我平时努力的结果。在平常的体育教学中,我非常注重教学内容的选择和教学方法的更新。新的课程标准没有具体规定学习内容与学时,也没有规定考核标准,似乎是学生喜欢玩什么就玩什么,教师想怎么教就怎么教,因此就导致很多教师实施"放羊式"教学,学生不喜欢体育课也不喜欢体育教师。

【反思】体育教学内容要为学生而选择。在实施新课程标准之前学生非常喜欢自由活动,究其原因就是因为他们渴望自由,渴望摆脱束缚,这当然主要是因为我们以前安排的教学内容不符合他们的"口味"。在教学内容安排方面,我们可以把教师与学生的关系比喻成裁缝与模特的关系,教师作为"裁缝"要考虑到"面料""款式""裁剪""缝纫"等多方面因素,这样才能有利于"模特"(学生)更好地发挥潜能,展示自我。在选择教学内容时,一定要对学生有一个清楚客观的认识,选择任何一"款"教学内容都应为学生"量体裁衣",为学生设计裁制。

体育教学内容源于生活。体育原本就源于生活,生活实际是体育教学内容不竭的源泉。随着我们生活方式和生活内容的不断变化,各种新兴体育运动项目不断涌现。只要我们善于观察,从生活中汲取更多的营养,就能创新出适合自己和学生的教学内容,丰富学校体育教学。

在教学方法上要体现"健康第一""终身体育""快乐体育"的指导思想,要使教学方法贴近培养学生的健康意识、终身锻炼意识、全民健身意识、与人交往合作意识等,并在具体的教学工作中更好地体现课标理念,实现体育教学的科学化、系统化。

问题二:"教练,什么时候能滑冰?"

【背景】这个问题孩子们已向我提了整整一学期了。每次路过一、二年级教室门口或在路上遇见一、二年级的学生时,他们第一句话并不是问候,而是问:"教练,什么时候能滑冰?"每次看到这些孩子带着渴望的眼神问我,我总是说:"快了,再等等!"说完,我心里真有一种说不出的滋味,总感觉自己是在骗孩子。

【分析】孩子们喊我"教练"还得从2007学年第一学期说起。为活跃校园文体氛围,丰富校园文体生活,2006年10月份,经学校有关领导同意,我校决定把轮滑运动引入校园,并首先在一、二年级孩子中开展。这项运动有利于增强孩子的体质,提高其运动水平,锻炼、培养坚毅、活泼的性格,使孩子获得心、智、体的全面平衡发展,全面提高其体能、耐力、大脑与身体各部位之间的协调性、运动反应的快速准确性等,可有效改善和避免孩子因为运动智能开发不良而出现的问题(如躁动不安、注意力不集中、没有耐性、过分安静、胆小、没有表现欲等)。同时,它能使孩子从小树立起竞争意识,发掘孩子的表现欲望,培养孩子活泼的个性。另外,也为培养孩子的团队精神和结交更多的伙伴创造了绝佳机会。

一切准备工作就绪后,11月9日正式启动了这项运动并开始了第一次轮滑运动。由于轮滑运动专业性较强,学校无这方面的专业师资,乐清市大风车轮滑俱乐部为我们提供了大力支持。他们为我们派来了专业教练并为我们免费授课培训,孩子们亲切地称呼他为"周教练",我只是作为这项运动的组织管理员,协助周教练做一些力所能及的事情。时间长了,孩子们也亲切称呼我为"教练"。

一段时间下来,孩子们轮滑水平提高很快,很多孩子由不会到会,由生疏到熟练。转眼间到了寒假,孩子们只能等待下一年的开始,可这一等就是一学期多,很多孩子的轮滑装备至今还搁在学校里等待新一轮轮滑活动的开始。

【反思】轮滑运动是一项新兴体育运动,已在我国很多大、中、小城市学校广泛开展。事实证明,大部分孩子对这项运动有极大的兴趣,这也是这项运动得以蓬勃开展的原因。另外,轮滑运动还可以作为体育校本课程进行开发和研究,进而发展成为学校体育课程特色,我们有什么理由不把这项运动进行到底呢?尤其是我们寄宿制学校,由于受办学条件的限制,孩子们的活动空间狭小,活动时间有限,我们只能从活动的内容、形式上进行开发与拓展,努力开发一些安全健康、学生喜爱、活动效果明显的活动。

问题三: "小黄, 为什么见我就逃?"

【背景】小黄(化名)是五(1)班学生,身体条件非常好,有运动天赋,不仅学习成绩突出,体育成绩也非常棒,从二年级起一直在田径队训练,2007年获得过乐清市第47届中小学生田径运动会小学乙组200米第二名,以及温州市中小学生田径分龄赛短跑四项全能第三名。她平时训练非常刻苦,从未迟到过,可2007学年第二学期开学初,本来早上、下午训练从不缺席的她却见不到了。刚开始我还以为她转学了,后来听同学们说她在躲避我。难怪我见不到她了。

【分析】我想,小黄不来训练肯定是有原因的,但几次找她谈话,她什么原因都不说。一次偶然的机会,我碰见了小黄的妈妈,在同她妈妈交谈之后,我发现小黄不来训练的直接原因了——她妈妈害怕训练影响学习,百般阻止她参加体育训练,早上锻炼时间也让她报名参加了英语晨训班,还参加了兴趣小组活动奥数班。在了解了小黄妈妈的心思之后,我便提出了我的观点和想法。我认为,体育业余训练与学习是相互促进的,孩子有田径运动的特长,应尽力培养,让她尽情地发挥。作为老师,我发现了孩子有这方面的运动天赋就要着力培养,同时家长也应该支持和配合。

当然,孩子不参加体育业余训练除了家长的原因外,还有学生自身、班主任、科任老师、学校领导等方面的原因。体育业余训练需要方方面面的支持和配合。为保证我校业余训练长盛不衰,除了我们体育教师要努力发现优秀体育苗子并培养他们,绝不让每一个优秀体育苗子流失之外,还需要学校在训练体制上有所保证。

【反思】业余训练是学校体育工作的重要组成部分,也是体育教师的主要工作之一。新的体育课程标准提出了"以学生发展为中心,重视学生的主体地位"及"关注个体差异与不同需求,确保每一个学生受益"的课程理念,这一理念强调课程要满足学生的需要,重视学生的情感体验和学生学习主体地位的体现,要充分注意到学生在身体条件、兴趣爱好和运动技能等方面的个体差异。只有这样,学生的学习积极性和学习潜能才能得到发挥,学生的体育学习能力才能有所提高。

以上三个问题其实涵盖了我工作的三个方面。作为一个体育教师,其本职工作除了体育课堂教学外,还包括课外活动的组织及校业余体育代表队的训练。现在小黄来参加训练了,轮滑运动还在等待中,学生还在盼望我来到他们的体育课堂上……

本文写于 2012 年

与众不同的校运动会
——我校运动会创意设计与实施

校运动会本应是为学生办的,应坚持"校运动会为学生"的办会宗旨。本文从校运会的项目设置、比赛办法、组织实施等方面阐述了我校运动会的创意设计与实施办法。

一、创意背景

长期以来,学校运动会项目设置是以田径项目为主,且报名条件苛刻,通常是每班每项限报 2 人,每人限报 2 项,而且还有参赛总人数的限制,最终导致每班直接参加运动会的人数不足班级总人数的 30% ,从而形成了"少数人干,多数人看"的比赛场面。

关于校运动会的改革可以说由来已久,我校运动会至今已举办了 19 届,前面 12 届一直是以"田径运动会"冠名,从第 13 届起,学校开始尝试把一些集体项目、趣味项目和民族民间传统体育项目如广播操、竹竿舞、拔河、钻圈、1 分钟跳绳、拍皮球等融进校运动会中。但尽管如此,校运动会还是没有摆脱以田径比赛为主的竞技味道,仍是田径比赛唱主角,而那些新增加的集体及趣味项目等仍然是配角。虽然"田径运动会"改成了"校运动会",校运动会由单纯的田径运动会变成了以田径为主的综合性运动会,且这些新增加的项目,在很大程度上提高了学生的参与度,但还是不能保证全体学生参与。

二、创意思路

一年一度的校运动会对少部分孩子来说是一个他们非常期待的节日,因为他们在这里可以展示自我,享受运动的乐趣,但对大部分孩子来说,因自身田径素质较差,基本上不能代表班级参赛,只能充当拉拉队员,做后勤工作,为同伴呐喊助威,因此,也无法体验到为班集体争光的喜悦之情。

针对 2014 年的第 19 届校运动会,暑假期间,校长室就进行了两次专题讨论,开学初又召集体育组全体教师、部分班主任及部分家长委员会代表进行了一次座谈,最终对本届运动会的设计与实施达成了共识:

（1）对运动会定位：人人参与，以集体项目和趣味项目为主。

（2）设置比赛项目：开发适切本校场地、器材实际和学生特点的项目，同时引入国际田联少儿趣味田径项目。

（3）确定报名办法：改变限报规定，确保每位孩子都有3～5项自己喜爱的参赛项目。

（4）制订比赛规则：淡化传统的田径比赛竞技色彩，没有预赛，不计团体总分。

（5）明确组织裁判：定场地、定项目、定裁判，赛场开放，不设检录，分组随机，比赛自主，随到随比。

三、实施程序

（一）定位：学生运动会为学生

总校林校长认为："校运动会是属于全体学生的运动会，不管运动能力大小、水平高低，每一位学生应都能找到一项适合自己的比赛项目，每一位学生既是运动员又是拉拉队员。"

分校俞校长表示："校运动会既然是为学生办的，那么就要根据学校场地、器材等情况，因地制宜，精心设计运动会项目，确保每位学生能参加3～5项运动项目。"

分校项副校长要求："运动会项目设置要遵循安全性、趣味性、娱乐性原则，每个项目都要有相应的竞赛规则、评分办法和要求。"

班主任代表徐老师说："运动会其实是给孩子搭建一个展示自我的平台，运动会比的是班级的精神风貌，不要把成绩名次放在第一位，因此建议不要进行总分排名。"

家长代表刘宏越妈妈说："我的孩子从小运动能力就较差，今年上六年级了，前五年，一次校运动会也没参加过。每次运动会结束，看到班上其他同学夺冠军拿金牌，他心里非常渴望，我想学校里开运动会能否改革一下，让一些像宏越一样运动能力较差的孩子也能参与，体验一下运动员奋力拼搏、为班争光的感受。"

通过大家几次广泛深入的研讨，最后确定本届运动会的宗旨为"安全、全员、合作、有趣"。要确保比赛场地、器材、人员安全，确保人人参与，在比赛中突出集体合作精神,设置的项目健康有趣,淡化田径比赛的竞技色彩,不计团体总分,并将运动会名称定为"学校第19届运动会集体与趣味项目比赛",赛程为两天。

(二)定制:每位孩子都有适合自己的项目

此届运动会设置的项目见表1。

表1 育英学校第19届运动会项目设置一览表

年级	集体项目	趣味项目
一、二年级	◇30 米×36 人播种与收割 ◇60 米×36 人竞速跑 ◇30 米×36 人赶小猪 ◇30 米×36 人滚轮胎	○30 米钻圈 ○20 米爬行 ○1 分钟跳绳 ○保龄球 ○垒球击准(6 米) ○10 米×4 往返摸线比快 ○20 米袋鼠跳 ○跪抛篮球
三、四年级	◇16 人持竹竿跑 ◇50 米×36 人迎面接力跑 ◇30 米板鞋竞速 ◇50 米×36 人短跨接力	○30 米跳跳球 ○30 米踩高跷(竹筒) ○60 米跨栏 ○标枪 ○十字跳 ○垒球击准(10 米) ○仰卧起坐抛篮球 ○2 人 3 足赛跑 ○10 米×6 往返摸线比快
五、六年级	◇10 人持竹竿绕圈跑 ◇50 米×36 人迎面接力跑 ◇30 米板鞋竞速 ◇50 米×36 人短跨接力	○30 米踩高跷(手握式) ○60 米跨栏 ○标枪 ○十字跳 ○射箭(7 米) ○垒球击准(15 米) ○30 米滚铁环过障碍 ○仰卧起坐抛实心球 ○3 人 4 足赛跑 ○10 米×8 往返摸线比快

比赛项目的设置主要是由体育组负责,其思路为:

第一,全员参与。

即每位学生都是运动员,每位学生都有自己比赛的项目,每位学生可以和同学一起,赛速度、竞远度、比准度、比力气、比灵巧,展示自己的能力,激发自强心和好胜心;也可以和同学一起,互相配合、奋勇拼搏、齐心协力,凝聚集体智慧与力量,激发团队合作的集体精神。同时,每位学生既是运动员,又是拉拉队员,都能在其中找到自己的角色,发挥自己的作用,全力以赴,对自己的集体产生强烈的责任感和归属感。

例如,对体重偏胖、身体灵活性不好的同学,我们专门设置了跪抛篮球、标枪等项目;对身材矮小、身体较灵活的同学,我们专门设置了爬行、钻圈等项目;对速度好、爆发力强的同学,我们专门设置了跨栏、袋鼠跳等项目。同时在报名办法上放开限制,每人可报 5 项,每项每班级男、女可报 5 人,确保了每位孩子都有适合自己的项目。

另外,在项目设置上,既有集体项目,又有个人趣味项目(见表 1)。考虑到不同学段学生生长发育的特点,以及学生兴趣和能力水平不同,每个项目根据不同学段学生的情况,会有不同的难度和要求。如往返摸线比快,一、二年级为 10 米×4,三、四年级为 10 米×6,五、六年级为 10 米×8;再如垒球击准,击准距离一、二年级为 6 米,三、四年级为 10 米,五、六年级为 15 米,而且男、女生还有差别。这些项目融集体性、竞技性、娱乐性、趣味性、安全性于一体,使整个运动会形式多样,丰富多彩。

第二,淡化竞技色彩,使竞赛组织简便易行。

所有项目不设预赛、及格赛,没有等级标准,淡化了竞技色彩,简化了组织环节,丰富了比赛内涵。如竞速跑,采用计算名次法,在同批次赛跑到达终点后不计时只计名次,最后统计各名次人数,第 1 名得 7 分,第 2 至第 6 名依次得 5、4、3、2、1 分,然后将各名次人数与各对应的分值相乘,最后得出各队积分定出胜负。这样避免了计时排名时繁琐的计算得分再排名工作,使组织更加简便易行。

第三,不设检录处,充分让学生自主参赛。

检录是一项繁琐的工作,要求参赛选手准时到达比赛场地,然后按严格的赛程进行比赛。本届运动会不设检录处,比赛场地是开放的。比赛前,把各项目比赛地点公之于众,比赛不受时间的限制,随到随比。裁判分工也比较明确,按场地安排裁判,每个裁判组负责 1~2 个比赛项目。赛程灵活自如,旨在培养学生自我管理的能力,充分体现学生自主。

(三)组织:孩子们乐翻了天

为期两天的比赛安全、顺利地进行。第一天专门安排集体项目比赛,采用场地"先分后总"的组织方式进行。上午的比赛分两个场地同时进行,第一个场地依次进行的项目是一、二年级30米×36人播种与收割、30米×36人赶小猪、30米×36人滚轮胎,第二个场地依次进行的项目是三至六年级板鞋竞速,五、六年级10人持竹竿绕圈跑;下午在同一场地进行,依次为三至六年级50米×36人短跨接力,三、四年级16人持竹竿跑,三至六年级50米×36人迎面接力跑和一、二年级60米×36人竞速跑。第二天安排的是趣味项目比赛,分11个场地进行,见图1。

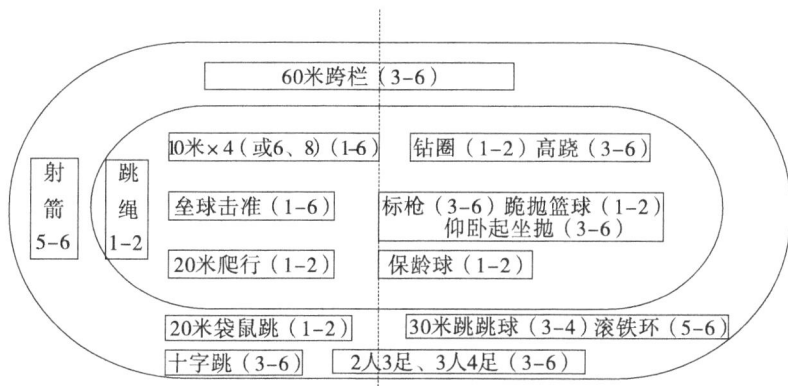

图1 运动会趣味项目场地安排图

比赛按场地安排比赛项目及裁判,同时还有部分学生志愿者利用比赛间隙来帮助教师一起进行裁判工作。学生按规定的比赛时间直接到各场地参赛,无需检录。他们三个一群,五人一伙,相互帮助、相互鼓励,整个比赛场面秩序井然,气氛非常活跃。

四、效果评析

这是一届淡化田径项目的运动会,这是一届所有孩子参与的全民运动会,虽然组织者辛苦,但真正让每一位孩子都享受到了体育运动的乐趣,体验到了体育的魅力,感受到了与同伴一起共同完成比赛、为班集体争光的幸福感。

（一）发展了素质

本届运动会虽然淡化了竞技色彩,但孩子的身体素质、心理素质等同样得到了很大的发展。通过跪抛篮球、标枪、射箭等比赛发展了学生上肢及肩带力量,通过跨栏、往返跑、十字跳、跳跳球、袋鼠跳等比赛发展了学生下肢爆发力及速度素质,通过爬行、跳绳、滚铁环等比赛发展了学生身体灵敏性与协调性等素质,通过2人3足赛跑、持竹竿绕圈跑等集体项目比赛培养了学生的集体主义精神,使他们在比赛中真正享受到了体育运动的乐趣,感受到了团队合作的力量。

（二）延伸了校本

本届运动会就是田径趣味专项运动会,引进了国际田联少儿趣味田径项目,但是如何将这些国际化的项目教材化、校本化,如何结合本校的体育文化特色及学生特点开发出适合本校学生的体育教材,还需要我们在研究和实践中不断创新和拓展。

（三）突显了趣味

本届运动会要求组织策划者不仅要有"爱心",还要有"童心",要有尊重儿童、观察儿童、理解儿童、亲近儿童、研究儿童并能与儿童平等交往和互动的教育素养,要有带领儿童快乐运动的高招。只有这样,我们的运动会才有亲和力和感染力,才能有效地达成运动会的目的并逐渐形成学校独特的运动会风格。

（四）突出了内涵

学校体育工作的本质是养成教育,本届运动会的教育意义显然大于其本身的组织意义,突出了教育的内涵。养成教育强调的是"实践"和"体验",我们的运动会同样强调的是"实践"和"体验",而且只有坚持不懈的"实践"和"体验",才能让孩子每天进步一点点,日积月累,常年坚持,形成自主锻炼的好习惯。此届运动会为我们坚持不懈地参加和尝试少儿趣味活动提供了一个载体,这从下面选择的两篇学生习作中,可见一斑。

有趣的运动会

——四(6)班张菽桐　南妍朵

既然是趣味运动会,肯定是以快乐和趣味为主啦!本次运动会大部分比赛都是集体活动,如短跨接力、迎面接力跑等,都是需要大家团结齐心才能够完成的项目。

让我们印象最深刻的是板鞋竞速。苦苦练习了许久之后,我们6个女生走上了赛场,穿上板鞋,有秩序地挪着板鞋。我们想我们是必胜的,至少也能拿个第二名。但出乎预料的事情发生了,我们的团队里有一个女生走神了,6个人全部摔倒了。当其他队伍都到达终点时,我们才又站起来,最终我们得了第7名。

在这之后,我们观看了我们班男生的比赛,这也是个集体项目——50米×36人短跨接力。大家如骏马一般飞奔而去,还有许多人喊"加油"喊得汗流浃背,最终他们获得了较好的名次。

两天的运动会很快就结束了,我们的脑海中还留存着每位同学奋力向前的样子。这次的趣味运动会,让我们体会到了失败的苦,也尝到了胜利的甜,更盼望着下一次运动会早早到来。

妙趣横生的运动会

——六(6)班廖佳颂

10月11、12日,我们小学分校举办了第19届趣味运动会。说是趣味,一点也没错。比赛项目五花八门,有袋鼠跳、2人3足、仰卧起坐抛球、30米跳跳球等。其中有一个项目是滚铁环比赛,我参加了这个项目。比赛将要开始了,我们几个运动员站在跑道上等待着,这时我的心怦怦直跳。我要面对5位对手,能赢吗?我不禁为这场比赛捏了一把汗。

随着一声哨响,运动员们争先恐后地把铁环滚出了白线。在我前面的一位女生可能是太紧张了,她没走几步铁环就像没吃饭的孩子一样倒在了一边。可她却一点也不气馁,很快就调整好心态,捡起铁环奋力向前冲去。不一会,轮到我上场了,我接过铁环使劲一滚,铁环很"听话"地向前滚动。铁环快速而稳当地滚向对面,我在我这一组遥遥领先,我高兴得手舞足蹈,别提有多兴奋了。

在运动会现场,也有很多前来观摩的家长,他们对学校举办这种形式的运动会表现出了极大的热情。有位家长在微信中用了三个"没想到"来形容这次运动会:没想到自己在小时候没玩过的东西今天孩子能玩到;没想到孩子参加这种形式的运动会热情这么高涨;没想到学校运动会还能这样开,开得这么有特色!

正如俞校长所说,运动会不仅传递了一种新的理念,更重要的是让所有孩子喜欢参加体育锻炼,使学校的体育锻炼氛围、学生的身体素质有较大的提高,真正做到"我参与、我运动、我健康、我快乐"。

本文写于 2014 年

课程(资源)开发与利用

"雁荡山跳竹竿"校本课程开发与实践

本文以实践为依据,阐述了"雁荡山跳竹竿"校本课程开发的背景、策略及取得的成效,验证了"雁荡山跳竹竿"校本课程开发在推动学校体育的发展、学生体育素养的形成和身体健康水平的提高,以及体育教师的专业发展等方面的促进作用。

自2003年9月我校开展"雁荡山跳竹竿"校本课程研究以来,雁荡山跳竹竿活动以其灵动的生机和迥异的风格获得了师生的喜爱、家长的支持及社会的关注。巧妙的编排看不出矫揉造作的痕迹,适年龄而动,激发了兴趣;适性别而动,开辟了自主的天地;适体质而动,满足了不同的需求;适条件而宜,让学生各得其所,真正实现了学校课间活动过去从体育学科角度出发向现在从校园文化角度出发的转变,充分体现了以体育知识与技能的形成和发展为活动主线,构建了一方凸现学校特色的体育校本课程开发的乐土。

一、开发背景:适时而发,因需而动

2001年6月教育部颁布的《基础教育课程改革纲要(试行)》提出,新课程的目标之一是"改变课程管理过于集中的状况,实行国家、地方、学校三级课程管理,增强课程对地方、学校及学生的适应性"。基于这一决策,我们认为,研发"雁荡山跳竹竿"校本课程是实施课程改革、开发校本课程的一个非常好的举措,于是决定以研发"雁荡山跳竹竿"校本课程为切入点,拓展课题研究领域,同时将课堂教学与课外活动有机地结合起来。

当前,课间操只做广播体操普遍存在以下问题:学生出工不出力,动作随意,达不到锻炼效果,久而久之还会形成做事拖拉等习惯。那么,能否把"雁荡山跳竹竿"作为大课间活动内容来替代传统的课间操呢?从2003年9月我校全面实施"快乐大课间"体育活动,改革活动形式,充实活动内容,拓展活动空间以来,跳竹竿活动便成了课间操改革的"推进剂"。

二、推进策略：整体运作，多维整合

从 2003 年 9 月开展跳竹竿活动至 2010 年，我们先后创编了 8 种节奏敲法、42 种跳法，包括：2 拍跳单竿、3 拍跳单竿、4 拍跳双竿、5 拍跳双竿、6 拍跳双竿、8 拍跳双竿、9 拍跳双竿及 13 拍跳双竿 8 种敲法。现在我们开发的"雁荡山跳竹竿"课程日臻成熟，"雁荡山跳竹竿"教材体系已经形成。

（一）可行性分析：周密考量，从实际出发

开发一门课程，首先，师资是最重要的软件。学校安排了 4 位本科学历的体育教师专门负责校本课程研发，这样的师资队伍在小学是不多见的。另外，还有杭州师范大学体育与健康学院硕士研究生导师徐金尧教授作为我校校本课程开发的顾问，为我校校本课程开发提供强有力的理论和实践支持。

其次，我们还拥有得天独厚的外部环境。学校背依风景秀丽的国家地质公园雁荡山，这里有着丰富的竹资源，为本课程的实施提供了物美价廉的优质器材。雁荡山跳竹竿活动已有数百年历史，它起源于雁荡山，在这里有很多热心且擅长跳竹竿的民间艺人，他们也乐意为我们研发"雁荡山跳竹竿"课程指路问津。

再次，敢于创新的学子更是我们校本课程开发得天独厚的根本，学校里充满了浓郁的校本课程研发氛围。

总之，良好的外部环境和内部氛围，为我们开发跳竹竿校本课程创造了必要条件。此外，雁荡山跳竹竿活动具有器材简易、场地要求不高等特点和较高的锻炼价值，既能有效提高学生的身体素质和适应社会的能力，增强学生的体质，培养学生的创造能力和团结协作的集体意识等，更激发了我们对"雁荡山跳竹竿"课程研发的信心。

（二）目标确立：三维思考，从学生出发

本课程以义务教育体育课程标准提出的领域目标为纲，遵循我校实际情况及学生生理、心理特点，以学生运动技能为基础，初步制订的课程总体目标如下：

（1）通过"雁荡山跳竹竿"课程的实施，学生了解雁荡山跳竹竿的历史及价值，学会健康、安全、愉快、积极地生活。

（2）培养学生对雁荡山跳竹竿运动的兴趣,满足学生个性发展需求,促进学生的发展。

（3）学生掌握雁荡山跳竹竿运动的方法、技能,为终身体育学习奠定基础。

（4）利用雁荡山跳竹竿运动集体性强的特点,培养学生主动与他人合作的积极性和集体荣誉感。

（三）具体行动:系统安排,从过程出发

确定了活动目标,我们就有了行动的向导。对于跳竹竿运动的内容,我们在不断地创新拓展,练习形式也在不断更新。

1. 设计框架,确定内容

课题组和体育教研组作为"雁荡山跳竹竿"校本课程研发的策划者,首先结合学校、学生实际设计活动的框架,然后研究确定各年级、各学年（期）活动的内容,以及活动内容的编排和必要指挥音乐的选择与制作等,并力求整体设计创编蕴涵科学性、创造性、特色性和可操作性。

2. 全员参与,活动渗透

大力开展全校性跳竹竿活动,如:在全校学生中开展跳竹竿创编比赛,设置最佳创编奖、最有创意奖、最佳效果奖、最具魅力奖、最佳展示奖等。同时,在教师活动中也开展跳竹竿比赛,做到师生同步练习。

我们还把跳竹竿活动向校外拓展,利用月假、节假日开展跳竹竿活动,既自娱自乐,又锻炼了体能,还带动了家长参与到活动中来。

打造学校的跳竹竿特色,让跳竹竿活动与雏鹰争章活动有机结合起来,设立"跳竹竿特色章",促进队员个性发展。作为实施"雁荡山跳竹竿"校本课程的我校,大队部推出了几个跳竹竿特色章,如创编章、展示章、协作章、服务精神章等,让每一位队员都能在跳竹竿活动中争章,在争章中进步。

3. 拓展空间,引入课间

大课间活动是以提高学生综合素质为目的,融健身性与合作性、竞技性与娱乐性、技术性与趣味性于一体的活动。雁荡山跳竹竿活动明显具有以上特性,把雁荡山跳竹竿活动引入大课间活动,极大地丰富了我校的大课间活动内容,同时也使我校体育教学内容产生了变革。学生在活动中享受到了体育活动的乐趣,培养了体育活动的意识。实践证明,开展以"雁荡山跳竹竿"为主题的"快乐大课间"体育活动不仅保证了学生每天一小时的体育锻炼时间,增强了学

生的体质,缓解了学习疲劳,而且能培养学生良好的行为、品质、个性、兴趣等多项素质。

4.依托课题,大力推进

为提高"雁荡山跳竹竿"校本课程研究实效,大力推进校本课程建设,我们积极寻求校本课程研究的引领专家,以得到理论上的支撑和实践上的支持。2006年4月,在乐清市教育局教研室的引荐下,我们与温州市教研院达成共同研发的意向,并把我们的"'雁荡山跳竹竿'校本课程开发与实验"作为2006年度省教研室批准立项的浙江省教研重点课题"《体育与健康》地方课程开发与利用研究"的子课题。自此,我们的校本研究如虎添翼,课程研究在总课题负责人、温州市教研院体育教研员方洪寿教授的指导下,一步步向预定的目标推进。

5.编写教材,纳入课程

校本课程开发的类型有很多种,包括课程选择、课程改编、课程整合、课程补充、课程拓展、课程新编等。我校"雁荡山跳竹竿"校本课程属于活动型综合课程,它既包含了对传统雁荡山跳竹竿技术的选择与改编,又包含了对雁荡山跳竹竿运动的补充、整合和拓展,开发的是全新的课程板块和课程单元,是以我校跳竹竿运动为内容展开的校本课程,其教材板块结构如下:

雁荡山跳竹竿

一、跳竹竿的起源

二、跳竹竿的价值

三、跳竹竿的技术

四、跳竹竿的方法

五、教法建议

六、考试方法与评价标准

七、课外活动方法和手段的拓展

八、运动器械制作与规格图

自2005年9月起,我校已将"雁荡山跳竹竿"作为一门体育校本课程纳入课表,并安排了一、二年级每周一节跳竹竿课,三至六年级每两周一节跳竹竿课,时间上的保证促进了"雁荡山跳竹竿"校本课程在我校蓬勃发展。

6.研制评价体系,确定评价内容

对校本课程的评价建立在课程标准基础上。在评价过程中,我们充分重视学生的反应,包括学习结果和学生对自身参与跳竹竿活动的评价意见,同时邀请家长、上级教育主管部门领导、学科专家参与评价。评价内容主要包括:

（1）"雁荡山跳竹竿"课程实施计划和实施方案、班级教学计划,以及这些规范性文件的完善程度。

（2）"雁荡山跳竹竿"课程及教材的审查管理制度、课程评价制度,以及这些制度的实行情况。

（3）"雁荡山跳竹竿"课程体系、结构的完善程度和课程内容的先进性。

（4）"雁荡山跳竹竿"教材建设评价,包括教材建设的完善程度,教材在使用中表现出的优点和不足,教师、学生和学科专家对教材设计和编写的反应等。

（5）"雁荡山跳竹竿"课程实施保障情况,包括合格师资配备、师资培训、场地、器材和经费方面的保障情况等。

（6）"雁荡山跳竹竿"课程目标的达成程度。

对学生学习的评价内容主要包括:

（1）评价与教学过程较为相关的态度和行为等。

（2）评价对"雁荡山跳竹竿"有关知识的理解和运用。

（3）评价对跳竹竿技术的运用和运动参与程度。

（4）既评价最终成绩,又评价学习过程和进步幅度,包括有没有跳竹竿动作创新等。

（5）学生在学习跳竹竿过程中的自我评价、互相评价和教师评价相结合。

三、活动成效:共同发展,形成特色

（一）深化了课程改革的深刻意义

"雁荡山跳竹竿"校本课程是在新课程实施的大好背景下应运而生的,迎合了教育部 2005 年 4 月下发的《教育部关于落实保证中小学生每天体育活动时间的意见》及教育部、国家体育总局、共青团中央于 2006 年 12 月 20 日共同下发的《关于开展全国亿万学生阳光体育运动的通知》文件精神,顺应了课程改革潮流,已成为我校一个比较有特色的校本课程。在研究过程中,教师全员参与,学生个个争先,热情高涨,学生自主、合作、创新、快乐地练习,练习效果显著,大

课间活动面貌彻底改观,这正是我们所希望的,也是课程改革的意义所在。

(二)发展了学生的身心素养

2008—2010 学年,我们对全体学生身体素质、身体形态、身体机能 3 大项 10 小项指标进行了检测。2010 学年检测结果显示,学生这 10 小项指标明显比 2008 学年高,比全国同龄学生身体素质高出 6.6%,身体形态(身高体重指数)高出 5.1%,身体机能高出 3.7%。同时,在 2010 年 9 月我们还对学生进行了问卷调查。调查结果显示,通过开展雁荡山跳竹竿活动,学生心理健康水平也得到了有效提高,团队合作精神、创新意识有所发展,学生良好的行为、品质、个性、情感、兴趣等得到了培养。2008—2010 年,学生参加各级各类田径、篮球、羽毛球等体育比赛获得个人前八名的有 343 人次,团体前八名的有 16 次。

(三)锤炼了教师的专业品质

校本课程的开发与实施需要教师的充分参与。通过参与校本课程的开发与实施,教师自身的专业素养得到了有效提高,并能更深入地理解国家课程政策,对校本课程、学科的特点和发展方向有了更全面的认识,能站在整个课程发展与改革的高度去思考校本课程的开发与构建,提高了自己驾驭课程的能力,促进了教师业务水平的提高。2008—2010 年,仅体育组教师参加各级各类优质课评比、教学基本功评比、论文案例评比等,先后就有 82 人次获奖,教师的专业化水平着实有了很大的提高。

(四)提升了学校的品牌效应

我校自开展"雁荡山跳竹竿"校本课程研究以来,引起了社会各界和新闻媒体的广泛关注,中央电视台、浙江电视台、《温州日报》《温州都市报》《乐清日报》等多家新闻媒体对我校开展的雁荡山跳竹竿活动作过专题报道。2005 年 9 月 6 日,中央电视台少儿频道《少年体校》栏目组来到我校对我校开展的雁荡山跳竹竿活动进行了长达 70 分钟的拍摄,并于 9 月 25 日向全国播放,引起了全国各地中小学校的强烈反响。2008 年 5 月 21 至 22 日,教育部电子音像出版社的《新课程体育特色项目开发与案例示范——跳竹竿》教学片在我校开机拍摄,本次拍摄已制成 90 分钟的录像示范教学片并向全国发行,这不仅有利于跳竹竿运动的普及和推广,同时,也是对我校开展这一校本课程研究取得成绩的宣传和肯定。此外，先后有来自杭州、宁波、金华等地及本市兄弟学校的领导、教师500多人次到我校观摩取经，在市内外产生了很大的影响。

四、结语

校本课程具有地域性、针对性、时代性、现实性、探究性和实践性等特点，既是国家课程目标在特定条件下的具体化，又是对国家课程的补充，同时也是研制校本教材的重要依据。可以说，校本课程是国家课程与地方课程的补充，其重要性不言而喻。

"雁荡山跳竹竿"校本课程的开发前后经历了7年，它是一个动态过程，需要不断完善和发展，我们将继续努力，全力打造，使其成为我校校本课程研发的一张金名片。

本文写于2011年

从"活动"走向"校本课程"的实践与探索

——以"雁荡山竹系列体育活动"校本课程开发与实践为例

《中共中央国务院关于深化教育改革全面推进素质教育的决定》(下称《决定》)明确提出:"调整和改革课程体系、结构、内容,建立新的基础教育课程体系,试行国家课程、地方课程和学校课程。"体育课程资源的开发和利用,有助于弥补体育教学条件的不足,有助于吸引学生积极参加体育活动,有助于学生获得更多的体育知识和技能。也就是说,学校和教师可以根据自己的体育教学资源实际情况,选择不同的教学内容、采用不同的教学方法使学生达到学习目标。因此,在这样的环境下如何努力挖掘体育资源,如何合理有效地开发和利用校本课程,正是我们所要研究的课题。

我校是一所九年一贯制(小学和初中)民办寄宿学校,是教育部 APEC 项目高效能实验学校、全国优秀民办学校、浙江省体育特色学校和温州市示范学校。学校占地面积 40 余亩,现有 54 个教学班,2 200 余名学生,生均运动面积不足 2 平方米,如何利用这狭小的空间开辟适合学生的活动及开创办学特色、塑造学校教育品牌,一直是我们思考的问题。

学校地处雁荡地区,雁荡山有丰富的竹资源,为"雁荡山竹系列体育活动"校本课程的开发创造了良好的物质资源条件。同时,雁荡地区有很多民间艺人,他们常年从事竹工艺品加工,不仅掌握了多种以竹子为材料制作体育活动器材(如竹高跷、竹环等)的技术,而且掌握了运用这些器材活动的技术与技巧,这也为"雁荡山竹系列体育活动"校本课程的开发提供了强大的实践指导和帮助。

一、课程价值与目标

"雁荡山竹系列体育活动"作为民间传统文化的重要组成部分,是长期以来民间劳动人民智慧的结晶,它不仅具有丰富的文化内涵,还具有健身、教育、娱乐、竞技、社会交往等多种功能。它的价值不仅体现在能有效增强体育课的吸引力上,还体现在能弥补农村学校体育场地和器材设施的缺乏上,是课外体育和体育竞赛的必要补充和延伸。

按照课程标准的课程理念及我校课程改革的目标，我校"雁荡山竹系列体育活动"校本课程通过课程总目标的规划设计，指导学生学习雁荡山民间体育文化，掌握雁荡山竹系列体育活动技能，展示雁荡山竹系列体育活动技艺，激发学生的爱家乡情感，加强青少年思想道德建设，从而促进学生身体、心理健康发展，增强其社会适应能力，提升青少年学生的文化素养和道德情操。

同时，在课程目标体系中，我们还设计了课程阶段实施目标及课程实施具体目标，使"雁荡山竹系列体育活动"在实践推进中不断发展与完善。

二、从"活动"走向"校本课程"的实践

(一)设计思路，确定内容

我校从2003年开始开展竹系列体育活动，经过尝试、研究和思考，形成了竹系列体育活动特色校本课程，从而造就了学校体育活动文化品牌。每一个活动的诞生都要经历"创编（重整）—实施—试行—施行"四个阶段。通过指导学生学习民间体育文化，传承雁荡山民间体育文化精髓，从而提高学生体育文化素养和道德情操，最终形成一种"人人会竹竿舞，个个尽显创意"的学校体育文化。

竹系列体育活动的形式与内容极为丰富，但并不是所有的内容都可以纳入学校教育范畴，因此需要对它进行筛选、改编、整合，将一些有特色、适合学校、学生感兴趣的内容选入校本课程。针对雁荡山地域、学校、家庭等的特点，从人力、场地、器材、自然条件等方面对"雁荡山竹系列体育活动"校本课程进行开发与实践，其内容主要包括几个方面：

（1）校本课程素材资源：包括"雁荡山竹系列体育活动"的起源、价值、活动经验、技能、活动组织与裁判等。

（2）校本课程条件性资源：包括"雁荡山竹系列体育活动"相关的器材制作与规格、场地、图书音像资料、社会师资等。

（3）校本课程特色资源：毛竹系列活动，包括踩竹高跷、滚竹环、抖空竹、竹弓、风筝、爬竹竿；青皮竹系列活动，包括雁荡山跳竹竿、武术（竹）棍、抄竹杠；竹游戏系列活动，包括持竹竿跑（直线、绕圈、旋风）、快快跳起、抬轿子、移位扶竿（报号、移位）等。

（4）校本课程人力资源：包括学生、体育教师、班主任、有特长的家长、社区

体育指导员等。

(二)全员参与,活动渗透

"全员、全程、全面"的"三全育人"原则是我校开展竹系列体育活动一直坚持的原则。从教学骨干,到全体专任教师,学校不断探索培训途径,提高全体教师的课程开发能力。然而,随着竹系列体育活动的推广与普及,学校师资力量渐显不足,缺乏专业指导。鉴于此,我们聘请徐金尧教授、方洪寿教授等担任校本课程开发研究顾问、指导老师,直接参与"雁荡山竹系列体育活动"的规划与发展。此外,学校还聘请雁荡地区民间艺人陈师傅、姚师傅来我校对我校教师进行竹系列体育活动知识与技能、活动器材制作等培训。他们从雁荡山竹文化的历史渊源讲起,以朴实无华的语言,从不同角度分别对各项竹活动的作用、价值等进行精辟的阐述,手把手传授技能,效果明显。

为营造浓厚的竹系列体育活动氛围,学校结合竹系列体育活动实际开展"我是活动小能手"主题活动,举办"竹系列活动文化节",开展全校性的雁荡山竹系列体育活动,如:在全校学生中开展竹活动创编比赛,设置最佳创编奖、最有创意奖、最佳效果奖、最具魅力奖、最佳展示奖等,同时在教师活动中也开展跳竹竿比赛,做到师生同步练习。

我们还把竹系列体育活动向校外拓展,利用月假、节假日开展跳竹竿活动,还带动家长参与到活动中来,既自娱自乐,又锻炼了体能。

打造学校的竹系列体育活动特色,让竹系列体育活动与雏鹰争章活动有机结合起来,设立"活动特色章",促进队员个性发展。作为实施"雁荡山竹系列体育活动"校本课程的我校,大队部推出了几个竹活动特色章,如创编章、展示章、协作章、服务精神章等,让每一位队员都能在竹系列体育活动中争章,在争章中进步。

(三)拓展空间,引入课间

大课间活动是以提高学生综合素质为目的,融健身性与合作性、竞技性与娱乐性、技术性与趣味性一体的活动。竹系列体育活动明显具有以上特性,把竹系列体育活动引入大课间活动,极大地丰富了我校大课间活动内容,同时也使我校体育教学内容产生了变革。

（四）依托课题，大力推进

在研究过程中，我们依托浙江省教研重点课题"《体育与健康》地方课程资源开发与利用研究"及温州大学面向基层课题"城镇中小学'大课间'阳光体育活动实践研究"两个课题，同时努力申报各级各类相关研究课题，争创特色课程。此外，还通过各种展示、评比，大大提升了"雁荡山竹系列体育活动"在社会上的影响力。

（五）编写教材，纳入课程

1.开发课程，编写教材

2008年初，学校成立了《雁荡山竹系列体育活动》教材编写小组，分别以毛竹系列、长竹竿系列、短竹竿系列及竹游戏系列为核心内容，根据学生的年龄特点，制订不同的教学目标，编写分年级教材。教材编写完毕后，学校又组织了课题组成员编写单元设计说明，组织各年级骨干教师编写教学设计，真正使教与学既有了内容又有了参考，使竹系列体育活动课程更加充实了。

本课程共分五个部分：第一部分为雁荡山毛竹系列活动；第二部分为雁荡山长竹竿系列活动；第三部分为雁荡山短竹竿系列活动；第四部分为雁荡山竹游戏系列活动；第五部分为雁荡山竹系列活动待开发项目介绍，各系列分不同章节。

2.纳入课表，全面实施

为保障竹系列体育活动的顺利开展，从2008年9月起，我校在一至六年级的课表中明确规定了竹系列体育活动课的教学时间。每班每周开设一节竹系列体育活动课并排进课表，让每一名学生都能进行竹系列体育活动知识与技能的学习。

（六）研制评价体系，确定评价内容

"雁荡山竹系列体育活动"校本课程评价作为一个系统是由校本课程建设、学生学习和教师教学三方面评价子系统构成的。各子系统又包含有多种要素，它们相互制约、相互渗透、相互依存，构成整体。

1.校本课程建设评价

"雁荡山竹系列体育活动"校本课程建设评价范围主要包括已开发的校本

课程项目的评价、课程组织管理及实施保障状况的评价、课程实施效果的评价、课程开发过程的评价,等等。

2.学生学习评价

"雁荡山竹系列体育活动"校本课程作为国家体育课程的补充,是以国家体育课程教学指导纲要基本精神为指导的体育课程改造。因此,"雁荡山竹系列体育活动"校本课程的学生学习评价应与国家体育课程教学指导纲要的要求相一致。

(1)体能的评价。体能是指人体各器官、系统在体力活动过程中表现出来的能力,它是衡量健康水平的主要标志,与运动技能有着密切的关系,包括身体素质(力量、耐力、速度、灵敏性、柔韧性)和身体基本活动能力(走、跑、跳跃、投掷、悬垂支撑、攀爬、负重)。

(2)知识与技能的评价。评价内容主要包括:

第一,对于"雁荡山竹系列体育活动"及其对人、社会的价值和重要性的认识情况。

第二,掌握"雁荡山竹系列体育活动"的相关知识以及运用于实践的情况。

第三,掌握符合一定学习水平目标要求的竹运动技能以及运用于实践的情况。

(3)学习态度的评价。具体包括以下几方面:

第一,能否主动、自觉地参与竹系列体育活动。

第二,在竹系列体育活动过程中能否全身心地投入。

第三,能否积极主动思考,为达到目标而反复练习。

第四,能否认真接受教师的指导。

3.教师教学评价

教师教学评价包括三个方面:

(1)认知方面。评价教师在教学中表现出来的认知品质,如对教学目标的认识和实施,对基础知识、基本动作的落实,对程序性知识练习的关注以及对学生运用知识、形成能力的重视等。

(2)情感方面。评价教师在教学中表现出来的真诚、热情、民主的程度,如对师生间的情感交流的重视,对学生情感、态度的培养,课堂气氛的民主化以及创设教学情境的质量等。

(3)技能与习惯方面。评价教师在教学中表现出来的专业技能与行为习惯,如教学基本功、对教学技术和教学组织能力的掌握等。

三、取得的成效

(一)编制了特色校本课程

创编整理了三大系列雁荡山竹系列体育活动,具体如表1。

表1　三大系列雁荡山竹系列体育活动

竹系列活动	具体内容
毛竹系列	竹(筒)高跷、滚竹环、抖空竹、竹弓、竹风筝、爬竹竿
青皮竹系列	雁荡山跳竹竿、竹棍术、抄竹杠
竹游戏系列	火车接力赛、双胞胎赛跑、扛竿接力赛、猴子坐轿子、蜈蚣接力赛、短竹竿平衡(1)、短竹竿平衡(2)、短竹竿平衡(3)、短竹竿平衡(4)、快快跳起、持竹竿直线跑、持竹竿绕圈跑、持竹竿旋风跑

(二)深化了课程改革的意义

本次"雁荡山竹系列体育活动"校本课程开发,贯彻了《决定》的精神,补充了国家课程的不足;体现了课程标准的理念,满足了学生不同的需求;迎合了时代发展的潮流,确保学生每天一小时体育锻炼时间,减轻了学生学习的压力。

(三)发展了学生的身心素养

我校2008—2010年连续三年《国家学生体质健康标准》检测结果显示:学生的体质健康水平逐年提高,学生的运动情趣得到了有效培养,学生的活力得到了激发,学生的个性得到了张扬,学生的创新意识得到了发展,初步形成了良好的探究习惯。

(四)锤炼了教师的专业品质

实施"雁荡山竹系列体育活动"校本课程的近两年时间里,先后有3名教师分别获得了县、市级优质课评比、教师基本功比赛一、二等奖,先后有12篇相关论文、案例发表在国家级、省级刊物上或获得省市评比一、二等奖。

（五）提升了学校的品牌效应

我校自开展"雁荡山竹系列体育活动"校本课程研究以来，引起了社会各界和新闻媒体的广泛关注。中央电视台先后三次到我校对我校开展的这一课程研究进行了专题拍摄，《温州日报》《温州都市报》《乐清日报》等多家新闻媒体对我校开展的雁荡山跳竹竿活动作过专题报道，我校承担、由教育部电子音像出版社拍摄制作的《新课程体育特色项目开发与案例示范——跳竹竿》教学片于 2010 年 4 月正式向全国发行。此外，先后有来自杭州、宁波、金华等地及本市兄弟学校的领导、教师 500 多人次到我校观摩取经，在市内外产生了很大的影响。

四、思考与展望

（一）《雁荡山竹系列体育活动》校本教材问题

目前，我校已经编制出了《雁荡山竹系列体育活动》校本教材，对教师的"教"和学生的"学"起到了重要的支持作用。然而，这套教材与理想的目标还有一段距离，如何使其更加科学、合理还有待继续研究。

（二）"雁荡山竹系列体育活动"校本课程教学问题

教学是把课程目标与内容转化为学生学习成效的主要途径与手段。我校目前在竹系列体育活动教学方面，还没有探索出一系列行之有效的教学模式，积累足够丰富的优秀教学案例等，我们的教学探索任重而道远。

（三）评价基础薄弱并带有随意性

在研究过程中，评价已成为阻碍"雁荡山竹系列体育活动"校本课程积极推进的瓶颈。通过研究发现，虽然学校在学生评价与教师评价方面形成了一定的评价内容、方法，但这无法掩盖其评价带有随意性的事实，评价的目的及评价的标准不清晰，并多少带点"自己觉得行就行"的意味。"雁荡山竹系列体育活动"校本课程开发需要引进新的评价模式，但从目前体育师资水平及其他方面来看，学校还不具备制订出较为完善的校本课程评价体系的条件。

总之，我校"雁荡山竹系列体育活动"校本课程开发不是为了赶时尚，也不是为了追求虚名、贪图一时的成功,我们不随波逐流,也不会妄自菲薄,更不会遇到困难就气馁。我们追求的是在开拓和实践中不断完善、不断前进、不断成功,最后形成定型和成熟的"雁荡山竹系列体育活动"校本课程。

本文写于 2012 年

"寄宿生活"校本课程构架与创生

《中共中央国务院关于深化教育改革全面推进素质教育的决定》明确提出："调整和改革课程体系、结构、内容,建立新的基础教育课程体系,试行国家课程、地方课程和学校课程。"可见,实施国家、地方、学校三级课程管理,是改变以往课程管理过于集中的状况,增强课程对地方、学校及学生的适应性的必然。我校开展的"寄宿生活"校本课程开发与实施研究是大势所趋,符合基础教育课程改革的需求。

我校是一所九年一贯制民办寄宿学校,创办于1993年,学校的办学目标不仅是让学生学会学习,更重要的是让学生学会生活,即必须让学生掌握一定的生活技能。学校在19年的创办历程中积累了大量的寄宿生活管理经验。学生从一年级入学的第一天起就开始寄宿生活,相对公办走读学生来说,寄宿学校学生与社会直接接触的生活体验较少,所以寄宿学校更有义务也有责任对学生进行生活教育,让学生累积生活实践经验,为学生将来走向社会奠定基础,因此,开展"寄宿生活"校本课程开发与实施研究是学生成长发展的需求。

开展"寄宿生活"校本课程开发与实施研究是我校书写特色学校建设新篇章中的一个大手笔,是我校特色学校建设的需求。学校特色是学校文化长期积淀的一种外显,是一所学校办学水平的重要标志。长期以来,我校倡导"教育即生活"的大教育理念。立足学生的"长远",我们精心编织学校、家庭、社会相结合的网络,设计了许多受孩子们欢迎的寄宿生活实践活动,提高了学校教育的有效性,从而为社会各界所瞩目。结合特色学校的打造,改变以往以之为主题的校本课程开设中"有课无本"的状况,建设与之相适应的"寄宿生活"校本课程教材很有现实意义。

一、"寄宿生活"校本课程推进策略

(一)全员参与,着力"寄宿生活"课程实施研究

"全员、全程、全面"的"三全育人"原则是我校开发"寄宿生活"校本课程所

一直坚持的原则,这无疑对师资队伍提出了更高的要求。从教学骨干,到全体专任教师,学校不断探索培训途径,提高全体教师的课程开发能力。最初,我校只有一位教师对该课程有所研究。然而,随着课程的推进,学校深感师资力量不足,缺乏专业指导。鉴于此,温州市教研室综合实践教研员黄老师受林方秋校长的邀请,受聘担任学校"寄宿生活"校本课程开发研究顾问、指导老师,直接参与"寄宿生活"校本课程的规划与发展。此外,学校还聘请雁荡地区民间艺人陈师傅、姚师傅来我校对我校教师进行生活知识与技能、活动器材制作等培训。他们以朴实无华的语言,从不同角度分别对各项生活活动的作用、价值等进行精辟的阐述,手把手进行技能传授,效果明显。

另一方面,通过专题研讨会的形式对我校教师进行生活专业知识和技能的培训,研究课程推进实施过程中遇到的困难,寻找解决途径,从而提升教师的专业技能和对"寄宿生活"校本课程的理解,为"寄宿生活"校本课程的开设奠定基础。以陈传敏老师为组长,学校还成立了"寄宿生活"研究小组,教师们边研边教,不断提高课程开发与应用能力。

(二)课堂教学,深化"寄宿生活"课程实施研究

实施"寄宿生活"校本课程的主要渠道是落实课堂教学。课堂教学的效果将直接决定"寄宿生活"校本课程开发的实效性,故我们坚守"寄宿生活"校本课程实施的主阵地——课堂。我们不仅密切关注"寄宿生活"课堂教学每个年段的进度与内容的协调,适时进行宏观的调控,同时还积极发挥教师作为课程开发主体的自主性与创新性,积极鼓励专职教师和兼职教师对课程的开发,充分尊重教师对家政课程的开发自主权。

我校从一年级到六年级都新设了"寄宿生活"校本课程,其中,三到六年级专门配备了"寄宿生活"校本课程专职教师;一、二年级由生活老师负责兼任。每个星期都安排一节"寄宿生活"课。这样充分保证了"寄宿生活"校本课程的正常有序开展。同时,我们在"寄宿生活"校本课程教学硬件设施上也投入了大量的财力、物力。目前,我们已有一个"寄宿生活"校本课程专用教室,为"寄宿生活"校本课程的开发与家政教学实践都提供了很好的条件。课程实施以来,我们进行了40余次"寄宿生活"课堂教学研讨活动,并积极撰写相关的教学案例、论文。

（三）多样活动，提升"寄宿生活"课程实施品质

以少先队为龙头，结合年级组、班级开展的形式多样的活动是"寄宿生活"教育的辅助渠道。学生在各种活动中充分发挥了自身的潜能，多元智能得到充分开发。学生在活动中更认识到自己的生命个体不仅仅属于自己，更属于社会这个"群体"，逐渐懂得了在生活中要学会与人共处，在比赛中要互相帮助、团结合作。因此，以活动促进"寄宿生活"教育的有效开展是"寄宿生活"教育必不可少的渠道。

1. 家校联动，共同开展"寄宿生活"活动

我们组织了一系列学生和家长共同参与的活动，如五年级组开展的制作水果拼盘比赛，四年级组在冬至佳节开展的制作汤圆比赛，一、二年级开展的寝室内务自理能力大比拼等。通过这一系列活动，不仅规范了每个学期的活动时间，还形成了一些较为系统的活动规划，如利用传统佳节开展活动，利用每年12月文化节统一举行家园乐活动等。

2. 积极开辟生活课堂

我们遵循"寄宿生活"课程综合性和实践性强的特点，充分利用学校自身条件，积极开辟"寄宿生活"课程的生活课堂。例如，一、二年级的"寄宿生活"课程落实，就积极结合生活区，包括寝室内的生活自理、食堂中的饮食卫生等，有效地进行课程建设。再如，利用学校后花园的教育资源，积极引导学生养蚕，并通过写观察日记等形式，有效地发展了学生的综合素养。

3. 建构社区服务和实践体系

我们每个学期都要组织学生到社区进行生活服务，例如，到敬老院看望孤寡老人，给他们讲故事、捶背、按摩等，既有效提高了学生的生活服务意识，又有效提升了学生的精神品格。再如，我们定期组织学生到街道清扫卫生"牛皮癣"——非法小广告等，有效地促进了学生社会实践能力的提高和社会服务意识的发展。同时，我们还和虹桥的花木农场，以及乐清市黄良村等单位或村镇建立长期的良好关系。这样不仅为学生到农村了解农民生活和他们的生存技能提供了便利，而且也进一步发展了学生吃苦耐劳的精神品质。

（四）链接生活，拓宽"寄宿生活"课程实施渠道

新课程标准指出，学校要积极开发多元、开放的校本课程。基于新课程的

理念指导,结合"寄宿生活"课程的自身特点,"寄宿生活"教育应该努力把课堂教育与生活实践有机地整合在一起。现在我校"寄宿生活"教育虽然处于起步阶段,但我们仍然努力在课堂教学与生活实践之间建构起一座"共话"的桥梁。

1. 外援引进

如果把"寄宿生活"校本课程内部培训提升工程比作一个池塘,那么外援的引进就好比是为"寄宿生活"校本课程建设引入了一支活水源。每个学期,我们都会邀请各行各业的专家到学校进行课程指导或做专业技能培训方面的讲座。例如,我们诚邀乐清市交警大队的优秀教官到学校给全体学生做交通安全专题讲座。再如,每年我们都要定期举行消防演练,而演练时我们都会聘请乐清市消防大队的教官到校现场指挥和实际指导。

同时,我们还积极聘请各种具有特殊技能的专家到校进行"寄宿生活"技能培训。例如,我们聘请了乐清市优秀面人艺人到学校给全体学生进行现场面塑表演,同时为学生提供面粉进行现场操作指导。再如,我们邀请乐清市蛋糕房的面点师傅到学校对学生进行家庭制作蛋糕的表演和指导。这一系列的活动,不仅锻炼了学生的生活技能,拓宽了知识视野,同时,也给所有教师提供了一次非常好的学习机会,对促进他们的专业化发展有极大帮助。

2. 家校结合

我校是一所民办寄宿制学校,家校的联系虽然不如走读学校那么密切,但我们充分利用每半个月放一次假的机会,积极建构"寄宿生活"课程的家校联系。例如,我们通过"成长足迹"对学生完成"寄宿生活"课程的家庭作业进行监控指导;通过发放《回家孝敬父母倡议书》指导学生将在学校学习到的"寄宿生活"技能转化为孝敬父母的实际行动。同时,我们也充分利用家长教育资源,聘请具有特殊技能的家长为课题组成员,定时给学生培训指导。另外,我们还通过家长委员会的家校联系机构,对课程实施提供宝贵的建议,从而为建设真正有利于学生发展的"寄宿生活"校本课程献计献策。

（五）研制评价体系,为"寄宿生活"课程实施引航

"寄宿生活"校本课程是由多因素构成的有机整体。"寄宿生活"校本课程评价作为一个系统,是由校本课程建设、学生学习和教师教学三方面评价子系统构成的。其中,对学生学习的评价是主要的,包括知识与技能的评定、学习态度的评定以及情意表现与合作精神的评定,见表1。

表1 学生"寄宿生活"学习学习评价统计表

学校_____ 年级_____ 班_____ 姓名_____ 性别_____ 学号_____

评定范围	评定方法	评价内容	评价等级					学生自评	学生互评	教师评定	总评
			A	B	C	D	E				
知识与技能	测验观察技能评定等	…达到的水平与进步									
		…达到的水平与进步									
		…达到的水平与进步									
		……									
学习态度	观察问卷问答等	参与课程的情况	很准时	较准时	一般	偶有迟到	不准时				
		在课堂上的表现	很积极	较积极	一般	不太积极	不积极				
		对课的喜欢程度	很喜欢	较喜欢	一般	不太喜欢	不喜欢				
情意表现与合作精神	观察记录问卷问答等	对课程的自信程度	很自信	较自信	一般	不太自信	不自信				
		设置的学习目标	很合理	较合理	一般	不太合理	不合理				
		在学习与活动中能克服各种困难	能	较能	一般	不太能	不能				
		在学习中的情绪	很稳定	较稳定	一般	不太稳定	不稳定				
		在学习中能帮助别人	经常	较经常	一般	不太经常	不经常				
		能与同伴一起愉快地完成学习任务	很愉快	较愉快	一般	不太愉快	不愉快				
		能胜任所扮演的角色	很胜任	较胜任	一般	不太胜任	不胜任				

（六）编写教材，搭建"寄宿生活"课程实施载体

"寄宿生活"校本课程属于活动型综合课程，它既包含了对传统生活技能的选择与改编，又包含了对适应寄宿学校生活技能特点的补充、整合和拓展，开发的是全新的课程板块和课程单元。

为了解决教材问题，2009年初，学校成立了《寄宿生活》教材编写小组，以陈传敏老师为主，根据学生的年龄特点，制订不同的教学目标，编写分年级教材。教材编写完毕后，学校又组织了课题组成员编写单元设计说明，组织各年级的骨干教师编写教学设计。这样，真正使"教"和"学"既有了内容又有了参考，也使课程内容更加充实了。在"寄宿生活"教材使用两年多之后，学校听取了师生们的意见与建议，从2011年9月起，开始着手对各年级教材进行修订，修订好的新教材将更适合不同年级学生。

二、"寄宿生活"校本课程实施成效

（一）开发出了适合各年段学生的寄宿生活学习内容

通过引进、改造、整合等方法，围绕学生学习、家庭和社会生活中一些必须掌握的基本技能，开发出了"自我服务""家务劳动""家庭理财""生活习惯""交际礼仪""美化生活"等六大板块学习内容，由浅入深，相对有层次地分布在低、中、高三个年段中。

（二）减轻了学生的学习压力

目前，很多学生从进入学校的第一天起就开始为升学而竞争，尤其是一些寄宿制学校，学生生活在学校，每天都沉浸于各学科的习题之中，承受着巨大心理压力，学习的课程都是围绕着考试科目而设，而关注学生兴趣、爱好的课程。"寄宿生活"校本课程强调以人为本、趣味性和开放性，让学生能够参与进去，这样不但能扩大学生的视野，增强能力，而且能给学生带来快乐、减轻压力，使学生在繁重的学习中得到放松。

（三）培养了学生的情趣

"寄宿生活"校本课程开发的主要理念在于满足所有学生的不同需求。通

过调查发现,"寄宿生活"校本课程开发对学生的影响主要体现在平均选择次数大于 1 的 3 个选项(见表 2),即生活乐趣的体验、生活自理能力的培养、团结协作精神的培养。这一结果充分体现了"综合实践活动"课程的理念,也说明加强"寄宿生活"校本课程开发有助于实现"综合实践活动"课程的目标体系,"综合实践活动"课程也有利于"寄宿生活"校本课程的建设,两者相辅相成,共同推动了我校教育工作的发展。

表 2 "寄宿生活"校本课程开发对学生的影响统计表

影响因素	选择人次	占总人数的比例(%)	占总选择人次的比例(%)	平均选择次数
生活乐趣的体验	27	58.7	17.0	1.53
生活自理能力的培养	24	52.2	15.1	1.36
团结协作精神的培养	22	47.8	13.8	1.24
社会交往能力的提高	17	37.0	10.7	0.96
拼搏竞争品质的培养	17	37.0	10.7	0.96
生活知识的学习	15	32.6	9.4	0.85
生活技能的掌握	15	32.6	9.4	0.85
参加家务劳动兴趣培养	11	23.9	6.9	0.62
不良生活习惯的改善	11	23.9	6.9	0.62
总选择人次	159	—	100	159/9 = 17.7

(四)锤炼了教师的专业品质

开展"寄宿生活"校本课程开发与实践课题研究的近两年时间里,参与实验的教师外出学习的就达到了 100 余人次。在这个过程中,教师自身的专业素养得到了有效提高,更深入地理解了国家课程政策,对校本课程的理解、学科的特点和发展方向有了更全面的认识,能站在整个课程发展与改革的高度去思考校本课程的开发与构建,提高了自己驾驭课程的能力,促进了业务水平的提高。因此,近两年时间里仅课题组教师参加各级各类优质课评比、教学基本功评比、论文(案例)评比等先后就有 124 人次获奖,教师在活动中专业化水平着实有了很大的提高。

（五）提升了学校的品牌效应

我校自开展"寄宿生活"校本课程研究以来，引起了社会各界和新闻媒体的广泛关注。《温州日报》《温州都市报》《乐清日报》等多家新闻媒体对我校开展的"寄宿生活"校本课程作过专题报道，浙江省少工委、温州市少工委有关领导来到我校观摩了我校开展的"寄宿生活"校本课程展示并给予了高度评价。近年来，我们曾先后向社会各界展示过生活技能 20 余次。此外，先后有来自山东、江苏、安徽、杭州、宁波、金华等地及本市兄弟学校的领导、教师 500 多人次到我校观摩取经的有 500 多人次，在省内外产生了很大的影响。

三、结 语

"寄宿生活"教育已经成为各国发展素质教育的重要途径，是提高儿童和青少年生存能力的有效教育形式。"寄宿生活"校本课程建设是一个系统的大工程，关乎学校的整体发展，同时也关系到学生整体素养的提升，因此，虽然本阶段我们在课题研究上取得了较大的进展，但面临的挑战和困难同样不容忽视。

总之，我校"寄宿生活"校本课程开发不是为了赶时尚，也不是为了追求虚名、贪图一时的成功，我们不随波逐流，也不会妄自菲薄，更不会遇到困难就气馁。我们追求的是在开拓和实践中不断完善、不断前进、不断成功，最后形成定型和成熟的"寄宿生活"校本课程。

本文写于 2012 年

农村小学创设学生体育社团的行动策略

——以浙江省乐清市部分农村小学为例

本文基于农村小学生对体育社团的需求,以浙江省乐清市部分农村小学为例,结合农村学校师资、场地、器材、周边环境等内外条件,从报名选团、活动"四定"、组织运行、考核评价等方面阐述了农村小学创设体育社团的行动策略。

学生体育社团是基于学生需求和学校师资、场地、器材等资源而创生的、以学生为主体的校内体育民间组织。在农村小学,由于受到师资、场地、器材、家长观念等条件的制约,学生体育社团的发展比较缓慢,组织比较松散。以乐清市5大学区21所农村小学为例,据调查了解,目前创建体育社团的学校只有9所,不足50%。笔者同时走访了这21所农村小学,就农村小学如何有效开展体育社团活动进行了深入的思考。

一、体育社团项目的选择

(一)根据学生的兴趣等

1.学生兴趣

体育社团必须要根据学生的需求、兴趣和爱好创设。创设社团前,进行必要的问卷调查,在了解学生兴趣等的基础上再进行合理的设置,这样才能确保社团项目设置的针对性。

随机对乐清市5大学区21所农村小学三至六年级1 680名学生(各校每年级随机抽取20名学生,其中男、女生各10名)进行问卷调查,结果表明,学生感兴趣的项目依次为篮球、足球、武术、乒乓球、田径、民间体育项目等(见表1),因此,我们在选择要开设的社团项目时可依据学生的兴趣等,而不能盲从。

表1 学生感兴趣运动项目调查表($N = 1 680$)

项目	篮球	足球	武术	乒乓球	田径	民间体育项目	其他
人数	496	343	218	185	166	127	145
比例(%)	29.5	20.4	13.0	11.4	11.0	7.6	8.6

2. 学生特长

体育社团能发展学生的体育特长，同样，体育特长生的发展也需要体育社团这样的平台，因为体育社团为体育特长生提供了更多的学练时间及更大的学练空间，能够使他们的特长得到更好的发展。因此，在确定社团要开设的项目时，要选择那些有利于体育特长生的培养和发展的项目。

3. 家长意见

随着社会的发展，农村学校孩子家长对孩子的期望值越来越高，很多家长对孩子的要求不仅停留在学业上，还在体育、艺术等方面也要求有所发展，特别是希望自己的孩子不仅在体质健康上有所发展，还要求孩子有一技之长。有的家长甚至还利用课余休息时间送孩子到社会体育培训机构参加游泳、乒乓球、羽毛球、篮球等各种项目培训。他们对学校创设的体育社团格外关注。学校举办这类体育社团活动，不仅满足了孩子的需求，还满足了家长的意愿。因此，在选择社团项目时，也要考虑家长的意见，尊重家长的建议。

4. 项目价值

有些体育项目对师资、场地和器材的要求比较苛刻，如跆拳道、轮滑等项目，开展这些项目首先师资要求高，要有专业的教师才行；其次是投入较大，练习需要有专门的设备、服装等，这对于农村学校及农村孩子来说，无疑是不可取的。所以，选择社团项目时尽量安排一些简单易行、安全可靠、经济实惠、学生学练兴趣高、对学生体质健康发展有效的项目。

（二）根据学校的条件

1. 师资条件

师资是开设体育社团的基本条件，很多学校在选择体育社团开设的项目时，基本上是按照体育教师的专业特长及科任教师体育方面的特长而确定的。如某体育教师的专业特长是篮球，学校就有篮球社团开设，某教师擅长打乒乓球，他就会承担乒乓球社团的指导任务，等等。

2. 场地、器材

场地、器材是保证体育社团活动的必要条件，特别是农村学校，由于场地、器材简陋，满足不了很多体育社团正常开展活动的需要，因此只得因地制宜，因材施教，甚至可以土法上马，自制器材。例如，柳市镇第十六小学，校内没有篮球场，通过整修，学校利用教学楼旁的一块空场地作为篮球场，并把篮球筐安装在教学楼的墙壁上,保证了篮球社团活动的正常开展。

3. 学校特色发展

打造学校办学特色是很多学校发展的需求,特色体育项目的开展最能突显学校的办学特色。体育社团为学生搭建一个挑战自我、展示自我的平台,能真正为学校体育特色的打造服务。学校体育代表队的组建一般都是以学校体育社团为班底,如田径队、篮球队、足球队、乒乓球队等,其队员基本上都是来自各体育社团,他们代表学校参加各级各类相关体育比赛,创造优异成绩,为校争光,从而亮出了学校的体育特色。

(三)根据周边的资源

1. 地理资源

很多农村学校周边拥有海滩、山丘、田野、树林等得天独厚的条件,如果能进行合理开发、有效利用,开设适宜的体育社团,会取得非常好的成效。例如,雁荡镇第五小学充分利用校旁狮子山资源,把登山纳入学生社团活动项目,每两周组织学生进行一次登狮子山社团活动。在活动过程中,不仅发展了学生的耐力、力量素质,还让学生掌握了登山的技巧及野外体育锻炼的常识。又如,大荆镇第五小学是一所山区小学,道路狭窄但平坦,交通闭塞,机动车辆少,所处的村庄房屋建筑风格奇异,周边都是农田,适合定向运动的开展。于是,这所学校就开设了定向运动社团,全校三至六年级有一半以上的学生都参加过定向运动社团。再如,智仁寄宿小学利用当地丰富的竹资源,开设了竹系列体育活动社团,每周二开展社团活动,如利用校园后面的毛竹林,开展爬竹竿活动,同时,在活动中还教会学生自制竹高跷、竹弓、竹环等器材,让学生不仅掌握了这些竹系列体育活动的技术、练习方法和比赛规则,还让学生学会了利用原生竹加工制作活动器材的方法。

2. 人力资源

体育社团的开设仅仅靠学校体育教师及有体育特长的科任教师是满足不了学生的需求的。大部分农村学校不仅师资有限,而且教师专业特长也有限,因此可以充分开发一些社会人力资源。例如,城东第三小学的抖空竹社团指导老师章老师,是一位常年在东塔公园利用抖空竹健身的退休干部,校长发现后把他请进学校专门担任抖空竹社团指导老师;又如虹桥镇第一小学的轮滑社团,其社团指导老师是一位热心而擅长轮滑的学生家长;再如虹桥镇第九小学的足球社团,其社团指导老师是一位在医院上班的医生,这位医生在大学时代是学校足球队队长,进行过专门的足球训练,不仅擅长足球运动各项技能,还有丰富的足球比赛经验及训练手段。这些社会人力资源的开发与利用,充实了体育社团的师资队伍,丰富了社团活动的内容。

3. 社区资源

由于大部分农村小学校园面积狭小,运动场地、器材短缺,因此,学校可以考虑与周边社区、街道联系,以安全、就近为原则,充分利用可利用的场地、器材资源。如北白象镇第一小学羽毛球社团就是租借旁边的社区羽毛球馆开展羽毛球社团活动;仙溪镇第二小学利用其旁边敬老院的乒乓球室开展乒乓球社团活动;大荆镇第五小学还联手附近的五虎山漂流场开展游泳社团活动等。通过学校与社区的沟通和协调,有效地解决了体育社团活动的开展与学校场地、器材不足的矛盾。

二、创设体育社团的行动策略

(一)报名选团:通过网上、橱窗、告家长书告知

列出菜单,让学生自主选择,低年级学生可由家长、班主任帮助选择。每学期初,把要开设的体育社团公之于众,可在校园网站上公布,或在校园橱窗里公布,也可以告家长书的形式公布。尤其是对一些新开设的体育社团,学校一定要给出详细的介绍,以免学生盲从。应遵循的一个原则就是让学生、家长都知道学校新学期要开设哪些体育社团,让他们心中有数,能做到有针对性地选择。

(二)活动"四定":定时间、定地点、定项目、定指导老师

小学生年龄小,自主能力相对较弱,因此,要合理安排活动的时间、地点,并安排专门的教师负责组织、指导、管理,这样才能确保社团活动安全而有序地进行。

活动时间由学校统一安排,一般安排在课外时间,而大部分学校安排在下午放学之后这段时间。这一方面是因为这个时间不会影响正常的教学;另一方面是因为这段时间比较充裕,能够保证社团活动正常进行。时间固定后,一到这个时间,孩子们就会自主地去参加社团活动。

大部分社团活动场地基本上是固定的,如篮球社团活动在篮球场,足球社

团活动在足球场,但也有些活动场地是不固定的,如定向运动等,所以指导老师必须在前一次活动结束之前告知学生下一次活动的集合地点,以免让学生找不到活动地点而错失活动机会。

一般每一个项目都有一个指导老师,指导老师要熟知自己负责的社团项目特点、技能、组织教法等。社团活动前,指导老师要提前准备好活动所需的器材,检查场地,到场迎候学生的到来。同时,指导教师一定要规划好一学期或一学年的社团活动,还要认真备好每一次活动课,做好安全防范预案。

(三)组织运行:常规、展示、比赛、交流立体实施

1.开展常规活动

体育社团活动不同于体育课教学。第一,对象不同。社团活动的对象来自不同年级不同班级,有年龄、素质、心理、认知水平、基础等差异;而体育课教学的对象是一个班级整体,除了男、女生之间存在一定性别、素质等差异之外,学生之间差异一般不明显,因此,社团活动应特别注重因人而异,区别对待原则。第二,任务不同。体育课的教学任务主要是学习技术,发展体能,提高运用能力;而社团的主要任务是培养兴趣,学习一定的技战术,强调的是兴趣和运用。第三,时间不同。社团活动的时间相对灵活,每次活动都在一小时左右;而体育课时间一般都固定在每节课 40 分钟或 35 分钟。第四,形式不同。社团活动形式多样,可采用观摩、研讨、体验、比赛、展示等形式;而体育课只能采用教学形式传授知识与技能。

2.举行专场展示

开展社团专场展示活动,一方面能够展示孩子们在社团的学习成果,另一方面也是给孩子们提供一个展示自我的机会,激发孩子们对社团的向往之情,吸引更多的孩子喜爱社团活动、参与社团活动。如:柳市第三小学每年六一节都要举行"庆六一社团成果展示"活动,北白象镇第六小学每年都要举行一次"社团文化节"活动,这些专题活动,有效地推进了社团的发展。

3.融入运动会比赛

实践表明,把社团开展的一些活动作为比赛项目融入到校运动会中效果非常好,很多学校已做过尝试,如:智仁寄宿小学把篮球定点投篮、全场 1 分钟往返运球投篮、足球颠球、乒乓球颠球等融入到比赛中,不仅丰富了运动会的内容,还体现出了运动会的特色。此外,很多学校还专门举行单项比赛,如年级篮

球友谊赛、校级足球联赛、学校定向运动会等,这些单项运动会的举行,很大程度上突出了各单项体育社团的优势和特色。

4. 与兄弟校联手

体育与身体练习是分不开的,身体练习必须建立在一定的技术、战术之上,实战是提高技战术的最有效的方法。除了参加上级部门组织的相关比赛外,还可以同兄弟学校开展邀请赛、对抗赛、友谊赛等系列比赛活动,在促进学习交流的同时,也提高了技战术水平,增强了实战能力。

(四)考核评价:社团、学员考核相结合

体育社团属于学校内的民间组织,其开展的活动是学校课外活动的一部分,但对它的管理应该纳入学校常规管理中,每学期都要进行一次考核评价。考核包括对学员的考核及对社团的评价,根据综合评定,评选出优秀学员和优秀社团。

1. 学员考核

学员考核由学校教务处或体育组在期初确定考核方案并公布,考核内容必须切合社团特点,考核形式可以采用技术评定与达标相结合,力求体现项目的特点和特色。如:足球社团考核可采用"足球嘉年华"形式让学生进行足球个人技能颠球、运球绕杆射门等展示,以及"3 对 3"比赛等形式;篮球社团考核采用"谁与争锋""谁是三分王""我是最佳投手""1 对 1""3 对 3"等比赛形式考核;轮滑社团考核举行"耀我扬威"速滑检测等。

对学员的评定主要以实践考核为主,并结合学员平时的表现进行,如出勤率、与同伴之间的合作、承担任务等。

通过考核,一方面检阅了活动成效,另一方面可以吸引更多的孩子参与体育社团活动,让孩子们从了解社团到羡慕社团再到渴望进入社团,从而有效提高社团的普及面,增强社团活动的普及性,真正达到体育社团为孩子的目的,把体育社团打造成孩子们自己的社团。

2. 社团评价

社团评价包括社团管理建设及社团活动情况评价两大板块,其中社团管理建设包括社团计划与总结、学员稳固率、文化培植及管理制度四个方面,社团活动情况包括常规活动开展、大型活动参与、学生能力提升及社团特色打造四个方面,每个方面又包含具体的要求细则,见表1。

表1 体育社团评价表

社团名称：

评分项目			分数	得分
I	II	细则		
管理建设	社团计划与总结	学期初有计划,学期结束有总结	10	
	学员稳固率	学员稳中有增	10	
	文化培植	对内对外有宣传,有社团 logo、口号等	10	
	管理制度	有明确的考勤制度、评优制度等	10	
活动情况	常规活动开展	活动有固定场地布置、器材维护好	15	
	大型活动参与	每学期组织一次以上社团展示活动,积极参加上级比赛	15	
	学生能力提升	学生在社团展示、交流及各级比赛中表现突出,成绩优异,无安全事故发生	15	
	社团特色打造	在本校知名度较高,家长知晓率高,在社会上有一定影响	15	
总分			100	

三、几点思考

(一)经费问题

开展体育社团活动需要一定的经费保障,如特殊器材的添置、外聘指导师的补贴以及指导师的外出学习等都需要一定的经费,建议与社会企业联手,冠名比赛,争取得到社会企业的赞助与支持,如"'光视杯'篮球赛""'肯德基杯'足球邀请赛"等社团比赛。

(二)家长观念问题

有的家长对体育社团理解不清,认为体育社团抢占了孩子的学习时间。其实,体育社团活动利用的是课外时间,并没有占用孩子的学习时间,相反,还充分利用了课外时间,保证了学生每天一小时体育锻炼时间,培养了孩子一技之长,增强了孩子体质。

（三）体育社团与其他社团冲突问题

有的孩子兴趣广泛，不仅喜欢体育社团还喜欢其他社团，但由于受条件限制，很多农村学校各种社团活动基本上在同一时间举行，这样就满足不了他们的需求。为解决这一矛盾，很多学校也做了尝试，把体育社团项目错时开设，如周一为篮球，周二为足球，周三为乒乓球等，但这样一来又会导致每周社团活动次数不足的问题。如何解决这一矛盾，值得大家探讨。

本文写于 2015 年

体育课程资源的开发与利用要慎重

——由一节农村小学体育公开课引发的思考

《义务教育体育与健康课程标准(2011年版)》已与广大体育教师见面,新的课程标准更加提倡课程资源开发与利用,并强调积极利用和开发课程资源是顺利实施课程的重要组成部分,因地制宜地开发和利用各种课程资源,可以发挥课程资源应用的教育优势,体现课程的弹性和地方特色。当前一些体育教师对课程资源开发与利用的理解及运用存在一些偏差,让人感到课程资源开发与利用在实际教学中没有什么意义,得不到应有的教学效果,形式化、倾向比较严重,其主要原因是没有找到适切的体育课程资源,偏离了体育学科的本质,从而盲目地把一些与体育教学不相适应的资源引进体育课堂,导致体育课堂教学低效甚至无效。

一、案例过程

【背景】某市某农村小学一节四年级体育公开课;班级学生41人;执教教师:G老师;课题:玩"曲棍球";所用器材:41把塑料扫把(扫把头和扫把柄可以分离)、自制纸球(纸球表面用各色不干胶纸包装)41个及塑料桶8只;场地:一块混凝土篮球场。

【过程】上课铃声响了,在体育委员整好队后,G老师一开始就问学生:"扫把的功能是什么?"

学生异口同声地回答:"扫地。"

于是,G老师便让学生依次每人领取一把塑料扫把,然后组织学生排成一列横队从篮球场边线的左侧向右侧打扫篮球场。在打扫过程中,G老师还不时地提醒学生:"可采用各种姿势、方法打扫,幅度要大一点。"

(准备活动中,我们常常要求学生动作幅度大、动作到位,旨在提高准备活动的效果。G老师把扫地动作与体育课准备活动相结合,还不时地提醒学生"可采用各种姿势、方法打扫,幅度要大一点",不仅是要求地扫得干净,也是强调准备活动的效果,用心良苦。)

打扫过程中学生非常卖力,扫把挥舞得很高,动作也确实很别致。本来天气良好,无风,附在地面不会扬起的尘土,经学生这么用力打扫,被弄得尘土飞扬。

篮球场打扫一遍后,G老师告诉学生:"现在大家一起来开发一下扫把的新功能。"接着,G老师带领学生一起做了一套自编的"扫把操",共6节,每节4个8拍,其形式类似于传统的"棍棒操"。孩子们做得非常认真,表情也显得非常开心。

接下来更让人想不到的是G老师教学生跳"骑马舞"。学生跨在扫把上,听着著名歌星腾格尔演唱的《蒙古人》歌曲,跳起了蒙古式的"骑马舞"。整个场面并没有大草原的氛围,倒感觉犹如战争场面,尘土飞扬,唯一的区别就是没听见马叫声。

以上是此节课的准备活动,孩子们在G老师的带领下,个个气喘吁吁,"泥流满面"。

(5分钟扫地+3分钟"扫把操"+3分钟"骑马舞",11分钟的活动足以达到准备活动的效果。)

准备活动结束后,G老师让学生自己思考,扫把还能干什么。有一个学生提到"打曲棍球",G老师不仅表扬了他,还让他先展示了一下打"曲棍球"的风采。G老师对他打"曲棍球"的动作进行了简单的点评后,拿起一把扫把和一只自制纸球做了一次打"曲棍球"动作示范,接着所有学生都在篮球场上自主尝试打"曲棍球"。这时,G老师只是在场地边巡视,不见指导,更没有点评、纠错等教学手段。学生练习了10多分钟,篮球场上又是尘土飞扬。

(扫把的外形与曲棍球杆的形状有点相像,扫把扫球与曲棍球击球有着本质的区别。曲棍球是一项技术复杂性较高的运动,仅曲棍球传球技术就包括击传、推传和挑传技术。击传技术又分重击和轻击技术。学生要学习曲棍球技术,首先要从基本的技术动作如握杆等技术学起,不能凭想象、凭感觉来模仿。)

之后,G老师又组织学生进行"曲棍球接力赛"拓展活动,按行政组将学生分成四组成四路纵队进行"曲棍球接力赛",方法是:用接力的方式依次把手中的纸球用扫把扫到终点指定的位置,然后迅速返回。第一轮比赛结束后,所有学生手中的纸球都扫到了终点指定的位置,这时G老师又突发奇想地提出了一个与学生生活密切相关的练习——"垃圾"分类比赛。"现在小区里垃圾都是按可回收垃圾和不可回收垃圾分类,现在我们规定红、黄、蓝色纸球为可回收垃圾,白、黑、紫色纸球为不可回收垃圾,请同学们以接力的形式跑到终点取回一个'垃圾'并按要求将'垃圾'分类,可回收垃圾放在红色水桶里,不可回收垃圾放在黄色水桶里。"G老师简单地讲解了比赛要求后便开始了比赛。"曲棍球接力赛"及"垃圾"分类比赛连续进行了三轮,本课的学习就这样结束了。

下课前,学生兴致犹存,G老师又布置了一道课外作业,即让学生回去讨论一下扫把还有什么用途。

(一物多用,一材多用,G老师把扫把的功能发挥得淋漓尽致——除了扫地功能外,还有"扫把操""骑马舞""曲棍球""接力赛"等功能,最后设问:"扫把还有什么用途?"学生带着疑惑下课了,我们也在等待新的答案。)

二、案例反思

课程标准明确要求,各级、各类学校,尤其是农村学校应当充分开发与利用体育与健康课程资源,确保体育与健康课程正常、有效地实施。体育器材缺乏,是许多学校尤其是很多农村学校面临的现实问题,这就需要我们体育教师发挥聪明才智,根据器材特点发挥多种用途,尽量做到一物多用,解决器材品种少的问题。其中,以生活用品、生产设施和生产工具等作为器材替代物,就是一个解决器材缺乏的好方法。本案例中,G老师利用"扫把"作为上课器材,并把"曲棍球"这一运动引进小学体育课堂,这是对体育教学资源开发的尝试与创新,其开发体育课程资源的意识是值得赞赏的,也值得每一位体育教师学习。此外,G老师能结合学生生活经验,引导学生根据已有的生活经验,创设生活情境,联想体育技能,想方设法地把生活技能同体育技能结合起来,这种敢于创新的意识和行为也是值得赞赏的。

用好课程资源是有效教学的基本点,积极开发课程资源是有效教学的基本要求。有了适切的课程资源就要设计适切的教学目标,设计适切目标是"有效教学"的落脚点。学习目标是学生通过学习活动要达到的预期的学习结果,也是教师教学最后落实的结果。同时,课程标准在课程性质上突出了两个方面的内容,一是在定义体育与健康课程的性质时,突出了"体育与健康课程是一门以身体练习为主要手段,以增进中小学学生健康为主要目的的必修课程";二是强调了体育与健康课程具有基础性、健身性、实践性和综合性的学科性质,并对这些性质进行了阐述。

G老师在本课中充分开发"扫把"的"扫把操""骑马舞""曲棍球"等功能,但我认为这些"功能"偏离了体育课程的学科性质。这些活动的技术含量较低,体现身体练习的因素不明显，尤其是选择器材时 G 老师用"扫把"代替"曲棍球杆"，用"纸团"代替"曲棍球"有些牵强附会。曲棍球运动技术是一门非常复杂的技术，G 老师在教学过程中只是简单地让学生模仿打"曲棍球"动作进行各种身体练习，没有明确的教学任务和教学目标，也没有教学重点和难点，练到哪儿算哪儿，所以课堂气氛显得很热闹、很轻松、很松散、很随意，可以说，这堂课除了有些身体活动的价值外，教学效果不理想，其实是一堂低效，甚至是一堂无效的体育课。

另外，对学生进行思想品德教育是体育课的任务之一，但对学生进行思想品德教育也不能"贴标签"，喧宾夺主，以牺牲学生有限的身体练习时间为代价。准备活动中让学生把篮球场打扫一遍，用生活劳动来代替体育活动，及在课中安排"垃圾"分类游戏这两个环节，意义不大，这与体育课程的性质也是格格不入的。G 老师设计"扫地"与"垃圾"分类这两个环节的用意，我想可能旨在对学生进行"热爱劳动"及"环保"教育，把对学生的思想品德教育融入体育教学中。但我认为其实 G 老师的这个设计失去了体育课的本真，忽略了体育课的本质属性。

此外，良好的教学环境是体育与健康教学的必要条件，尤其是室外体育课教学必须保证在安全、清洁的环境中进行，而本课教学中，教学场地三次扬起灰尘，让学生在这种污浊的环境中学、练是有损学生健康的。

总之，有效的体育课程资源开发与利用应该建立在有效教学的理念之上，不能突发奇想、随心所欲，应当适切学生、适切体育课程的性质。

本文写于 2014 年

班本课程开发之我见

2013 年 11 月 17 日,乐清育英学校小学分校在阶梯教室举行了首届五佳完美教室展评活动,11 个完美教室的缔造者依次展示了自开展新教育行动研究以来以"开发卓越课程、缔造完美教室"为主题的成果。聆听了 11 位缔造者精彩的展示,我深深为他们致力于班本课程开发与实施的精神所打动,也使我对班本课程的开发与实施有了更深刻的认识。

一、班本课程的概念与含义

班本课程顾名思义即班级开发的课程,是以班级为本的课程,是为了班级发展的课程,是指班级在党的方针政策及国家、地方和校本课程计划的指导下,以明确而独特的教育哲学为指导思想,以进一步提高班级的教育教学质量为导向,在对班级和学生的需求进行系统评估的基础上,充分利用所在学校和班级的课程资源,通过自行探讨、设计,或与研究人员或其他力量合作等方式编制的多样性的、可供学生选择的课程,是对国家、地方和校本课程的重要补充,是国家、地方和校本课程计划中不可缺少的重要组成部分。

班本课程概念应包含两层含义:一是使国家、地方和校本课程班本化、个性化,即班级和教师通过选择、改编、整合、补充、拓展等方式,对国家、地方和校本课程进行再加工、再创造,使之更符合学生、班级的特点和需要,如很多班级开发的"晨诵"课程、"午读"课程、"暮省"课程等;二是班级设计开发新的课程,即在对本班学生的需求进行科学评估,并充分考虑周边资源条件和班级课程资源的基础上,以班级和教师为主体,开发旨在发展学生个性特长的课程,如一(1)班开发的"节日庆典"课程、二(3)班开发的"种植"课程、四(6)班开发的"感恩"课程等。

二、开发班本课程要分析条件

基于对班本课程概念及含义的理解,我认为,开发班本课程,首先要对班级、学生及周边资源条件进行分析评估,不能跟风,更不能生搬硬套。例如,江苏海门新教育开放周活动期间，有位老师展示了班本"电影"课程，有位低年级老师也拟引进"电影"课程作为自己班的班本课程。其课程实施的步骤是"看电影—聊电影—写电影—演电影"，我预计前两个环节孩子们会看得很开心，聊得也很尽兴，可到了第三和第四个环节课程实施肯定会遇到麻烦，究其原因是该班级学生年龄小，知识面窄，表演能力差，而且该课程的开发需要有表演特长的师资。因此，在选择与设计课程时要认真分析班级学生特点及师资条件。还有一个班级开发了"种植"课程。大家都知道，种植必须要有一块土地，这位老师就在分析课程条件资源后，充分利用教室门口的一块空地，并请来有种植经验的家长或农民做种植课程的顾问，定期和不定期来到学校指导孩子们种植。一段时间下来，种出来的蔬菜可谓硕果累累，孩子们不仅懂得了很多种植的知识，还学会了热爱劳动、珍惜粮食的道理。所以，班本课程一定要适切学生、适切教师、适切周边环境条件。

三、班本课程不同于活动

课程是一个系统工程，很多老师认为开发班本课程就是围绕某一个主题搞几次活动，其实不然。既然是课程，那么就需要课程纲要，需要课程实施计划，不能把课程与活动混为一谈。

课程是系统的，是指学校为实现培养目标而选择的教育内容及其进程的总和，它包括学校所教的各门学科和有目的、有计划的教育活动，它需要长时间多课时来实施和完成；而活动一般不系统，一次活动结束就意味着活动不再延续。比如，"跳竹竿"课程和"跳竹竿"比赛尽管都含有"跳竹竿"内容，但它们有本质的区别。"跳竹竿"课程需要精心设计课程规划，根据各年级学生心理、生理特点及"跳竹竿"动作技术特点、技能形成规律分步实施。而"跳竹竿"比赛就只是一次活动，比赛前制订好比赛规程，比赛中做好组织裁判，比赛后评出结果就行了，至于通过比赛学生收获了什么则不去做出评判，而"跳竹竿"课程就不一样，学生学了以后还要对学生的掌握程度、教师在实施过程中教的情况及"跳竹竿"课程本身作出评判。因此，不能把课程与活动等同，课程可以通过活动来实施，但活动不能代替课程。

四、班本课程要有课程评价

班本课程既然是课程，所以就一定要有课程评价。对于课程评价，我认为应包括三个方面:第一是对课程本身的评价,评价内容应包括课程的理念、课程的目标及课程的实施情况等方面;第二是对学生"学"的评价,即学生对班本课程的学习反响;第三是对教师"教"的评价,即教师在实施该课程的感受。在11位教师展示的班本课程中,大部分教师没有考虑到课程的评价,即使有个别教师阐述到评价也是较片面的,仅仅从学生"学"这一个方面评价,而且采用的方法也很简单,基本上都是教师对学生的单向评价及终结性评价,看不出活动的过程,评价的形式基本上都是贴小红花。

有几个班级的课程评价值得学习:一(2)班豌豆班,采用"豌豆发芽—豌豆长夹—豌豆成熟"三个阶段对学生进行评价,很有创意。还有二(4)班葫芦班,采用"青葫芦—黄葫芦—金葫芦"晋级形式对学生的成长进行评价,也很有创意。此外,四(6)班的"感恩"课程,利用庆典定期对课程实施情况进行评价,给学生颁发"进步最大奖""发言最积极奖"等11个奖项,让学生在"感恩"课程实施中潜移默化地改变。

五、班本课程并不是班主任的专利

本次活动展示的班本课程基本上都是班主任自主缔造开发的,有的教师就认为只有班主任才能开发班本课程,其实则不然,所有科任教师、非班主任都能开发班本课程,只要认真分析班级学生特点及班级周边课程资源,都能开发出卓越的班本课程。

如本人所任教的四年级(1)—(4)班,每个班的孩子都各有特点:四(1)班孩子大多喜欢中国象棋,四(2)班孩子大多喜欢乒乓球,四(3)班孩子大多喜欢跳长绳,四(4)班孩子大多田径项目成绩突出,而且在这几个班中肯定有热心参与这些课程开发的家长及其他科任教师。我想,根据这些特点加上各班主任、家长的大力支持和配合,在四(1)—四(4)班分别开设"中国象棋""乒乓球""跳长绳""田径"班本课程是完全有必要也是可行的。通过班本课程的实施来实现"校队班办"的业余训练新体制,培养学生特长,打造班级特色很有意义。

六、班本课程要有课程纲要

班本课程纲要也就是具体的班本课程开发方案。设计班本课程纲要是教师开发班本课程的前提,是班本课程实施和评价的主要依据。一般情况下,由教师设计的班本课程纲要要通过学校课程委员会初审后,方可组织实施。班本课程纲要一般应包括一般项目和具体内容两大部分。一般项目由主讲教师、教学材料、课程类型、授课时间、授课对象等方面构成。具体内容包括课程目标、课程内容、课程实施建议、课程评价建议几个方面。

（1）课程目标或意图陈述：要求写4~6点，必须全面、适当、清晰，涉及目标的三大领域与学习水平。

（2）课程内容或活动安排：要求重点明确，按由易到难排序，涉及选择什么样的内容与怎样组织这些内容，或安排什么样的活动等，要处理好均衡与连续的关系。

（3）课程实施建议：确定实施班本课程的方法、组织形式、课时安排、场地、设备、班组规模，等等。

（4）课程评价建议：主要是对学生学习效果的评定，涉及评定方式、评价主体等方面。

总之，班本课程是一件新兴事物，是在新课程改革的大好背景下应运而生的，以上对班本课程的概念界定及开发实施的几点见解只是本人的一面之词，恳请有关课程专家指导与斧正。

本文写于2013年

挖掘课外体育资源　凸显校本研究特色

传统的课间操长期固守一种形式,学生每天听同一首广播操音乐,机械地重复一成不变的广播操动作,大脑皮层早已产生厌倦情绪,感觉单调乏味,只是被动做操,不仅得不到良好的锻炼效果,而且还限制了学生的个性发展。为改革这一弊端,充分挖掘课外体育资源,致力体育校本课程开发,寻求体育课程改革的突破口,乐清育英学校在省内率先在小学部推行了"快乐大课间"体育活动。如今,乐清育英学校小学部每个班都有自创自编的活动内容,如健美操、"红领巾"迪斯科、竹竿舞、东北大秧歌、36步集体舞等。每到大课间时分,这些动感的音乐节拍、清脆有力的竹竿敲击节奏、飞舞的秧歌彩带、婀娜多姿的舞步等伴随着孩子们的欢歌笑语形成了一片欢乐的海洋,汇成了一道道靓丽的风景。

一、构想与实践

2003年9月,乐清育英学校针对传统课间操制度的弊端及学校体育课程内容单调、形式传统等现状,根据本校场地、师资及寄宿制等特点,结合学校开展的全国教育科学"十五"规划教育部重点课题"民办学校体育研究"子课题,以及浙江省教育厅教研室教学研究系统教学研究立项课题"民办学校快乐体育教学模式研究"(已结题)实验研究,不断在课间操基础上发展和创造出新的体育活动组织形式。

每一套大课间活动内容的实施都经历了前期准备、方案设计、分组训练和展示推行四个阶段。前期准备阶段包括结合学校实际设计活动的框架,确定分组活动的内容、活动内容的编排及指挥音乐的选择与制作等。在方案设计阶段力求整体方案设计做到科学性、创造性、特色性和可操作性。分组训练中,重点选择了民族民间传统体育活动内容、新兴体育活动内容及师生自创体育活动内容,并力求充分调动学生参与活动的热情。此外,还从美感、时代性、儿童心理、教育作用等角度出发,选择、制作了专门的指挥音乐,把体育与艺术教育融为一体，在提高学生身体素质的同时培养了学生感知美、鉴赏美、创造美的能力。

二、成效与反思

从 2003 学年第一学期开始试行到现在的全面推行，乐清育英学校一共创编了六套"快乐大课间"体育活动，包括"红领巾"迪斯科、36 步集体舞、东北大秧歌、竹竿舞、健美操、健身操等。推行这一活动得到了学生的喜爱、家长的欢迎及社会的广泛关注。2003 年 12 月，中央电视台国际频道对我校开展的这一活动作了报道；2004 年 6 月，中央电视台又对我校的这一活动进行了专题拍摄；2005 年 9 月 8 日，中央电视台《少年体校》栏目再次到我校进行大课间活动拍摄，并在 2005 年 9 月 25 日在少儿频道向全国播放。我校还先后向社会展示过 6 次，引起了社会各界的强烈反响，一些知名企业也纷纷加入到我校改革的行列，分享我们改革的成果，如 2004 年 5 月 27 日，"肯德基"乐清店就主动同我校联手举办了庆"六一·肯德基"杯快乐大课间展示活动。

开展"快乐大课间"体育活动不仅保证了学生每天一小时体育锻炼时间，增强了学生的体质，缓解了学习疲劳，而且有利于培养学生良好的行为、品质、个性、情感、兴趣等。活动还能增强学生的竞争意识、合作精神和争取胜利的信心与勇气以及承受失败与挫折的能力，具有培养学生严密的组织性、纪律性、集体责任感、荣誉感、民族进取心和分发向上精神的功能。

我校自开展"快乐大课间"体育活动以来，学生在许多方面都发生了巨大的变化：学生良好的精神风貌前所未有；学生在优美的音乐声中锻炼身体、消除疲劳，学习精力更加充沛；"快乐大课间"体育活动培养了学生的竞争意识、合作精神和集体主义精神，同学之间关系融洽，学生的体质明显增强；在参与创编"快乐大课间"体育活动内容的过程中，学生非智力因素也得到了开发，创新能力得到了提高，能有效地将体育与艺术有机结合，达到了以美辅德、以美促智、以美健体、以美育人的目的。

目前，"快乐大课间"体育活动已成为我校体育工作的重要组成部分和学校推进素质教育的突破口，它在为学生提供素质发展的条件与时空的同时，也有力地推动了学校的不断发展。

（1）为配合大课间活动的深入开展，多年来学校改进、增设了一大批体育器材，改造了全校室内外的音响系统，学校的面貌与硬件设施正发生质的飞跃，为学生提供了更好的健身环境。

（2）学生的思想道德和心理素质不断提高。丰富多彩的活动，不仅培养了学生的组织纪律性、集体主义和爱国主义精神，而且还使他们形成了互相激励、自学奋进的良好习惯，各种优良的意志品质正在潜移默化地形成。

（3）师生身体素质明显增强，对教育教学工作的协调发展起到了积极作用，学生体质健康标准测试合格率明显上升，教师也变初期的"被动参加"为现在的"主动参与"，大家都感到25分钟的大课间活动对自己身体素质与精神状态的改善大有益处，有利于教学质量的提高。

（4）每天25分钟的大课间体育活动，提供了师生之间、教师之间、校领导与教师之间相互了解的机会，有利于建立良好的校园人际关系，增强了学校的凝聚力与战斗力。

总之，实行"快乐大课间"体育活动，不仅改变了传统的课间操制度的弊端，着实提高了学生的活动兴趣和课间操的锻炼效果，也是保证学生每天一小时体育活动时间有益、充分、高效的补充。

三、互助与引领

（一）同伴互助

大课间活动的实施是一项庞大而复杂的工程，需要领导的支持、班主任的配合、科任老师及生活指导老师的参与、体育教师的齐心协力。实施大课间活动以来，每一套新的活动内容从试行到施行，从活动内容的选择到活动形式的拓展，从动作结构的创编到音乐旋律的剪辑，从每一个学生的兴趣爱好到活动整体效果的设计，都渗透着同伴们的心血。因此，我们的大课间活动才得以开展得生机勃勃。

（二）政策法规引领

课程标准明确指出，积极利用和开发课程资源是顺利实施课程的重要组成部分,因地制宜地开发和利用各种课程资源,可以发挥课程资源应有的教育优势,体现课程的弹性和地方特色。同时指出,体育课程资源的开发与利用包括人力资源的开发、体育设施资源的开发、课程内容资源的开发及课外体育资源的开发等,可见大课间活动内容的开发与利用符合新课程相关理念及精神,是体育课程的有机组成部分。

《学校体育工作条例》规定,确保学生每天有一小时体育活动的时间;《中共中央国务院关于深化教育改革全面推行素质教育的决定》也强调,确保学生体育课程和课外体育活动时间。以上文件为大课间活动的开展提供了强有力的保证。

教育部、国家体育总局和团中央于2006年12月20日联合发出通知,要求从2007年开始,开展全国亿万学生阳光体育运动,并要求开展阳光体育运动要与课外体育活动相结合,可见,大课间活动不失为一项非常好的阳光体育运动,它能形成人人参与、个个争先、生龙活虎、生动活泼的校园体育文化氛围,能使学生体质健康水平得到切实提高。

(三)专家专业引领

为确保大课间活动顺利而有成效地开展,活动初期,我们就聘请了浙江师范大学体育学院副院长、硕士研究生导师徐金尧教授,温州市教研院原体育教研员杜峰老师,乐清市教研室叶尚侃老师等专家为我们课题研究的顾问,他们定期和不定期来校进行指导调研,为本活动卓有成效的开展提供了强有力的理论指导和实践支持。

中国学校体育理事会秘书长赖天德教授对大课间活动给予了高度评价。大课间体育活动既是贯彻落实“学校体育要树立健康第一的思想”及体育与健康课程标准精神的重要举措,是深化学校体育改革、落实素质教育的需要,也是学校精神文明建设的需要。实践证明,大课间活动对学生的身心健康发展、全面提高学生素质具有重要的意义。

著名的学校体育专家曲宗湖教授在《素质教育与学校体育模式》一书中指出:“大课间活动是一种学校课程,肩负着以体育活动为载体全面育人、调节学生身心健康的重任;学生到学校来,不仅是来学习的,也是来生活的,大课间活动是学生的一种体育生活;大课间活动既是一种体育活动,也是一种文化活动。"可见,大课间体育活动打破了传统的课间操活动形式,开辟了舞蹈、健美操、武术等多种活动形式,让全体学生在自编自练自创中得到全面发展,不仅是学校体育活动的一种重要形式,更是学校教育一道靓丽的风景。

本文写于2010年

体育课堂教学与机智

"生本"理念下培养小学生安全技能及安全防范意识研究

《义务教育体育与健康课程标准(2011年版)》已正式颁布并在全国范围内广泛实施。新课程要求以"学生发展为本"并强调突出了要促进学生在身体、心理和社会适应能力等方面健康、和谐发展的课程价值,要求学生在获得体育与健康知识和技能的同时,不断提高在体育运动中的安全技能及安全防范意识,并明确地把各水平领域中"安全地进行体育活动时学生将能够达到的标准"作为具体的水平目标来规范体育课教学。

我国中小学课程中未设置安全教育类课程,由此带来各种问题,如学生缺乏必要的安全意识与安全知识;缺乏基本的自我防护、救护的知识、方法与技巧等;在遇到灾害或突发事件时缺乏应急能力和心理承受能力,往往束手无策等。交通事故、意外伤亡事故在一些中小学也时有发生,虽然这与学校教育无直接因果关系,但也暴露了学校体育教育的不足。安全知识,防护、救护知识与能力等,是现代人所必须具备的基本知识和能力。现在许多学校结合本校的实际,运用各种途径、方法大力开展学生安全教育。结合体育教学的特点,对学生进行必要的安全、防护与救护教育是体育教学自身的需要,也是现代体育教学"健康第一"教育思想所提出的要求,有着深远的意义。

一、研究对象等

(1)研究对象:乐清育英学校三至六年级学生及体育教师。

(2)研究内容:体育教学中损伤的原因分析、预防及措施;体育课的结构、组织形式与教学安全;器械性运动(单杠、双杠)项目与安全问题及体育教学与安全、防范教育整合研究(包括途径、方法、形式、手段等)。

(3)研究方法:根据本课题的特点,综合运用调查研究法、实验法、经验总结法及行动研究法。

二、研究过程

体育课是体育教师对学生进行安全技能与安全意识培养的主阵地,体育教学是以身体活动为主的教学过程,教学中稍有考虑不周,就易发生损伤类事故,所以体育教学中的安全问题显得尤为突出。

(一)未雨先要绸缪——课前要有安全预案

1.对易发生的安全事故要有预见性

认真备课是体育教师上好体育课的前提。教师要根据学生的实际情况选择教学内容,备课时要对所授内容中可能出现的安全问题有预见性,确保在教学中能准确无误地完成教学任务。

2.教学场地、器材选择要安全

场地、器材的准备是安全预防最基本的方面,也是引发安全事故的最主要外部因素,是可见的,也是可预防的。上课前教师必须仔细做好场地和器材的安全检查,如有安全隐患应及时排除后,再进行组织教学。

(二)关注教学过程——课中要有安全措施

体育课是学校各门功课中危险系数最大的,这为体育教师的教学增加了难度。体育教师对安全问题要有预见性,把学生安全落到实处。

1.抓好课堂常规,强化课堂纪律

良好的课堂常规及课堂纪律是保证一堂课安全顺利进行的重要条件。如:投掷教学时,学生未经允许不能擅自离开队伍;对学生的练习队形、位置要严格要求,让学生远离危险区,尽量避免面对面练习;要告诉学生等同组学生都投掷完以后再统一捡回器材,或者专门安排学生捡器材,其他学生不得乱跑、抢掷。

2.加强体育安全保护与自我保护方法、技能和素质的练习

在体育教学中,教会学生如何提高自我保护能力是本质性的、关键性的教学内容。

(1)掌握身体失去平衡时的自我保护方法。大部分安全事故是由于身体失去平衡之后摔倒而致,因此,教学中让学生掌握身体失去平衡时的自我保护方法至关重要。

(2)根据学生身体素质发展敏感期,不断加强身体素质练习。身体素质的好差与伤害事故的发生有着密切的联系,因此,为提高学生身体素质,在教学中,教师应根据学生年龄、生理、心理特点,注意提高学生的练习兴趣,较多地采用游戏教学法,系统、全面地将身体素质练习内容安排在学年、学期的教学计划

中,并要充分考虑到学生年龄、性别及个体差异,特别要加强力量、柔韧素质的练习。

（3）通过规范的课堂教学使学生形成正确的运动技能,避免伤害事故的发生。在教学中,由于动作不规范而发生的运动损伤很常见,因此,在教学中,教师要认真及时地纠正学生的错误动作,教会学生规范的技术要领,使学生在运动中能合理地运用技术动作,从而减少伤害事故的发生。

（三）强调安全责任——消安全隐患于未然

体育教学中有的伤害是不可预测的或是人力不可抗拒的,但大部分伤害事故是可以预防而教师没有去预防造成的,这样的安全事故教师是要承担一定责任的。以下归纳出一些现实中的案例,供参考和借鉴。

表1 教师要负责的安全事故和负责理由

教师要负责的安全事故	教师要负责的理由
羽毛球拍拍头飞出刺伤学生眼睛	球拍使用时间长了、旧了,使用前教师没检查
学生在酷暑中昏厥	教师没有在酷暑中减小运动量或停止训练
新安装的篮球筐掉下砸伤了学生	教师在商家安装好之后没有认真检查验收
学生在湿滑的地上练习时摔伤	教师没有采取必要的安全措施或更换教学内容
学生从双杠上掉下摔伤	教师在确认学生具有保护能力前让学生上器械
学生在"攻城"游戏中受伤	"攻城"游戏不是规范教材
学生在投实心球教学中被砸伤	教学组织失误,练习时又没有进行安全提示
平梯断裂使学生受伤	土制平梯质量不合格或没有及时检查、维修
学生身上的佩带物刮伤其他同学	教师没有认真进行课堂常规检查

（四）研究项目特点——有效防范安全事故

运动技能教学是体育教学的一大特点,有运动技能教学就必然存在一定的安全风险。由于每一项运动技能都有其动作要领、规范要求及动作形成规律,因此,它必然就有其相应的安全防护措施。根据各运动项目的特点研制出各项目的安全防护措施,并经过课堂教学反复验证,确认这些安全防护措施科学、有效,在课堂教学中具有针对性和创新性,对遏止体育教学安全事故能起到很大的作用。

(五)链接生活实际——拓展安全教育领域

作为实施教育的基本途径,教学活动必然遵循教育与生活互相紧密联系的客观规律。教学中注意把身体锻炼与日常生活体育项目相联系,将体育的内容和应急自救互救教育的内容有机融合起来。变体育教学的枯燥性、单一性、呆板性和统一性为生动性、情境性、教育性、趣味性、实用性、人文性和灵活性,满足广大学生求新、求异、求趣、求动、求知、求乐的心理,让他们深刻体会体育技能在现实生活中的应用价值。

另外,教师还应注意掌握一些运动医学常识和简单处理方法,如运动中暑、抽筋、脱臼、急性损伤等情况的应急处理方法。只有这样才能在遇到问题的第一时间采取正确的方法进行急救处理或治疗,减少和防止事故发生。

(六)课后医务监督——妥善处理异常现象

在体育课后,我们要善于观察和发现学生中存在的一些异常情形,留心观察他们是否有身体不适等异常表现,以便早发现早处理,避免安全事故的发生。同时要建立这些特殊学生的健康档案,以便在今后体育教学中采取一些针对性措施。

三、研究结果与分析

(一)体育安全事故逐年下降

据2007、2008学年4个学期学校安全事故及体育安全事故统计结果显示,在实施本课题研究两年来,安全事故率得到了有效遏制,各类安全事故逐年下降,特别是体育安全事故由2007学年第一学期的11件下降至2008学年第二学期的零件。体育安全事故的降低也加快了其他安全事故的降低,同时也说明了体育安全与其他安全有着千丝万缕的联系。这一成效的取得得益于课题实验研究和课题组全体成员的共同努力。

(二)学生安全意识明显提高

对实验学校三至六年级20个教学班实验前后进行安全问卷调查。实验前发放问卷 763 份(调查时间:2007 年 9 月 10 日),回收 761 份,有效率为 99.7%,实验后发放问卷 805 份(调查时间:2009 年 6 月 20 日),回收 801 份,有效率为 99.5%。调查结果如下:

1. 学生对安全的认识程度

实验前后,对安全隐患有正确认识的学生所占百分比明显变化。调查结果显示,能在每节体育课中注意安全的学生在实验前只有 48.1%,而在实验后上升到了 96.9%,比例提高了一倍多,并且在实验后认为教师在体育课中强调安全是有必要的人数所占比例高于实验前 35 个百分点,这说明了实验后学生对体育安全意识有了明显的提高,但实验后仍有 2% 左右的学生不能有正确的认识。据调查了解,这部分学生上课往往态度不认真,注意力不集中,思想麻痹,较易发生伤害事故,故要引起我们的关注。

2. 从准备活动看安全意识

准备活动是体育课中不可缺少的一部分。调查结果显示,实验后,能正确认识准备活动与安全关系的学生所占比例明显提高。从对准备活动的认识和做准备活动的态度可以看出,实验后,认为有必要做准备活动的学生从实验前的 59.4% 上升到了实验后的 92.4%,能认真做准备活动的学生从实验前的 28.4% 上升到了实验后的 94.3%,说明学生安全防范意识在实验后有了很大提高。

3. 从课堂表现看安全意识

据调查,受过伤害的学生往往对安全问题认识不够,在课中常常不遵守课堂纪律、擅自行动、与其他同学嬉戏打闹、思想上不重视等。调查结果显示,在体育课较易发生伤害事故的体操和投掷项目教学中,实验前认为保护与帮助无所谓的学生占 72.5%,认为没有必要的占 10.9%,实验后这两项调查结果有明显变化,说明实验后学生在课堂教学中的安全意识有了明显增强。但在实验后,不按教师要求进行投掷的学生仍有 3.5%,这就要求我们体育教师要对这一部分学生在课前、课中多提示、多教育,让他们认识到重要性,服从命令,听从指挥,按教师要求练习。

(三)学生安全技能水平明显提高

实验后期,我们着重对实验学校三至六年级学生进行了安全技能检测。每个班随机抽取 8 名学生(男、女各 4 名),17 个班共 136 名学生。检测分实践部分和理论知识部分。实践部分检测内容为:场地和器材的安全布置(要求合理布置一块利用篮球进行游戏的场地)、器材的安全检查与保养(跳高架的检查与保养)、前(后、侧)滚翻(技术评定、保护与自我保护方法);检测方式为:由体育组5位体育教师组成的评委组对以上136名学生的实践操作逐一打分,取中间3个评分的平均分作为得分。每项满分为10分,三项总分为30分(检测结果见表2)。理论知识检测为10道选择题,涵盖了游戏、田径、球类、武术、体操等项目的保护与自我保护技能,10道题全选对的有132人,满分率为97.1%(检测结果见表2)。

表2　学生安全技能水平检测统计表

年级	检测人数(人)	安全实践技能平均得分	安全理论知识平均得分
三	40	24.6	9.75
四	32	25.7	9.93
五	32	26.4	10
六	32	27.2	10
合计	136	26.0	9.92

检测结果表明,随着学生年龄的增加,学生安全实践操作技能及安全理论知识水平逐步提高,学生除具有初步对所需场地、器材进行安全布置及安全检查与保养的技能、对各种危险进行预测的技能、对各种动作练习进行安全保护并利用群体进行相互安全保护的技能,以及对紧急伤害事故进行正确处理的技能外,还具有一定的安全防范理论知识。

(四)确立了部分运(活)动项目实用而有效的安全防范措施

在实验过程中,我们开展了各种形式的研究课、公开课、展示课及实验研究相关知识与技能培训学习等,取得了明显的效果和成绩。尤其是在体育教学课堂领域,我们根据各运(活)动项目的特点研制出了出操、集会、游戏、走、跑、跳跃、投掷、体操、球类、游泳等12个大项目的安全防护措施。这些措施我们已经过课堂教学的反复验证,确认它们科学、有效,在课堂教学中具有针对性和创新性,对遏止体育教学安全事故起到很大的作用。

四、结论与建议

安全是体育教学的基本前提,但安全不是靠不活动、害怕和躲避得来的,而是靠爱心、责任心和缜密的安全工作得来的。现在的消极安全,孕育着未来的巨大危险;现在敢于面对危险,克服它,战胜它,就能为未来的长久安全奠定坚实的基础,因此培养学生安全防范意识和技能尤为重要。

建议各学校开设"学校体育安全及防护救护"课程。对学生来说,开设专门课程意义重大,可以让学生通过音像教材、真实事例分析等,提高警觉性,强化安全意识。

总之,安全及防护救护教育是一门新兴的教育,它从一开始就紧密地同体育联结在一起。如何开展这门教育,各国都刚刚举步,有待发现和需要解决的问题尚多,需要大家的共同努力。

本文写于 2011 年

小学体育单元教学策略的创生及实施成效与展望

当前,农村体育教学中"蜻蜓点水"式教学而导致"低效重复"、学生吃"夹生饭"现象普遍存在。还有个别教师因自身素质等原因,一些必修的基本技术教得比较粗略甚至干脆不教,导致学生学过的不精甚至该学的没学。体育教师工作负担重,长期以来形成的"定班制"教学模式让教师每学期必须备 50~70 节课,强大的备课压力让他们把大部分时间花在备课上,而无心进行课堂教学弊端改革。笔者认为,实施单元教学,变革传统的体育教学方式及模式是解决以上问题最有效的办法。

一、单元教学策略的创生

单元教学计划是指制订好课时教学计划和具体的课堂组织与操作实施办法。制订课时教学计划时,要依据单元教学计划的要求来备教材、备学生、备教法,并查阅相关资料,进行组内研讨等,借鉴多方意见和建议来完善课堂教学的指导方案。具体的课堂组织、操作实施就是要依据课时内容和目标创设热烈、轻松的课堂气氛,用简单明了的讲解语言、多样的授课方式、灵活的处理手段,以及安排合理的练习密度、运动强度等激发学生的学习兴趣。总之,一切措施、手段、方法,只为达成课时目标,让学生在学习的过程中有较好的情绪体验,这对单元目标的实现有积极的促进作用,对学生的成长有一定的帮助。通过有效实施体育单元教学计划来提高课堂教学质量,主要从以下几个方面着手。

(一)体育教研组开展单元接力课研讨活动

体育教研组开展课堂教学研讨活动一般都是通过公开课形式,由一个成员上展示课,有的可能同时围绕一个主题展示两节公开课,大家围绕公开课并结合主题开展研讨活动。这种教研方式主要是研究同一教材同一课时的教学设计,或者是不同教材同一主题的教学设计,而没有解决同一教材系列的教学设计。如果我们通过单元教学接力课的模式,研究该教材同一水平上的各课时教学设计,就能让教师形成一个比较完整的单元教材体系。活动有时可以结合教研一轮课每个成员上一个课时,有时可以结合师徒结对,你上第一课时,我上第二课时等形式进行。通过一个周期的上课、评课、反复磨课,最终让全体教师既能上好每一节课,又能把握整个单元的教材体系,使单元计划真正有计划地落实到每一节体育课中。

五年级第一学期《双手向前抛实心球》单元教学,我们采用的就是接力课研讨活动形式。根据单元教材的课时分配,《双手向前抛实心球》单元为4课时,对应就由4人分别承担1~4课时的教学任务,通过这种接力课有效活动形式,把《双手向前抛实心球》单元的教学目标及教学重难点真正有计划地落实到每一节体育课中。

(二)实行各年级教学场地轮换制度

目前学校均有一定的规模,一所学校有十几个、二十几个教学班的不在少数。如我校有34个教学班,每学期共112节体育课,有5名专职体育教师,另外还有多名兼职体育教师。如果上午第一、二节课不安排体育课,其他时间平均算下来每一节课同时会有4节体育课,有时可能会更多。一般的小学有200米的运动场和一两块篮球场地已经很不错了。在这有限的运动场地上同时有4位或更多的体育教师上课,往往会出现互相之间场地冲突、器材冲突等现象。特别是兼职体育教师,一堂语文课或数学课后匆匆忙忙来到操场,但准备用的教学场地和教学器材被其他体育教师占用了,导致教学计划无法正常实施,单元计划更是会落空。

如果采用各年级教学场地轮换制,就可以避免这种现象。如我校有6个年级,把学校可用于教学的运动场地按年级分为6个区域。3个星期内这个年级就按规定在同一场地上体育课,3个星期后轮换到下一个运动场地,每个学期6个循环,18个星期刚好完成一个学期的教学计划。如果该年级这节课没有体育课,空闲场地和器材其他年级可以使用。或者说规定时间内该年级在该场地有优先使用权。3个星期的课时量,一、二年级是12节课,三至六年级是9节课,基本能完成一个单元教学计划(含特殊天气)。我校实施教学场地轮换制多年来,既避免了教师之间场地、器材冲突的现象,又有效地实施了体育单元教学计划,也为提高体育课堂教学质量提供了保证。

(三)教材重组

首先把握好每一课时目标与整个单元目标的关系。一个课时往往只能教给学生单个技术,而一个单元的教学就能为学生传授整套技术。一个单元计划的教学目标实际上统领着本单元若干节课的目标,教师上每一节体育课时也必须明确本节课在整个单元中所处的位置。因此,在实施体育单元计划时需总体把握整个单元的教学目标,然后再分解成每个课时目标。最好是在把整个单元中每一课时计划全部制订好后再组织实施,这样更有利于教师把握每节课的目标,也更有利于教学质量的提高。其次是教学内容的重新组合要合理。

以原浙教版《体育》四年级第一学期教材为例,通过重组,把其教学内容分为走和跑、队列游戏、跳跃等8个教学单元,每一单元根据教学内容又安排不同的课时数实施教学,如第一单元具体安排见表1。

表1　原浙教版《体育》四年级第一学期第一单元(走和跑)教学计划(8.5课时)

学习目标	发展灵敏性、协调性、速度和一般耐力,并能在规定的距离内达到一定的速度和耐力水平。乐于参加各项活动。体验个人和集体活动的区别,培养坚强的意志毅力,在活动中尊重和关心他人
学习内容	1. 快速反应启动的奔跑游戏:单膝跪、双膝跪、俯卧、仰卧等姿势 2. 后抛实心球转身追球跑 3. 30米自然加速跑 4. 跨越一定距离实心球的跑 5. 让距离跑(30～50米) 6. 30米快速跑(改正跑姿) 7. 发展奔跑动作、速度的游戏:大渔网 8. 听、看信号30米冲刺跑 9. 50米考核 10. 负重走游戏(双人抬) 11. 救护车游戏 12. 叫号领头跑 13. 多人牵手跑 14. 50米迎面穿梭接力跑 15. 走跑交替(600～800米走走跑跑) 16. 跳绳跑接力 17. 1～2分钟往返跑比赛

（四）"教师走班制"单元教学

充分发挥每一位教师的专业特长,解放教师劳动力,以各实验教师专业特长为基础,打破"定班制"即一个班体育课由一人负责教学的界限,实施"走班制"教学,即同一班级不同的教学单元分别由不同的专业教师任教。以教研组为龙头,首先规划好一学年的教学计划及教学进度,分配好每一教学单元的教学时数,做到单元教学周密、系统、有效。例如,我校以浙教版义务教育《体育与健康》必修教材(水平一——水平三)为实验教材,以水平二(三年级)为实施对象,实施单元教学,具体如下。

1. 单元教学内容及课时(水平二)

表2　单元教学内容及课时(水平二)

三年级第一学期				三年级第二学期			
教材内容	单元内容	课时数	小计	教材内容	单元内容	课时数	小计
田径	走和跑	7	16	田径	走和跑	7	16
	跳跃	5			跳跃	5	
	投掷	4			投掷	4	
体操	攀爬平衡	2	10	体操	攀爬平衡	2	10
	技巧	4			技巧:跪跳起	4	
	支撑跳跃	2			技巧:后滚翻	2	
	低单杠	2			低单杠	2	
球类	篮球	4	10	球类	篮球	4	10
	足球	6			足球	6	

注:队形队列教学内容分散安排在每节课的准备部分。

2. 实施教师分工

石峻:田径(投掷)及球类(足球)单元教学;

江丹峰:田径(跳跃)单元教学;

钟荣生:田径(走和跑)单元教学;

高敬枫:体操(攀爬平衡、低单杠)单元教学;

魏巍:体操(技巧、支撑跳跃)及武术单元教学;

刘萍萍:球类(篮球)及韵律操单元教学;

谢四军:室内体育理论知识及校本课程单元教学。

3.单元教学顺序

田径(走和跑)→田径(投掷)→田径(跳跃)→体操(攀爬平衡、低单杠)→体操(技巧、支撑跳跃)→武术→球类(篮球)→韵律操→球类(足球)→室内体育理论知识及校本课程。注意:室内体育理论知识作为实施过程中机动课,在天气恶劣(雨天或雪天)、室内场地紧张的情况下在教室内组织实施。

单元教学是体育教学最为基本的完全单位,以往我们重视备课时计划,今后我们应逐步转化到备单元教学计划上来,并通过有效实施好体育单元教学计划来达成各水平阶段的教学目标,从而实现各学习领域的目标。

(五)"走校制"单元教学

"走校制"单元教学形式同"走班制"单元教学形式,只不过执教教师来自不同的学校。这种教学形式首先要组建一个"教学共同体",争取得到学校、教育行政主管部门的支持。"教学共同体"由来自不同学校且具有不同专业特长的体育教师组成,如"石峻体育名师工作室"就如同一个"教学共同体",其工作室成员七人分别来自乐清市不同学校且每个人的专业特长都不一样,因此他们在"走校制"单元教学中承担的任务也不一样(见表3)。

表3 2013年度"走校制"单元教学实施安排表

姓名	单位	专业	承担的单元教学任务	课时数	流动安排
石峻	育英学校	田径	田径第1单元:跑 田径第2单元:跳跃	65	育英→附小→乐成一小→城东二小→丹霞路小→雁荡五小
魏巍	育英学校	武术	体操第2单元:技巧	4	机动
戴小强	温教院附小	体操	体操第3单元:支撑跳跃	4	附小→乐成一小→城东二小→丹霞路小→雁荡五小→育英
王卡西	乐成一小	排球	球类第2单元:排球	5	乐成一小→城东二小→丹霞路小→雁荡五小→育英→附小
沈玲	城东二小	体操	体操第1单元:基本体操 体操第4单元:低单杠	2 2	城东二小→丹霞路小→雁荡五小→育英→附小→乐成一小
钱娃	丹霞路小	篮球	球类第1单元:篮球	8	丹霞路小→雁荡五小→育英→附小→乐成一小→城东二小
林媛媛	雁荡五小	田径	田径第3单元:投掷	4	雁荡五小→育英→附小→乐成一小→城东二小→丹霞路小

他们每一个人承担的任务同"走班制"形式中类似,是与自己专业相对应的教学任务。与"走班制"不同的是,"走校制"是流动教学,每一位执教者不仅要承担本校的体育教学任务,还要承担"教学共同体"学校的体育教学任务。他们在完成某一单元的教学任务之后就要轮转到下一所学校进行教学,即每学期,每位教师承担的教学工作任务就是各"教学共同体"学校所有同一水平对象同一单元教材的教学任务。采用这种形式实施单元教学,需要每一位执教者认真分析学情,因为虽然单元教学内容一样,但每个学校条件不同,学生生理、心理、认知水平也不一样,所以教师必须因地制宜、因材施教。

二、实施成效与展望

(一)通过单元教学,学生能系统地掌握所学技术

单元教学是一个有机的教学过程与配套的教学内容的"集合"或"板块",它是体育过程的实体,是一个教程的完整的教学阶段。通过单元教学,有助于在一段连续的时间内进行系统完整的知识传授与技能训练,可以使学生对某项运动有一个比较完整的认识与掌握。

实验后期,我们随机抽取6所实验学校四至六年级学生进行了投掷技能检测(四年级为上四步侧向投掷垒球,五年级为双手上一步头上向前抛实心球,六年级为原地侧向向前推实心球)。每个年级随机抽取1个班,每个班随机抽取8名学生(男、女各4名),18个班共144名学生。检测分技术评定和达标检测。技术评定按照事先制定的技术要求制定标准,检测方式为:由课题组5位体育教师组成的评委组对以上144名学生的技术逐一打分,取中间3个评分的平均分作为得分,技术评定满分为10分;达标检测参照《国家学生体质健康标准》进行评分,满分为100分,检测结果见表4。

表4　学生投掷技能水平检测统计表

年级	检测人数(人)	技术评定平均得分	达标检测平均得分
四	48	8.75	76.5
五	48	8.54	80.2
六	48	8.65	84.6

检测结果表明,学生对投掷技能的掌握情况良好,不仅能说出所检测项目

技术动作要领、要求,还能利用所学到的技能提高投掷的远度。

(二)解放教师劳动力,提高教学效率

学校体育课一般是安排一个体育教师承担一个年级或两个年级的体育课,按照体育课及课时要求,每位体育教师一学期至少要备足 50 课时的课,如果担任的是一、二年级的体育课,按照每周 4 节体育课计算课时量的话,则每学期至少要备 70 节课,这样机械性的备课质量可想而知,多数老师只能是敷衍了事。实施单元教学"走班制"模式,让他们集中精力专攻所承担的单元教学内容,这样备起课来得心应手,不仅减轻了工作量,也让他们从繁杂的备课中走出来,有更多的时间和精力投入到教学中来,真正有效地提高教学效率。

(三)朝向教育均衡,实现优质教学资源共享

以乐清育英学校为例,目前学校有 7 名专职体育教师,分别有各自的专业特长,"走班制"单元教学一改过去"一班一师"传统授课模式为"一班多师"新型授课模式,让体育教学内容与体育教师专业特长一一对应。例如,石峻老师学的是田径专业,田径单元教学就由石峻老师来承担;魏巍老师的专业特长是武术,武术单元教学就由魏巍老师来执教;刘萍萍老师的专业特长是篮球,篮球单元教学就由刘萍萍老师来执教等。

通过合理的规划,科学地将一个班一学期体育课按单元教学有序地安排好,不同的教学单元分别由不同专业特长的教师来执教,这样不仅有效地解决了学生在体育课堂上学的东西不系统、不全面等问题,还能让每一位学生享受到不同专业特长教师的教学熏陶,让每一位孩子在自己的兴趣特长上得到培养和发展,让他们都能受到最均等的体育学习和锻炼,体现了体育教育的均衡,实现了优质教学资源共享。

(四)发挥教师专业特长,促进教师专业化成长

实验过程中充分发挥了每一位教师的专业特长,促进了教师专业化水平深度发展。实验教师在近两年参加各级各类业务竞赛中也取得了突出的成绩,获得各类荣誉 26 项,课题、论文、案例发表与获奖成果 39 项,公开课、讲座、业务竞赛、评委、指导学生等获奖 57 项。其中,石峻老师被评为温州市第四批"名教师",钱娃、林媛媛被评为温州市、乐清市学科骨干教师;石峻老师撰写的多篇论

文在国家、省市级刊物上发表并获奖,钱娃老师撰写的教学设计《双手胸前投篮教学设计与构思》发表在《体育教学》杂志上。

(五)发现体育特长苗子,进行针对性培养

业余训练是学校体育工作的重要组成部分,选材又是业余训练的重要环节之一。传统的选材是通过选拔等方式进行的,实施单元教学之后,教学中专业特长教师可以与学生零距离接触,站在专业选材的角度,充分了解和发现学生个性特长,进行针对性训练和培养。很多优秀队员就是在实施教学中发现的,如育英学校田径队的张一、郑尔墨、胡国森等,篮球队的郑一睿、郑钧檑等,武术队的彭逸坤、钱渝元、郑百辰、钱宇航等。他们在近两年参加各级体育比赛中取得了突出的成绩,其中获得温州市级体育比赛个人前八名的达到了18人次,获得乐清市级体育比赛前三名的达到了47人次,特别值得一提的是黄好杨子同学在今年刚结束的市第53届中小学田径比赛中打破了小学女子400米、4×100米市年龄组最高纪录,胡国森同学打破了小学男子乙组垒球年龄组纪录。

(六)编制出了《水平1—3单元教学计划》,供其他教师借鉴参考

基于浙教版《体育与健康》教师用书必修内容(水平1—3),根据每个教师的专业特长及所教对象的认知水平、能力等特点,我们从实际出发,按年段及教材特点编制出了《水平1—3单元教学计划》。它是在对单元教学的理性思考基础上对单元教学内容的整合和完善,是各实验教师在反复实践、修改、补充、完善的基础上编制而成的,对一线教师来说,有很好的借鉴作用,在教学中能直接用于指导教学活动。该计划是按水平教材的教学顺序编写而成,明确而具体,不仅制订了各单元教学目标,还制订出了各单元各课时的教学内容、课时教学目标、教学重难点及教学实施策略,同时还编制了各单元教学的评价内容,是一份很好的教学材料,也是一个教学工具。

三、建议与思考

(一)单元教学计划实施建议

1. 把体育健康知识融合在单元教学中

在构建教学单元的过程中,要坚持"健康第一"的指导思想,把技能、知识、

情感、行为等领域并行推进,融合体育、生理、心理、卫生保健、环境、社会、安全、营养等诸多学科领域的有关知识。

2. 把校本教材地方特色项目纳入其中

把校本教材地方特色项目纳入单元教学计划中能较好地激发学生的运动兴趣,而且学生进入社会后能使地方特色项目发扬光大,保持民间民俗的优良传统。

3. 把关注学生个体差异贯穿到单元教学中

实施单元教学时,教师在教学过程中对学生的接受能力、熟练程度以及目标达成都要一个比较完整的认识。因此,我们要及时调整和改进单元教学计划,灵活实施,满足学生的需要并重视学生的情感体验,关注个体差异与不同的需求,确保每一个学生受益,促进学生全面发展。

(二)需要思考的问题

在单元教学实施过程中,如何合理安排每个单元的教材数量?小学体育单元教学能否进行"纯"单元教学,即每一课时只安排主教材学习,不掺杂辅助教材学习?如何合理安排单元的教学时数?各种单元之间如何相互匹配?这些问题有待于我们继续探究。

本文写于2014年

小学体育探究式学习例谈

体育与健康课程标准明确提出,重视发展学生良好的学习策略,拓宽学生探究性学习的渠道,努力为学生生动、活泼、主动地发展提供条件。因此,我们应改变传统的教学模式,将学生置于教学的主体地位,使他们进行参与式和体验式学习,即"探究式学习",逐步摸索出一套以学生主体参与、互动探索为显性标志的探究式学习方式。为贯彻落实新体育课程标准精神,我们在小学各年段开展改变学生学习方式的研究实践,旨在让学生在一定的问题情境下,通过自主探索和合作交流,真正理解和掌握体育知识和技能、体育思想和方式,了解科学探索过程,形成自主、探索、创新的意识和习惯,逐步提高创造能力。本文以高老师执教的一节探究型研究课为例加以分析。

一、操作程序及教例

(1)课题:玩纸飞行器。

(2)授课班级:二(2)班。

(3)授课人数:40 人。

(4)授课地点:风雨操场。

(5)器材:旧报纸 40 张。

这一学习方式的基本操作程序分为四个阶段。

第一阶段:激趣生疑、收心热身。

这一阶段,教师在让学生对本课知识全面进行相关铺垫练习后,创设情境,巧妙激发学生的学习兴趣,让学生发现问题,并进行大胆尝试。

师:请同学们想想怎样把报纸立放在地上?

同学们在稍加思考后立即进行尝试:有的把报纸对折后便能立放在地上,有的把报纸卷成一个圆筒形立放在地上,有的把报纸折成一个桥形立放在地上,还有的把报纸折成四边形、五边形等多种形状立放在地上。通过观察,全班40 名学生人人都能把报纸"加工"立放在地上。

通过这个简短游戏,让学生动脑、动手,把学生的探究式学习心理引导到研究纸的运动上来,达到了收心静心、热身健身的效果。

第二阶段:合作学习、自主探究。

这一阶段,学生在教师的引导下,通过动手、动脑,合作交流,针对教师提出的问题充分进行探索验证。这一阶段的学习探究主要以小组活动为主要形式,教师指导学生采用的是讨论、操作、举例、诊断等探究形式。

师:同学们,怎样才能不用手拿便能把纸停留在自己的身上?

学生三人一群,两人一伙讨论、尝试让纸停留在身上的技巧。经过交流讨论,最后学生均掌握了"逆风赛跑"的原理,纷纷进行逆风赛跑练习,尝试让纸停留在身上,同时使第一阶段的热身效果得以升华。

在学生活动过程中,教师通过观察、参与、巡视、指导等方式加以调控,同学们相互启迪、相互补充,学生主动探究能力得到培养。这时教师立即组织学生进行逆风赛跑比赛,让学生展示自己的探究成果,使探究过程产生的结果有了质的飞跃。

第三阶段:应用拓展、求异创新。

本阶段主要引导学生对所学知识进行合理建构,并进行相应的巩固性、综合性、应用拓展性练习。

师:同学们,平时你们见过哪些飞行器?

生:飞机、飞船、火箭……

师:现在请同学们自己制造"飞行器"。

有的同学叠飞机,有的叠飞碟,有的叠四边形、三角形等,他们边叠边尝试改进。

这一阶段是在各学习小组充分合作探究的基础上进行的。学生结合日常学习、生活中所见所闻的飞行器,亲自动手模仿制作"飞行器"并探究其飞行规律。在教学中,我们不仅应重视获取知识的过程,更应把接受知识的过程变为探索知识的过程。在玩纸"飞行器"即轻物掷远(掷过标志线)学习中,让学生动脑想象、动手制作、动眼观察、动口讨论,独立自主地进行探究,充分发挥他们的观察力、思维力、想象力和创造力等。让学生针对问题边尝试边讨论,边讨论边探索,同时运用自然科学等其他学科的知识和运动经验,去观察现象、分析现象,并努力解决问题。

在这里需要指出的是,不是每一个问题学生都能很好地解决,因为小学生的文化知识水平毕竟有限,生活阅历较浅。我们在教学中也可以看出,他们所叠的"飞行器"有的比较复杂、逼真,有的就比较简单。因此,在教学中,教师要充当学生的"顾问",给予学生创造思考的机会,启发诱导学生解决问题,创造条件,提供线索,但不必直接地给学生讲解,对学生不甚明了、一时不能解决的问题可以让学生在今后的学习和生活中继续探索,将课内教学向课外学习延伸。同时,在教学中,教师要注意营造愉悦、和谐、安全、民主的教学氛围,加强师生互动、生生交流。

第四阶段:放飞心灵、恢复身心。

最后,教师再一次放飞学生探究创新的心灵,让学生进行舞龙放松表演。其实这也是一个探究过程:让学生探究龙珠的制作方法,探究舞龙的技术要领。学生用刚刚练习用过的纸球装进塑料袋制成龙珠,把投掷用的标志线剪下来,成一路纵队手举标志线连成龙身,在欢快的乐曲声中进行舞龙表演结束本课。这时教师加以点评:舞龙以示庆贺同学们在本课的探究式学习中取得的成果。

二、开展探究式学习的效果

(一)整个课程增加了开放性

以往小学体育课程仅仅关注学校之内、课本之内的内容,而现在更多地转向学校之外、课本之外的内容。它从社会、生活、自然、高新科技中寻找问题,这就使得课程的内容更偏重即时信息;它从原先课程同步化、划一化、标准化转向增加学生的选择性和个别化教学;它从原先学科的单一性转向学科的综合性。

(二)学生的活动方式有了改变

在以往班级授课制条件下,学生自己活动的时间与空间不多。探究性课程的开展更强调小组活动形式,这就使得每个学生的活动时间与空间有了拓展。在原先比较规范的课堂教学形式中,学生完全按照教师的要求去做,而开展探究式学习,鼓励学生自由组合、自由选择,发挥每个学生的个性特长,从原来主要由教师讲解、学生练习转向教师与学生、学生与学生之间探索与讨论。

(三)学生的学习方式有了改变

以往学习时,主要强调学科中的知识部分,现在更强调知识中的能力部分,强调解读自然现象、解读社会现象。以往学生的学习方式是根据教师提出的概念动作要领经过反复的练习,得以理解和掌握,现在则改变为学生从社会生活、自然现象中找问题,收集信息、处理信息,从而得出结论。它本质上是一种归纳式的思维方式,学生在整个学习过程中,更强调团队精神、合作意识、协调能力,在探究过程中,还强调判断能力的培养。

(四)对学生的评价方式也得到改变

以往重视成绩、分数、达标率、优秀率以及练习密度、强度的达成,现在更重视项目评价及学生各方面综合素质的提高。传统的评价注重结果,而现在更注重过程与体验,在原先重视接受式学习的基础上更重视体验式学习的研究。

三、几点策略

(1)探究式学习首先要求教师真心诚意地把学生当作学习主体,在课堂上积极营造民主平等、宽松和谐的学习氛围,让学生敞开思想、参与学习。教师仅是学生学习的组织者、引导者和合作者,并要给学生充分思考和探索交流的时间和空间。

(2)在探究式学习的实施过程中,要坚持两个"为主":一是以"探究学习"为主,力求学生自己揭示知识的内在联系和发生发展过程,并独立解决问题;二是"全员参与"为主,既要承认学生之间的差异,又要让全体学生共同参与,得到全面的发展。

(3)探究式学习应重视引导学生从生活实践中学习体育知识,把对体育的学习过程真正变成学生亲自实践、探究、应用的过程。在这个过程中,要让学生既动手做又动口说,既用眼看又动脑想,多种感官参与学习活动。

(4)探究式学习方式的实施对教师素质提出了更高的要求。教师要不断更新和运用新的教育理念指导教学实践,不仅要钻研教材,更要研究学生的认知程度和能力发展水平,了解学生对体育的态度,从而设计出符合学生学习实际的教学方案。

本文写于 2010 年

小学体育教学中利用民族民间体育教学资源例谈

民族民间传统体育项目是我国人民在生活、生产劳动中创造并广为流传的体育活动项目,它既具有一定的民族性、地域性、娱乐性,又具有技艺性、健身性,同时还具有较强的体育特性。因其具有广泛的群众基础且简便易行,开展起来十分方便,所以深受少年儿童的喜爱。但是长期以来,小学体育教学内容由于受竞技运动体系的影响,其技术要求高,动作难度大,场地、器材要求高,在有限的课时内学生难以掌握,课外和校外不易开展锻炼等,因此学生对体育课的学习内容兴趣不高。随着新课程改革的不断深入,如何改革脱离主体需要实际、缺乏生气和个性的教学内容,是值得我们一线体育教师思考的话题。笔者认为,将我国优秀而宝贵的、流传在民间的体育活动内容经过收集、整理、创编和实验,改编成适合小学生的体育教学内容,充实到现行教材中,构建一个具有校本特色或地方特色的小学体育教材体系,是一条很好的改革实施途径。

一、民族民间体育教学资源在小学体育教学中的地位和作用

体育是一门综合性学科,有着博大的知识容量和浓厚的文化底蕴。中国传统的民族民间体育项目是我们中华民族丰富的文化遗产中一颗绚丽璀璨的明珠,历史悠久,内容丰富,是我国社会和体育事业的一个重要组成部分。体育与健康课程标准中强调,积极利用和开发课程资源是顺利实施课程的重要组成部分,教师不仅是课程的实施者,也应是课程资源的开发者。体育与健康课程无论是现在还是未来关注的核心都是运动技能的形成、学生需要的满足和学生情感的体验,以促进学生全面发展,实现以"学生发展为本"。因此,在小学体育教学中充分利用民族民间传统体育资源,能更好地为学生的三维健康服务。

同时,对一些地域性民族民间体育项目进行整合并实践于体育课堂,既可以展现不同民族的个性风貌,又有利于学生了解"本土体育文化",同时还可以锻炼学生身体,陶冶情操,培养学生重视民族传统文化的意识,进而传承和弘扬我国优秀的民族民间体育文化精神。因此,开发和利用这些项目,既具有特色,又具有独创性,符合新课程改革的理念。

二、民族民间体育教学资源在小学体育教学中的应用

(一)整合民族民间传统体育项目,贯彻实施途径

传统的民族民间体育项目种类繁多,形式多样,主要以嬉戏娱乐、竞赛为主并结合节庆习俗,构成了一种寓意深刻、独特的文化表达方式,在文化传递中起着重要的作用。把在民间长期流传并受少年儿童喜欢的滚铁环、跳皮筋、踢毽子、拔河、抽陀螺、跳竹竿舞等项目引入体育课堂,既丰富了课堂教学内容,又能使学生走向社会,贴近生活,认识和适应社会。

把民族民间体育教学资源应用于体育教学,有助于形成具有学校特色的体育课程。在应用民族民间传统体育项目时,有的不需要改造,如"滚铁环"运动,它是一种民间游戏,深受学生的喜爱,集运动和娱乐于一体,不受场地、器材及人数的限制,易于开展。这一项目不需要改造就可以直接应用于教学实践。

有的则需要改造,不能拿来就用,改造的目的是为了适合学生的身心特点。如"顶瓮竞走"是一种传统体育活动,参加者均为女子。比赛时,参加者头顶一盛有 10 千克水的瓦瓮,快步疾走,赛程为 100～200 米。疾走时瓦瓮不能倒,水不能溅出,以先到达终点者为胜。如果把"顶瓮竞走"作为课程内容直接应用于教学实践是不适合的,因此可以进行改造:把"瓦瓮"换成小体操垫,根据学生年龄缩短赛程。改造之后,此项目较适合低年级学生,操作起来既简单又安全。

再如,"打雪仗"是我国北方少年儿童常玩的民间游戏。因南方很少下雪,在进行此项教学时,可把"雪球"改造成轻便、不伤人的小纸团、毛线球、海绵球等,并引导学生自己动手自制教具。这样,通过活动不仅提高了学生投掷技能技巧,又培养了学生动手、动脑的能力。

下表列举了部分民族民间传统体育项目及其课堂实施途径,有些项目可以直接应用于教学实践,有些需要经过改造之后才能应用于教学实践。

表1　部分民族民间传统体育项目及其课堂实施途径

传统体育项目	课堂实施途径
竹竿舞	竹竿系列练习
芦笙舞、木鼓舞	集体放松舞
顶瓮竞走	头顶毽球平衡走

续表

传统体育项目	课堂实施途径
抵肩比赛	对抗游戏,如斗鸡
滚铁环	滚呼啦圈
珍珠球	掷沙包
颈力比赛	角力练习
赛马	骑竹竿
拔河	拔河
登山	攀爬练习
背篓球	投活动篮筐
木球	实心球
毽球	踢毽子
抬官人、抢花炮	合作练习
高脚竞速	踩高跷
陀螺	抽陀螺
武术	武术基本手法、少年拳等

(二)挖掘民族民间体育文化,丰富教学内涵

1. 舞蹈文化

民族民间舞蹈是中国民族传统文化艺术的内容之一,是一项以人体有规律的动作表达思想感情的艺术,每逢聚会、节日、狩猎成功、庄稼收获、欢迎客人等都要举行跳舞活动,以此传达民族文化精神,透露着民族的审美心态。

舞蹈可以应用于课堂教学的每一环节,如在准备部分中可以安排秧歌舞、新疆舞作为准备活动;在基本部分中可以把竹竿舞作为主教材;在结束部分中可以把多耶舞、扇子舞、舞龙等作为放松舞来放松肢体、放松心情等。

2. 折纸文化

折纸在我国流传悠久,它是一门造型艺术。通过折纸可以做一些小器材,如折成纸飞机、纸炮、玲珑球等来进行投掷练习,发展学生上肢力量,还可以折

成三角形、四边形、大转盘等来做游戏等。

3. 歌谣文化

我国民间歌谣非常丰富,形式多样,按其内容可分为动物类、植物类、童趣类和绕口令等。歌谣在小学体育教学中应用非常广泛,把歌谣作为重要的辅助教学手段能很好地为教学服务。

例如,立定跳远教学中,让学生边练习边唱《小白兔》儿歌:"小白兔,白又白,两只耳朵竖起来,爱吃萝卜和青菜,蹦蹦跳,蹦蹦跳,蹦蹦跳跳真可爱。"这样,不仅活跃了课堂气氛,而且能使学生很好地掌握立定跳远的动作要领。再如,在投准教学时,结合歌谣《打老虎》教学,能使学生更快更好地掌握投准动作技术。

4. 杂技文化

杂技艺术作为我国人民与世界各国人民文化交流的载体之一,种类繁多,包括转碟、爬杆、走钢丝、蹬技、顶技、马戏等。在体育教学中,很多杂技项目已直接走进了课堂,如爬杆、抖空竹、独轮车等;还有的杂技项目经过改造也已进入了课堂,如走钢丝项目,经过改造已被走独木桥、走直线、窄道跑等内容代替。

5. 服饰文化

例如,2006年11月在江苏无锡举行的第二届全国中小学体育教学观摩展示活动中,来自江苏省江阴市高级中学的王建伟老师执教"自编棍术组合"一课,以及来自贵州黎平县第一民族中学杨胜忠老师执教"侗族摔跤"一课时,就分别身穿民族武术服装和摔跤服装,同时让学生也穿起了武术服装及摔跤服装,不仅继承了传统的民族服饰文化,而且在教学中也对传统的民族体育活动进行了创新。

6. 地理文化

我国地大物博,地理资源丰富,名胜古迹举世闻名,很多名胜不仅是少数民族的栖息地,而且还蕴藏着许多经典的地理文化。如我们最熟悉的奔跑类游戏"黄河长江"就是引用我国的地理文化资源创编而来的。再如"穿过小树林"游戏,是在热身运动中,通过设置一些障碍,创设一定的情景(如逛公园、乘火车、爬山等),引导学生进行跑、跨、跳、钻、爬等练习,让学生充分想象美丽的景色,情景交融。

7. 习俗文化

我国有56个民族,每个民族都有自己的民族传统节日,每个民族欢庆节日的形式也各不相同,因此,在体育教学中,可以充分吸取这些习俗文化中强烈的集体性、奔放、热情的特点。

如:"赛龙舟"集体游戏就是从端午节赛龙舟这一活动演变而来的。全班同学平均分成若干小组,每人用一床小垫子作为龙舟,地面作为河水,移动垫子向前"划",或全体同学徒手,手抱腰蹲下来作为龙舟,同时同步向前"划"。再如"舞狮"活动中,有的教师让学生使用小垫子当狮身左右舞动,有的让学生手搭肩,排成一路纵队,教师则手拿一排球作舞狮人,引导学生作各种练习。

三、结论与建议

(一)结论

开发民族民间传统体育项目作为体育教学资源,符合体育与健康课程标准关于课程内容资源利用与开发的精神,有较强的健身性、教育性、民族性和实用性,技术含量较高,教学效果较好。

民族民间传统体育项目有很好的基础,活动方式多样,利于因地制宜、因陋就简地展开,不受场地、器材的限制,很适合目前体育教学的实际。

民族民间体育教学资源需要教师去组织、去开发、去利用。教师应当学会主动地、创造性地利用一切可用资源,为教育教学服务。教师还应该成为学生利用资源的引导者,引导学生走出教科书,走出课堂和学校,充分利用校外各种资源,在社会的大环境里学习和探索。

民族民间传统体育项目的组织形式灵活多样,可以放手让学生自由结伴游戏,不受时间、空间、地点、人数的限制,因而能改变体育教学中体育器材不能适应当前教学的现状。

(二)建议

选择民族民间体育教学资源时,要做到:

(1)必须符合新课程的理念,应考虑到学生的兴趣、生活经验、情感态度、知识需求、可接受性和价值观及培养目标等方面因素。

(2)必须根据学校的地域特点、环境条件、学生情况等进行选择和应用。

(3)必须根据学生的生理和心理特点,对不适宜在少年儿童中开展的民族民间传统体育项目要进行改造,创建新的体育活动,以适应学生身心健康发展的需要。

(4)必须教育学生遵守民族风俗习惯,加强安全教育。

学校民族民间传统体育是在学校这一基地开展的民族文化教育,建立完善的民族民间传统体育教学体系是保证中华民族文化传播的重要途径之一。

总之,民族民间传统体育教学应结合当地实际情况,深入挖掘民族民间传统体育资源,将民族民间传统体育项目切实有效地运用到现代体育教学中来,从而让民族民间传统体育这一特殊形式的文化遗产,经过提炼与发展为学生所掌握与运用并传播到社会中去,让学生的体育素质不断得到提高。

本文写于2010 年

新课程标准下小学体育教学内容的选择

体育课程标准所界定的体育教学内容是指学生应掌握的、课程标准中所明示的、与人有关的体育方面的教养财富、教育财富和发展财富，它不仅包括了教材的内容，而且还包括了学习的引导、动作、方法和教育的方法论提示、价值判断、规范等。教学内容是作用于学生的有效因素，在体育教学中，教师掌握具有体育文化价值的内容，如体育知识、技能及良好的情感、态度等。教养财富包括显性的体育知识、技术和技能本身的教学内容；教育财富包括隐性的关于学生体育道德修养、体育精神、思想作风及良好人格教育方面的内容；发展财富是指隐含在体育知识、技术和技能中的关于学生心理、生理、情感、态度和文化等方面的内容，也是隐性的教学内容。

体育教学内容开发和利用不仅有利于教学，更是实现课程价值、体现课程理念和性质，实现以"学生发展为本"的需要，是实施现代教育与世界教育潮流同步的需要，是发挥地方教育、教师优质资源，创新、发展体育教育的需要。

一、体育教学内容的选择

（一）体育教学内容要为学生而选择

在实施新课程标准之前学生非常喜欢自由活动，究其原因就是因为他们渴望自由，渴望摆脱束缚，这当然主要是因为我们以前安排的教学内容不符合他们的"口味"。在教学内容安排方面，我们可以把教师与学生的关系比喻成裁缝与模特的关系，教师作为"裁缝"要考虑到"面料""款式""裁剪""缝纫"等多方面因素，这样才能有助于"模特"（学生）更好地发挥潜能，展示自我。在选择教学内容时，一定要对学生有一个清楚客观的认识，选择任何一"款"教学内容都应为学生"量体裁衣"，为学生设计裁制。

（二）体育教学内容源于生活

体育原本就源于生活，生活实际是体育教学内容不竭的源泉，随着我们生活方式和生活内容的不断变化,各种新兴体育运动项目不断涌现。只要我们善于观察,从生活中汲取更多的营养,就能创新出适合自己和学生的教学内容,丰富学校体育教学。

(三)体育教学内容要体现"健康第一""终身体育""快乐体育"的指导思想

体育教学内容要体现"健康第一""终身体育""快乐体育"的指导思想,要使教学内容贴近培养学生的健康意识、终身锻炼意识、全民健身意识、与人交往合作意识等,并在具体的教学工作中更好地体现课标理念,实现体育教学的科学化、系统化。

二、选择体育教学内容的做法

(一)对传统教学内容沿用、改造、改变,使动作方法多样化

课程改革并不是不假思索地全盘否定,传统教学内容是经过我们体育工作者几代人实践总结出的结晶,在教学实践中取得了较大的成果。教学内容的选择还要以传统的教材为框架,根据课程目标进行选择、取舍、优化、组合,改变过去那种纯粹为了学习某项技术动作或提高某项身体素质而教学的教学思想。

1.沿用

适合小学生特点、能体现课标理念的部分传统教学内容可以沿用。

2.改造

大家都有体会,传统的田径教学是学生最害怕的,也是教学效果最不理想的,是不是就此将其删除,连基本的跑、跳、投就舍弃呢? 这显然是不行的,我们只能对这些内容进行适当的改造,将一些竞技性、成人化的项目简化其方法、规则,降低难度要求,使之适合儿童特点,如足球扩大球门,篮球降低篮板高度,跳远按实丈量成绩等。

3.改变

改变正规化的动作,使简单的游戏变复杂,变得更有趣,如变队形、速度、距离、高度、远度、个数、动作、场地、器材、胜负标准等。

(二)对现有教学内容延伸、拓展,使学练内容生活化

延伸和拓展现有教学内容是指学生从单一的技能、技巧学习向提高综合运

动能力和实际生活所需能力方向发展。如:投掷内容从单一的右上手投延伸到左上手投,拓展到实际生活中所应用的一些方法有单手下投、飘投、抛投、双手向前、向后、向上抛投等。

(三)对现有教学内容联想、创造,使创新教育具体化

没有联想,就没有发现和创造。鲁班发明锯子是从树叶的形状联想到的,牛顿发现万有引力是从苹果落地联想到的。体育学科以技艺性为主,技艺思维以求异思维为主,联想动作变化,创编新的方法。如跳高中有直线助跑、斜线助跑、弧线助跑,还有跨越式、剪式、俯卧式、背越式;联想动物形态模仿其典型特征,如从羚羊跑的动作联想到跑的方法。在利用现有教材内容教学的同时,教师要注意启发学生动脑联想,扩大教学效益,发展扩散性求异思维能力,以此来对学生进行创新教育,培养创新意识。

(四)开发和利用传统体育项目,发展新兴体育运动项目

民族民间传统体育项目也是重要的体育教学内容,它有着广泛的群众基础和深远的社会影响。对一些适合教学需要的内容可以直接引入运用,如踢毽子、打陀螺、跳房子等;对一些基本适合教学需要的内容改编后再运用,如跳竹竿等。把这些教学内容引进课堂,不仅有利于民族体育文化的继承和发扬,也可以培养学生的创新能力,将时代文化注入民族民间传统体育项目中再回归社会。

此外,还可以开发一些民间通俗教学内容,如利用饮料瓶、易拉罐、塑料袋、课桌、板凳、自行车废旧轮胎、旧报纸等易于收集的家庭生活用品来创编内容。如空的饮料瓶装上水或沙可以做投掷物用,装上五颜六色的水可以做标志物用,旧报纸也可以做成纸棒、纸球、纸飞机等做投掷物用。利用这些简易、安全、实用的器材资源,一物多用,不仅可以丰富教学内容,而且可为教学目标的达成提供有力的保障。

另外,选择教学内容时还要注意时代性,贴近学生生活,关注学生生活经验,如流行和时尚的街舞、芭啦芭啦舞、独轮车、滑板、攀岩、短式网球、定向运动、三门球、健美操等竞技和休闲运动项目,都可以引进课堂作为体育教学内容。当然,引进这些新兴运动项目时不能盲目,不能为了求新鲜、赶时髦,一哄而上,而是要根据学校的条件、教师的能力和学生的兴趣适量选择。

三、关于体育教学内容选择的建议

(一)注意教学内容的基础性

小学体育课程是一门以身体练习为主要练习手段,以体育知识、技能和方法为主要学习内容,以增进小学生健康为主要目的的课程,它具有鲜明的基础性。新课程标准提倡淡化技术教学,注重学习过程和学生学习兴趣,但如果学生不掌握最基本的运动技能,不具备基本的跑、跳、投能力和身体素质,那么他们在学习中就会感到吃力,对体育课便会失去信心和兴趣,日后就不可能在体育学习、锻炼中挑战新的运动项目。因为无论什么类型的运动都要以一定的基本运动能力和身体素质作保障,因此,教学内容虽千变万化,但始终要注意其基础性。

(二)教学内容的选择要面向全体学生,关注个体差异,确保每一个学生平等受益

体育教学要面向全体学生,这反映了学生主体的呼唤和需求。在选择教学内容前,要深入到学生中去考察和分析,了解学生的体育兴趣、爱好、态度、个性心理特征、实践能力,要充分考虑到学生在身体条件、个性心理、兴趣、爱好和运动技能等方面的个体差异,尽量让学生通过自身努力都能达成教学目标,使每个学生都能体验到学习和成功的乐趣,以满足自我发展的需要,而不是去苛求教学内容的系统性和严密性。同一个内容针对不同学生提出不同的要求和目标,将教学内容分解、分级让学生练习,真正做到因材施教,确保每一个学生平等受益。

(三)教学内容的选择要注意学生的运动兴趣,确保每一个学生终身受益

体育教学主体是学生,选择教学内容时要充分考虑学生的需求、喜好,精选既受学生喜爱,又对促进学生身心发展有较大价值、有利于为学生终身发展奠定基础的体育知识、基本技能和方法作为教学内容。可根据学校的场地、设施等条件,确定一些教学内容范围,让学生根据自身条件、兴趣和爱好进行选择。学生自己喜欢了就会自觉、积极地进行体育学习,从而全面发展体能和提高运

动技能,奠定终身体育基础。

(四)正确理解和处理教材与教学内容的关系

教材是有别于教学内容的,教材是教学内容的一部分,教学内容是教材的上位概念。教材中的一些内容教师要有所选择地进行教学。教师有权利也有义务进行合理安排和科学选择,把握好继承与发扬、创新与升华的关系。发扬是建立在继承原有教学内容的基础上,升华是在原有创新内容的基础上进行提高,这样建立起来的教学内容体系就比较牢固。

(五)教学内容的选择要与学校的硬件设施相结合

新课标突出强调尊重教师和学生对教学内容的选择性,而场地、器材等硬件设施是客观存在的因素,每个学校的条件各不相同,故在教学内容的选择过程中,首先要让学生对学校这些硬件条件有一个比较清楚的了解,或者让学生根据教学内容所需要的器材,尽量去发明、制作简易的器材来代替受条件限制的器材。这样所选择的教学内容学习起来更有效果,教学意义更加深远。

总之,教学内容的选择是为完成课程目标服务的,有价值的教学内容,既能促进学生身体健康,也能改善学生心理健康和社会适应能力,从而有效地将教师从"教教材"转变到"用教材教"的轨道上来,使体育课程真正成为学校教育"育人"的有机组成部分,实现体育教育的理想目标——既育体又育人。

本文写于 2015 年

体育教学中弘扬传统武术文化的策略

非物质文化遗产跟各族人民生活实践息息相关,反映了各民族的精神文化生活,是一种不可再生的文化资源。然而,随着全球化趋势和现代化进程的加快,强势文化对弱势文化的不断渗透,我国的文化生态正在发生变化,文化遗产及其生存环境受到严重威胁。保护民族文化遗产是一个国家彰显民族个性的的需要,也是促进各国文化交流和融合的需要。

传统武术是我国传统体育项目,充分体现了中华民族丰富的审美和文化价值观念,是非物质文化的重要组成部分。然而,由于人们生活环境和条件的变迁,一些传统武术文化特性正在逐渐消失,这给我国民族个性的构建带来了不利影响,因此,在我国进行非物质文化遗产保护的工程下,关注对传统武术文化的保护,意义重大。

一、非物质文化遗产及其保护的认识

非物质文化遗产的范围包括:(1)口头传统;(2)传统表演艺术;(3)民俗活动、礼仪、节庆;(4)有关自然界和宇宙的民间传统知识和实践;(5)传统的手工艺技能;(6)与上述文化表现形式相关的文化空间等。

保护非物质文化遗产,必须贯彻"保护为主,抢救第一,合理利用,传承发展"的方针,必须做到坚持保护文化遗产的真实性和完整性,坚持依法和科学保护,正确处理社会发展与文化遗产保护的关系,统筹规划、分类指导、突出重点、分步实施,还必须重视传统文化的传承、发展和创新,不能消极地把保护作为濒危文化遗产的收容所,否则,对传统体育文化等非物质文化遗产的保护工作就有可能失去其积极的文化建设意义。

二、将传统武术纳入非物质文化遗产的合理性

从非物质文化遗产的定义可以看出,作为非物质文化遗产必须具备4个要素:(1)世代相承;(2)与群众生活密切相关;(3)具有文化表现形式;(4)有文化生存空间。将传统武术纳入非物质文化遗产具有其合理性。早在2006年,国

务院公布的首批国家级非物质文化遗产名录中,武术就有6项,其中少林功夫、武当武术、回族重刀武术、沧州武术、太极拳、邢台梅花拳等就是地域文化特色鲜明的民族武术项目,但它们只是中国传统武术的一部分。

中国传统武术项目繁多,20世纪80年代我国开展全国武术挖掘整理工作,挖整出了100多个传统拳种,其中有很多是主要扎根在某一地域,并具有鲜明地域文化个性的拳种。这些拳种曾经在特定的农村中具有生存空间,也有许多传人,有的在经过几代的传承后,已成为早期的区域性大众化体育项目。而且,传统武术(在一定区域农村具有较大影响的拳种)多是我国各族人民在长期劳动生活和斗争中不断积累下来的,与人民群众的生活、劳作实践息息相关,是不同地域农村群体生存的主要文化信仰,是不同地域文化个性传承和展示的主要载体。传统武术文化的表现形式多样,有传统的套路演练、功力功法演练、传统散打擂台对抗,还有拳术套路、器械套路、单练、对练,以及器械、服装展示等,它充分体现了中国的传统审美和文化价值观念。因此,对于这些在农村有着群众基础的传统武术拳种,应该把它们作为不同等级的非物质文化遗产来加以保护。

三、传统武术文化遗产保护的重要性、必要性

文化是一个民族的凝聚力,体现了一个民族独特的个性,是一个民族独立于民族之林的标志。现代人对时尚的炫耀,以及对休闲、简洁的追求,使以复杂、丰富而著称的民族传统武术项目逐渐走入人们视野的边缘。这从一个侧面反映了中国的传统文化受到前所未有的挑战。我们每一个人都有学习和传播传统文化的义务与责任。对于我们体育工作者来说,就要大力推广具有民族特色的健身项目,发扬中国传统文化。传统武术与导引术是很有代表性的项目,我们要把它们从人们视野的边缘抢救回来。

四、学校体育教学中保护传统武术文化遗产的对策

民族传统体育作为一种文化,是在不断发展变化的。随着社会经济的发展,民族民间传统体育所依存的大环境发生了变化,故它必须要以创新的形式存在,这是防止民族民间传统体育衰退的重要途径,是促进民族民间传统体育繁荣的前提,也是许多研究者的共识。例如,木兰拳与合气健身操便是作为民族民间传统体育之一的武术在当代适应社会发展的新的发展态势,这给其他传

统体育项目发展提供了新思路。21世纪是体育文化大融合的时代,民族民间传统体育在对自身进行现代化改造过程中,不可避免地需要借鉴、融合、嫁接和变异,只有如此才能在当代社会里有新的发展空间。

(一)提高学生学习武术的兴趣及热情

体育课是学生兴趣培养的重要环节,体育教师在完成教学任务的同时,要适当加入武术教学内容。项目的开展不能单纯以一个套路枯燥地重复教学,要重视学生的求知欲和兴趣的多样化;要充分重视学生想象中的武术和现实武术的反差对比。受传统传奇故事的影响和现代影视的熏陶,学生对武术产生了错误理解,而且武术初始教学又一般都是基本功和基础套路练习,所以现实武术很容易与学生的"理想武术"相排斥,因此在武术教学中必须做到:

1. 提高学生的学习兴趣

刚开始学习武术时,学生的学习兴趣是比较浓厚的,因此在刚开始教学时应注意暂时降低对基本功的要求,基本套路动作要短而少,有代表性,这样才能有助于培养学生的协调能力和节奏感。如弓步、马步练习时,可以把几个动作篡编成:马步转左弓步,右脚上步成右丁步,右脚打开成马步,左脚上前成左丁步,左脚打开成马步,如此往复。套路可用五步拳或是将规定拳、四十二式太极拳中的一个分段,去掉较难的动作作为教学内容等。教师在讲解示范时要体现武术的特点,并同时选择几个有难度的组合或分段表演给学生观看,激发学生的求知欲,利用学生不服输的心理特点,分组进行教学竞赛,进一步提高学生的学习兴趣。

2. 教学内容要形式多样

在武术教学中,学生有一定武术基础时要立即推出擒拿、格斗、散手等拳法、腿法和组合,使学生感到学有所用,了解到武术的攻防意义,体会到武术的博大精深。例如,学生提出在平常戏耍中碰到的无法克服的抱缠动作,教师即针对抱缠动作进行讲解如何使用巧劲摔倒对方,反败为胜,这样就体现了武术的实用性,同时可减少学生受"理想武术"的负面影响。

3. 教学手段要多变

在教会基本功和基础套路后,可以根据不同的学生群体实施不同的武术项目,如文静的学生授以文静流畅的太极拳、长拳;好动、活泼、力量较好的学生授以刚劲猛烈的南拳、擒拿、格斗等项目,尽量把学生的个性在项目的特点中体现出来。利用四十二式太极拳作为放松运动,改变以往单调的放松运动,增强学生的新鲜感。

4. 思想政治工作要常抓不懈

思想政治工作是武术生存的生命,是最重要的教育教学环节。斗志旺盛、容易冲动是中小学生的年龄特点,而影视的打斗场面又起着推波助澜的作用。这要求教师时刻要对学生进行武德教育和专项的思想品德教育,利用学生对武术项目的喜爱,引导他们认真学习吸收武术礼节,要求他们严格遵守纪律。这种方法效果很好,且更有利于学校政教的德育工作,为学校获得了双赢。

(二)不断提高教师的武术技术水平

随着项目的快速发展,师资水平必然受到挑战,要组织教师经常观摩高水平的武术比赛或参加技术、规则研讨会,提高教师教育教学能力和技术水平、评判水平,进一步提高武术素养,这样教师才能更有效地提高学生的技术水平。

(三)开展比赛

通过比赛可以体现教师和学生的技术水平,它是检验教学水平的重要手段。开展比赛可以从本校或本运动队小规模开始,使教师和学生的努力结晶在比赛中得到体现,进而有力地推动教师和学生更努力去探索,追求更高的技术水平。只有调动了学生的兴趣,提高了学生的技术水平,武术运动才能得到家长、社会的有力支持,这反过来又会促进武术运动的更好开展。

(四)国家政策及国民的需求为传统武术的发展提供了可能性

"全民健身"是传统武术的时代价值。事物要生存,必然要有其生存的空间,而且空间范围的大小直接影响着事物的发展过程。目前,尽管我国竞技武术模式发展产生了巨大影响,但是传统武术依然广泛活跃,这是传统武术拥有顽强生命力和发展生存空间的最大特点,从而也为传统武术发展的定位指明了方向。

(五)科研是传统武术可持续发展的保证

一个民族要想站在科学的最高峰,就一刻也不能没有理论的思维。新中国成立后,武术这一项目受到了党和政府的高度重视。但我们应当看到,相对于竞技武术,传统武术的科研工作明显不足。传统武术的科研工作严重滞后于武术实践,还处于自发、盲目的状态。搞好传统武术的科学理论研究工作,才能使传统武术技术规范化,真正做到传统武术的继承、创新与可持续发展。

总之,武术要在学校广泛开展,必须走先体育教育后竞技训练、先调动兴趣后培养能力,以及利用成功促发展等途径。武术运动将在学校体育中发挥巨大作用。

五、结论与建议

(1)要不断完善政策,加强中小学武术管理、实施力度,加大对中小学武术的经费投入,大力培养中小学武术师资人才,不断创新教材,创造武术教学条件,营造中小学武术发展空间。

(2)在中小学武术教学过程中,教师要充分发挥其主导作用,做到会讲、会做、会教、会看,积极引导学生投入到武术学习中来。教师从自身入手,不断提高理论水平,加强实践经验,增强自身综合素质。

(3)中小学武术教学要融入体育与健康课程标准基本理念,从教材、教法入手,把握住学生的年龄、生理、心理特征,采取不同的方法和手段,并与实际情况结合,制订出最佳教学方案。

(4)加强武术对中小学生的宣传力度,介绍国内外武术的发展动态,带领中小学生一起关注武术"走向世界、走进奥运"的发展情况。

(5)让中小学生观赏各类武术比赛录像带,开阔学生的视野,加强中小学生对武术运动的了解,调动学生学习的积极性。

(6)加强武术文化的教学,了解中国武术悠久的历史,增强学生的民族自豪感,继承并弘扬民族传统武术中的精华,为继承和发扬民族传统文化服务。

本文写于 2011 年

农村小学提高小场地教学效果的策略

场地狭小、器材缺乏、班额过大是很多农村小学面临的问题,常常让农村体育教师在教学中捉襟见肘,苦不堪言。作为身在一线的教师,我们是坐以待毙,还是另辟蹊径,自寻出路呢? 体育与健康课程标准明确指出,积极利用和开发课程资源是顺利实施课程的重要组成部分,因地制宜地开发和利用各种课程资源,可以发挥课程资源应有的教育优势,体现课程的弹性和地方特色。可见,实施新的课程标准为农村小学开展体育教学及活动带来了新的思路和广阔的舞台。如何因地制宜地开发并利用好学校各种现有资源,在确保安全的前提下,根据教学目标、教学内容、学生情况、场地、器材等因素创造性地进行教学,是值得农村小学体育教师思考和研究的问题。

一、合理安排体育课

(一)错时排课

大多数学校习惯于体育课集中排在下午或上午最后一节,其实早上第一、二节也可以编排体育课。同时,在编排时要尽量平均每课时的班级数并注意高、中、低段的合理搭配,充分考虑因学生的年龄差异而产生的活动内容差异,以及由此产生的场地需要差异,从而充分合理地利用场地。

(二)合理安排内容

备课时,一节课可以安排两项内容,教师在课堂教学中进行场地交换,需要同样场地的教学内容错开时间安排。如我校只有一个篮球场,如果有两个体育教师都要上篮球课,则一位教师可将篮球教学内容安排在课的前半时,另一位教师就安排在后半时,这样就能有效利用篮球场地,避免篮球场地的冲突。

(三)项目灵活安排

如果场地上上课的班级少,场地相对较大,教师就可以见缝插针地安排需要较大场地项目的教学,如垒球等投掷项目的教学,以便使这些对场地要求苛刻的项目的教学安全而顺利地进行。

二、合理利用场地资源

(一)利用树木

一般农村小学围墙周边都栽有树木,可以用这些树木来进行蛇形跑练习,尤其在夏天进行这项练习既不占其他活动场地,还能避免太阳暴晒。但需要注意的是,在课前要对树木进行检查和加工,如果间距太小,则要锯掉下面多余的树枝,确保学生练习的安全。另外,在树干上系上橡皮筋进行各种跳的练习和游戏,在树枝上悬挂一些球体或直接对树叶进行起跳摸高练习,这些同样会受到学生的喜爱。

(二)利用墙壁

墙壁在任何一所农村小学都有,可以利用墙壁进行对墙投掷垒球或沙包练习,在墙壁上画一些标志还可以进行投准练习,同样也可利用墙壁进行足球射门练习。在夏天,天气比较热,可以选择靠墙的阴影下开展教学,如靠墙倒立、扶墙俯卧撑及盲人摸象等练习及游戏。

(三)精心设计场地

由于场地较小,有些项目按常规开展会有困难,但如果对场地进行认真的规划也是能满足上课需要的。如弯道跑练习,在小场地上画出一条弧度较大的弯道是很难的,但可以只画一段弯道,半径尽量放大以接近标准的弯道,站点处要有醒目的标志,并留出足够的缓冲距离,以防止发生意外。再如进行长跑教学时,可以设计根据校园的自然地形跑,既增加了单圈的长度,又增加了地形的变化,还可以把一些自然物如石墩、树木等作为障碍物以提高学生的兴趣。

(四)合理开发校园内边角地带

合理开发校园内每一块边角地带,并使活动场地充分向外延伸。如制作爬竿、爬绳、平梯、肋木架、单杠等,用旧的汽车轮胎等做成浮桥、独木桥、梅花桩等,制作时要充分考虑到设施的安全性,承重部分一定要坚固,浮桥、独木桥、梅花桩等尽量采用有弹性的材料制作。设施之间的间距设置要考虑学生有足够站立的位置,排除相互间的干扰。有了这些边角地的体育设施,就能基本保证体育活动的需要。此外,还可以利用楼梯的台阶进行压腿、跳台阶练习。

三、开发教学器材

农村小学不仅场地小,而且器材也非常缺乏。为了激发学生学习的兴趣,教师需要根据学校的场地灵活地使用器材,充分挖掘小器材的多种功能,如短绳,除了用于基本的跳绳之外,还可以用于投掷、连起来跳长绳、抓尾巴游戏等。为了适应小场地的需要,还可以用废旧塑料袋做球囊,用包装带裹缠制作"温柔足球"。它踢上去不用担心因技术问题而伤到自己的脚,也不必担心踢到别人身上造成伤害,更不必担心会打碎玻璃,因为第一,它飞不高、飞不远;第二,它的硬度小撞击力不大。因此,这种足球很适合在初学者中使用,场地不大没关系,人多也没关系,娱乐性极强。

学生接触得最多的还是废旧纸张、报纸、易拉罐、矿泉水瓶等,我们除了可以用纸制作传统的纸飞机、纸球外,还可利用报纸做标志练习立定跳远,或进行打雪仗、吹球比远等游戏,可用矿泉水瓶做标志物,练习投掷"手榴弹",或用废旧、较坚实的空易拉罐做成高跷进行踩高跷练习等。学生对自己创作的器材会投入更多的热情,对于自己的"发明"总是给予更多的关注。所以,这样的教学往往是事半功倍的。另外,还可以积极引进各种民间体育活动或游戏并作改编以适合小场地,如跳竹竿、打陀螺、打纸片等。

四、利用校外资源

校外资源的利用就是要重视延伸性学习。一是要引导学生开展课外闲暇体育活动,充分利用家庭、社区的体育场地资源,组织开展校外体育活动,如家庭运动会、远足活动等;二是要积极与周边城镇学校联系,建立校外训练基地,充分利用一切可利用的资源;三是开发农村周边的自然资源。由于农村学校周边有极其丰富的自然资源,如田野、山坡、河流、树木、草坪、海涂等,因此,只要学校领导、教师更新观念,教学活动中注意安全,充分开发并利用这些丰富的自然资源,一定会解决许多农村学校场地小、器材资源缺乏的实际困难,开辟一个学生喜爱的良好体育课程环境。

总之,农村学校体育小场地的有效利用,为学生创设了最大的发展空间,使学生获得了更多自由、自主的锻炼机会。新课程理念与要求,为教师对课程资源的开发与利用提供了更大的余地和空间,也使课程资源的开发与利用更有效。随着课程改革的推开和深入,对农村学校体育场地等资源的开发与利用将会更广泛,更科学,更具创造性,更多彩。

本文写于 2007 年

集体征服了他

如今,学校教育已经面临独生子女时代,据统计,城镇学校学生中独生子女占 90% 以上。大部分独生子女视野开阔、兴趣广泛、思维活跃、精力充沛、充满自信,但由于一些家庭中父母乃至其他长辈过度关爱而导致一些独生子女贪图享受、不懂节俭,往往以自我为中心,缺乏集体意识和责任感,甚至产生逆反心理。体育教学中,经常会碰到一些学生提出无理要求,如果处理不当,不仅会使课堂正常教学无法进行,而且会使问题激化,师生之间发生矛盾冲突。针对这种有个性的孩子,如何对症下药、有的放矢,获取教育的最大成效,是一个值得研究和讨论的话题。

一、案例描述

四(3)班郑同学个性突出,思维活跃,喜欢打篮球,号召力强,班上很少有同学不服他,自我这学期接任他们班体育课以来,他就多次向我"挑战"过。据了解,他不只是在体育课上这样,上其他课也是这样,尤其是技能课,他总要找点理由搞点乱子出来。

今天上午第三节课是四(3)班的体育课,内容是学习第三套广播操《希望风帆》第二节扩胸运动和第三节踢腿运动。

我一边示范,一边讲解,总担心郑同学会闹出什么乱子。果然不出所料,刚练了两遍,他就开始嚷嚷要去打篮球,见没人理会后,就逗旁边的人发笑,导致课堂秩序混乱。按他平时的做法,如果这时候你训斥他两句,他跟着就会反驳你,那样势必会适得其反,这时我想到了集体教育,于是对郑同学说:"你如果能把刚教的两节操顺利地做下来,我就让你去打篮球,不过评委不是我,是同学们,只要你赢得同学们的掌声,你就自由了。"他听后非常兴奋,自觉地跑到队伍前面,边做鬼脸边对大家说:"帮帮忙,来点掌声。"为了避免部分同学起哄,我于是补充了一句:"同学们都有明辨是非的能力,我相信你们都能正确对待。"有几个和他关系较近的同学刚想起哄,听到我这样说,他们一下子就严肃起来,只剩下他无助地站在队伍前面。

口令开始,只见他比划了几下就做不下去了,站在那儿极不自在。我问同学们:"掌声在哪里?"没有一个人鼓掌。我又问体育委员:"大家为什么不鼓掌,难道他做得不好吗?"体育委员大声回答:"我们的掌声是送给表现最好的同学的。"这时郑同学在队伍前面低下了头。我接着说:"同学们说得很对,我们的掌声是在别人表现最好的时候响起的,如果没有真本事,只靠哗众取宠,是无法赢得同学们的喝彩的,大家说是不是?"同学们齐声回答:"是!"我于是对郑同学说:"你应该接着练习还是去打篮球,同学们已经给了你答案。"只见他默默地回到了队伍当中,认真地完成了本节课的广播操学习。

二、案例结论

独生子女现象是摆在教育工作者面前不可忽视的教育现象。独生子女所表现出来的鲜明的个性特点应引起我们高度重视并采取相应对策。只要我们的教育能够因材施教、因势利导、对症下药,相信弊病一定会"药到病除",而我们的教育工作一定会取得更好的成效。

一个小插曲就这样过去了,面对这样的突发事件,我只是把处理权交给同学们,在强大的舆论面前,郑同学信服了。从此之后,郑同学再也没有在上体育课时提出过过分的要求,而且每节课都表现得非常认真,在后来的很长一段时间里,班主任和其他科任教师也都夸郑同学改变了很多。

三、案例反思

"以学生发展为中心,重视学生主体地位"及"关注个体差异与不同需求,确保每一个学生受益"是体育与健康课程标准的两个基本理念。这就要求我们一线体育教师在注意发挥教师主导作用的同时,特别强调学生学习主体地位的体现,以充分发挥学生学习积极性和学习潜能,提高学生的体育学习能力;同时还要充分注意到学生在身体条件、兴趣爱好和运动技能等方面的个体差异,使每个学生都能体验到学习和成功的乐趣,以满足自我发展的需要。

本案例中,郑同学是一个典型的有个性的个体,他的"需求"、他的"爱好"在本节课中尽管没有得到满足,他的"主体地位"没有得到重视,但他着实发展了,受益了。其实他的"需求"和"爱好"与真正意义上的"需求"和"爱好"是有区别的,他的"需求"和"爱好"是无组织、无目的的,是建立在自己的个性之上,从某种意义上讲是"我行我素",相反,如果满足他的这种"需求"和"爱好",会助长他不健康人格的形成,更不利于他成长。因此,在体育教学中,我们不能一味地满足学生过分的"需求"和"爱好"而忽略了学生思想品德等方面的教育。

独生子女个性问题是当今教育发展过程中的一个突出问题,也是全体教育工作者需要大力关注的问题。针对这一问题,采用传统的说服、引导等教育手段很难奏效,但采用集体的力量、同学潜移默化的教育作用显然是有效的。在一个集体里,最可怕的是被否定、被孤立。集体的智慧与集体教育的力量同等重要,创造机会,让学生在感受集体温暖的同时懂得集体纪律,这样才能感受到集体的凝聚力。"集体主义"作为一种思想对一个民族、一个国家、一个学校、一个班级乃至一个人是非常重要的。作为一个班级小集体,同学们有了"集体主义"思想,也就有了前进的方向与动力,才能让这个集体迅速地进步、发展、成熟。

建立"有损集体是可耻的"舆论阵地,形成正确的集体舆论。积极、正确的集体舆论能起到明辨是非、凝聚人心、净化风气的积极作用。这样,对于每个有损集体的学生进行教育,就有理可循,不失公平,学生就会心平气和地接受批评。

此外,针对有个性学生的弱点和缺点,可以设计并组织开展有针对性的专题教育活动。如针对学生的娇气和任性,可以开展行为规范评比等活动,增强他们的组织性、纪律性,培养吃苦耐劳的精神;针对学生的自私、孤独感,可开展互帮互助活动等;针对不求上进、依赖性强的学生,可开展以完成某项任务为目的的集体活动,并使每个学生都在其中承担一定的职责和任务;对于有忌妒心理、逆反心理甚至有攻击心理的学生,可开展谈心交友、专题讲座等活动;对于缺乏文明礼貌、社会责任感和关爱之心的学生,可开展孝敬教育、礼仪教育、环境教育等活动,以培养学生文明礼貌、关爱他人、严于律己、承担社会责任等良好品行。

集体的力量是无穷的,"集体主义"意识要真正走进孩子们的心田,最好的办法就是在教学活动中润物细无声地渗透集体意识。集体主义是一种思想,应体现在学生的行为之中。因此,在体育教学中,利用集体的力量来改变一个学生时也别忘了对学生加强"集体主义"思想教育。

本文写于 2009 年

链接生活实际　探索技能要领

——"摸线比快"（水平一）教学案例

"摸线比快"是一项培养学生速度与灵敏素质的教学内容,因其对教学场地要求不高,只需要一块排球场大小的平整场地就可以实施教学,对于一些场地小的学校特别是农村学校来说,此内容是体育教师广泛选择的内容之一。教学中,如果我们一味让学生机械地练习,学生会产生厌倦感,收不到理想的教学效果,但如果改变一下练习方法和手段,与现实生活中学生亲身体验过的经历结合起来,就会收到意想不到的效果。

一、案例描述

今天下午是三节连堂体育课,教学班级是二(4)班、二(3)班和二(2)班,教学内容是"摸线比快"。到了第三节二(2)班上课时,我还是像前两节课一样,让学生做完准备活动后教授"摸线比快"。正当我在为传统的"讲解示范—学生分组练习—比赛"教法而发愁的时候,突然我想到了放鞭炮的过程。放鞭炮是一项广泛流传的娱乐活动,尤其是在农村、城镇,每逢节日和喜庆时分,家家户户都要放鞭炮以示欢庆。对放鞭炮这一娱乐活动,农村孩子早已耳闻目睹甚至亲自尝试过了。"摸线比快"就像放鞭炮,在摸线的一刹那要迅速返回,就像点燃鞭炮之后迅速撤离。

于是我便对同学们说:"同学们,今天我们也来玩放鞭炮,好不好?"我这么一说,孩子们个个睁大了眼睛看着我。

"我玩过,我还被鞭炮打过。"站在后排的薛某第一个举起了小手。

"你为什么被鞭炮打过呢?"我接过薛某的话题问道。

"我看到他是在点燃鞭炮后回撤慢了。"站在前排他的同胞兄弟帮他回答了我的问题。

"好,这节课我们就来玩放鞭炮。"我这么一说,同学们个个情绪高涨,相互之间谈论放鞭炮的情景,特别是亲自放过鞭炮的同学还手舞足蹈地吹嘘起自己放鞭炮的勇气和胆量。

"鞭炮是易燃易爆品,放鞭炮有一定危险性,点燃时注意力要高度集中,点燃后要迅速撤离才能保证安全。"我简单地讲解了一下放鞭炮的动作要领。接着,我介绍了一下放鞭炮的方法和要求:"今天我们来模拟放鞭炮。我们现在所站的地方为安全区,在离我们20米远的地上有条白线,白线上放有一排轮滑标志桶,我们将标志桶看成是'鞭炮',听到老师口令后第一排同学跑出,以手触摸与自己对应的'鞭炮',然后迅速撤回到安全区。"

同学们领会了练习方法之后就跃跃欲试了,于是我便让大家分组练习。

两轮练习下来,同学们兴趣高涨,个个满头大汗。

师:"刚才我们'放鞭炮',你是用单手点燃'鞭炮'还是用双手?"有的回答用单手,有点回答用双手。

师:"为了安全快速撤离,你觉得是用单手点燃撤离快还是用双手点燃撤离快?"大部分同学说用单手快,小部分同学说用双手快。

师:"那么我们用与第一次不同的方式再摸一次标志桶,尝试后比较一下再回答这个问题。"

之后,大家又进行了一轮尝试练习。"是单手快。"同学们都这么说。

(尝试练习后,得出"摸线比快"的第一个技术要领——单手摸线。)

师:"同学们回答很对,我们要想点燃鞭炮后快速撤离,用单手点燃这种方式最好。下面我们再来用单手来体验一次好不好?"接着我又组织大家进行了一轮练习。

师:"不知同学们发现没有,在点燃'鞭炮'的时候,有的同学是侧身,有的同学是正面,大家想一想是正面快还是侧身快?"

生:"我认为侧身好,因为侧身有利于点燃'鞭炮'后转身撤离。"

(通过点拨,同学们一致认为侧身点鞭炮好,引出"摸线比快"的第二个技术要领——侧身摸线。)

师:"我们已找到了点燃鞭炮后安全撤离的两个小窍门——单手和侧身,下面我们再来体验一次,之后再向老师谈谈转身撤离时有什么身体要求。"

转身动作要快、反应敏捷、快速回跑、腿部用力……大家七嘴八舌地谈起了自己的感受。

师:"是的,反应快、转身快、回跑快是我们今天学习的重点,大家根据这三点撤离要求,结合单手侧身的点燃鞭炮技术,我们再练习一次。"

(强调教学重点——单手与侧身的结合。)

师:"刚才几次练习中,老师发现有些同学在点燃'鞭炮'时跑过了头,影响了返回速度,这个问题怎么解决?"

生:"快到'鞭炮'的位置前跑慢一点,在'鞭炮'位置前停下来。"

师:"大家讨论一下,你能用几个词语概括一下动作要领吗"

生:"步子变小、慢跑、稍慢、减速、身体蹲下来一点等。"

师:"很好!我综合一下大家的意见。我觉得在点燃鞭炮前要'放慢速度、降低重心、制动下蹲',大家根据这三点要求,再来练习一次。"

根据提示,同学们连续进行了三轮练习。

(反复练习,突破难点——摸线与快速回跑的结合。)

师:"刚才我们玩的放鞭炮游戏,其实就是本节课的学习内容——摸线比快,在练习中我们找到了很多窍门:快速跑到鞭炮处时要'放慢速度、降低重心、制动下蹲',点燃鞭炮时要'单手、侧身',返回时要'反应快、转身快、回跑快',这些窍门也是摸线比快的技术要领。为了方便大家记忆,老师再用四个词把'摸线比快'的要领概括一下:快速奔跑、制动下蹲、单手侧身、转身回跑,请大家跟随老师把这四个词背一遍。"

最后,我组织大家进行了分组比赛,同学们在欢笑中完成了本课的学习。

(强化理解技术要领,在练习和比赛中加强技术应用,形成熟练的运动技能。)

二、案例结论

在体育教学中,有效的预设是基础,但是多元的教育行为、多变的外界环境、复杂的学生内心、特殊的学科学习要求,经过组织整合后往往能引发新的教学即景。如何灵活机动地根据情景,有艺术地生成预设之外的组织过程,巧妙处理好突发事件,是教师必须面对的课题。本课教学中,我巧妙地抓住了"放鞭炮"这一事件,重新预设教学,把生活中的技能同体育教学技能有机结合起来,让学生尝试—感悟—再尝试—再感悟,达到了意想不到的教学效果。

三、案例反思

用情景法组织教学时,学生在虚拟的情景中进行"角色表演",能全身地投入到学习环境中去,这非常有利于学生的技能学习和激发学生的思维,帮助学生解决问题,培养学生的体育能力。但要注意以下两点:(1)追求真实,因为教学情景源于生活,必须关注学生生活的真实世界,关注学生已有的知识、能力是否符合学科知识体系,某一知识点和运动技能在情景中的应用是否是基础的、必需的、有价值的;(2)强调虚拟,学习环境的构建是为学生体育学习服务的,只有超越生活的情景设置才能为学生获得运动知识、运动技能服务。

本案例中创设的"放鞭炮"教学情景,在本课教学中发挥了三个教学功效:第一,增加了"摸线比快"教学的生活情趣。放鞭炮是大多数学生喜闻乐见并参与过的娱乐活动,把"摸线比快"包装成"放鞭炮"游戏,让学生产生联想,激发了学生的学习兴趣。第二,帮助学生建立了"摸线比快"技术的生活印象。"摸线比快"与"放鞭炮"动作有相似之处,"放鞭炮"游戏让"摸线比快"教学内容生活化,使运动技能更具生活实感。第三,保证了教学过程的流畅。"项庄舞剑,意在沛公",教师表面上是在带学生做游戏,实际上是在指导学生学技能,既保持了学习兴趣,又顺利地完成了教学任务,教学效果较好。

合理化的教学目标是实施运动技能教学的前提。本案例中将教学目标确定为"学会快速跑进中摸线后快速回跑的方法",教学重点定位在"侧身、单手摸线"上,教学难点定位为"摸线与快速跑结合"。本案例中教学目标及教学重难点既不过分强调动作技术的专业化,又不破坏动作技术的基本结构,教学活动以如何摸线、摸线后如何快速返回展开,动作技术从分解到完整,教学要求充分考虑了学生的运动基础、实际能力,从而保证了教学活动的顺利进行。

运动技能学练过程应该是学生实践、体验、探究的过程。本案例中主要采用实践探究教学法,围绕教学目标和教学重难点组织的每一次练习均为学生设置了相应的任务和要求,通过学生尝试体验、教师点拨引导,既探究"怎么做",又探究"为什么这样做",不仅学生较好地掌握了"摸线比快"的技术动作要领,而且课堂教学有效地突破了教学重难点。教学反馈证明,探究式教学活动能有效增强学生的学习主体感,调动学生的练习积极性,而且学生主动思考,能加深对运动技术的理解,提高学练质量。

总之,新课程理念下的运动技能教学,教师既要克服运动技术专业化、练习形式军事化弊端,又要把生活体育融于现实体育教学中,升华学生的生活经验,有效提高体育技能教学效果。

本文写于 2010 年

从中医之理悟体育教学之道

　　家住中医院附近,我自然而然与中医的接触多起来了,耳濡目染,便对中医有所了解。细观中医之道,我总觉其与体育教学颇有渊源,若能悟出二三分真味,绝对有"他山之石,可以攻玉"之效。

　　首先,中医是讲究辨证疗法的,绝不搞"一刀切",它用同一个方子可治不同的病;而同一种病,也会用不同的方子,如感冒,中医会分热症与寒症来区别对待。总之,具体问题具体分析,绝不搞"头痛医头,脚痛医脚"的那一套。反观我们体育教学,有时过于强调集体备课,过于依赖现成教案,"千人一课""千课一面""拖大船""齐步走"等千篇一课的教法令师生反感,导致基础好的学生"吃不饱",基础薄弱的学生"吃不了"。随着课程改革的不断深入,修订后的体育与健康课程标准更加强调"健康第一""关注个体差异"的教育理念,因此,我们很有必要向中医学习,也因人而异地对症下药,针对不同的教学对象施以不同的教法,强调符合实际情况的个性化教学。

　　再者,中医绝不盲目用药,而是讲究先调养人的机能,增强人的体质,然后对症下药,因为如果病人体质太弱,吸收功能差,再好的药也难起疗效。这也促使我们反思:连前滚翻都做不好的学生,让他做鱼跃前滚翻肯定不太现实。同样道理,给那些篮球基本技术及身体素质较差的学生传授篮球技战术是无用的,不如让他先强身健体,练好运球、传接球、移动。为此,我们在课堂上不仅要关注学生基本技术教学及一般身体素质训练,而且在课外时间也要对学生进行有针对性的辅导,使学生受益匪浅。

　　我最佩服的还是老中医的心理疏导,他们很善于调整病人的心态,树立病人的信心,而这正是治病之本。我女儿高三了,学习压力较重,每逢考试前都会失眠,十分痛苦。后来看了一位老中医,老中医把脉之后说她年轻气盛,失眠是小毛病,还给她开了少许药,说很多失眠比她严重的人吃他开的药都治好了。的确,当晚用药之后她便睡得很香,失眠的毛病也不知不觉地没了。如今想来,药肯定是好药,可他那激发病人信心的"心理疗法"作用之大是不可低估的。这里我便联想到"学困生"问题,可我们能有几个体育教师会注意对"学困生"做些体贴入微、激人奋进的思想教育工作呢？可能更多的是冷漠，这让"学困生"心灰意冷，甚至断了学好体育的想法。若我们能像那老中医一样，用真挚的关怀、热情的鼓励把"学困生""脱困"的信心充分调动起来，再对症下药，肯定能事半功倍。

对此，我颇有心得。三（2）班的钱某协调性较差，是一名明显的体育"学困生"。一次学校里举行跳绳比赛，要求每个班级人人都要参加。在训练过程中，钱某的动作看起来总是很别扭，手脚配合极不协调，跳一次断一次，一分钟最多只能跳 17 个，尽管我在课堂及课外对他特别指导，但效果仍不明显。于是，我便采取了如下一些措施。

首先是交流引导。课后我主动找钱某谈话，采用轻松的聊天方式指出跳绳主要讲究上肢与下肢的协调配合，不能急躁。在教学过程中，我克服失落情绪，减少对钱某的批评和指责，给他加倍的关心和爱护，经常鼓励他，使他感受到老师的关怀，焕发学习的信心。此外，为了让钱某感受集体的温暖，树立信心，我还指定体育骨干对他进行"帮、促、带"帮扶，让他能够融入集体当中，克服自卑情绪，积极参与到学习活动中。另外，我还采用表扬激励法，注意发现他的闪光点，对他哪怕是点滴进步都给予肯定，进行大力表扬，让他增强自信，增强学习的欲望，提高学习效率。同时，我还利用课余时间对他进行辅导，教给他学习的方法，提高他的认知水平及身体协调性，从而提高学习能力。

在经过长达一个月的教育辅导后，钱某跳绳动作明显改善，跳绳比赛中，他一分钟跳了 136 个，超出了班级平均数，而且对体育课的兴趣也有了明显提升，体育成绩有了一定的提高，课后能主动找"小老师"寻求帮助，课堂上的学习态度有了明显改善。

可见，心理疏导、提振信心对"学困生"是多么重要。由此看来，中医之道与体育教学之道有不少相通之处，因此，应多思善悟，于看似风马牛不相及之事物中悟出体育教学之道，这样，对于一些终日思之而不解的问题便可触类旁通，收到良好的教学效果。

本文写于 2013 年

老师，我想做“官”

据《江西教育报》记者对南昌市部分小学学生的调查,有76.3%的小学生有当班干部的经历,98.2%的小学生愿意并喜欢当班干部。另据南京《扬子晚报》报道,最近南京市瑞金北村小学二年级(5)班全班42名学生各个都当上了班干部,每个人都有自己的“官衔”,其中中队长有12名,负责收作业的小组长25名,还有专门负责关门的“门长”,负责关灯的“灯长”,学生们个个过足了“官瘾”。该班班主任老师认为此举有效激发了学生的积极性,有关老师也认为这种做法值得倡导。据说,该班实行新的班干部制度以后,学生的积极性被大大调动起来了,各方面的工作有了新的突破和进展,可有关人士对于这种现象却表示忧虑:从小培养孩子的当官意识,到底是不是一件好事?

我校三(2)班陈某是班上有名的体育健将,曾连续两次获得校运动会年级组400米短跑冠军,因性格外向、好动、个性强,班上同学对他的信任率低,在班干部多次投票选举中,他的得票率最低,因此,每次班干部选举他都与“官”无缘。今天体育课是让大家做“大渔网”游戏,游戏一开始,他出尽了风头,游戏不得不多次中断。后来,他向我要求给他一次做“官”的机会,我便满足了他的要求,同意他做一次“渔夫”,让他过了一次“官瘾”,结果,游戏收到了意想不到的效果。

一、案例描述

今天上午第三节三(2)班体育课在塑胶篮球场进行,主要内容是做“大渔网”游戏。像往常一样,在讲解完游戏方法、规则和要求之后,在同学们的推荐下首先由王某来担任“渔夫”,游戏就这样在他的组织下开始了。

游戏一开始,调皮学生陈某就成了一条非常活跃的“鱼儿”,他一会儿来一个“鲤鱼跃龙门”跳过“渔网”逃脱,一会儿来个“百米冲刺”冲破“渔网”重获新生,一会儿又来个“佯装受伤”逃到岸上,每次“成功”逃脱他都是兴高采烈、洋洋得意。面对陈某的“屡建奇功”,好几个同学开始效仿了,这下做“渔网”的同学可有意见了,我不得不停下游戏,重申游戏规则之后又开始新一轮的游戏。

可好景不长,陈某又故伎重演,本来几次都被"渔网"网住了,可他还是不守规则强行逃脱,同学们对他的行为也非常不满,几个同学要求他退出游戏,可他不仅觉得自己没有违反游戏规则,而且还为自己的行为沾沾自喜。

为了不影响其他同学,我便让他换一个角色,让他做"渔网",他也愉快地接受了。可是游戏开始不久,他又全然不顾"渔网"同学的指挥,依然我行我素,一会儿向前快奔,一会儿向左猛拉,整条"渔网"被他弄得"支离破碎",这下做"渔网"的同学也被陈某激怒了。几个同学联合将他"扭送"到我面前,他站在我面前嘴巴还不停地嘟哝着,显得十分不高兴,于是我对他说:"你玩得满头大汗,休息一下吧。"他站在我身边,还不解地看着我,大概是纳闷我为什么没有批评他吧。

游戏还在继续,我看到他站在我旁边有些无奈。不一会儿,他走到我面前,轻声地对我说:"老师,我想做'官'。"我听后感到很惊奇,问他:"什么?想做官?做什么官?"他吞吞吐吐地答道:"做'渔夫'。""干吗想做'渔夫'?连'鱼儿''渔网'都做不好,还能做'渔夫'?""不,老师,刚才我错了,但我有个想法想告诉您,我觉得玩这个游戏的人数太多了,场地也大了些,我想把这个游戏变化一下,把全班同学分成两组,分两个场地进行。另外,被捕的'鱼'满3~5人就可另外结一个'网'来捕鱼,这样玩起来可能要好一些。"

说完,他两眼凝视着我,只见他那双明亮的眼睛似乎发出了渴望的眼光,我从他那充满稚气的话语和渴望的眼神里揣摩出了他的心思:他是多么渴望能有一次做"官"、展示自我的机会啊!我稍沉默了一会,心想:是的,陈某说的有道理,"大渔网"游戏这样做活动范围确实很大,奔跑时间过长,很容易造成学生负荷过大,且随着"渔网"人数的不断增多,做"渔网"的同学思想上就不能很好统一,目标也就会不一致。再加上在快速奔跑状态下,"渔网"中间的一些学生被两头的学生拖拉,肩部很容易损伤。其次,随着"网"越来越大,网大则移动不便,很难在短时间内把"鱼"捕光。"好!我同意你做'渔夫',你来组织,老师配合你,你告诉他们怎么玩,好吗?"我说。

话刚落音,他高兴得似乎要跳起来。本轮游戏还没结束,我便把大家集中在一起,对大家说:"今天游戏确实存在一些问题,大家玩得有些不开心,现在,陈某对该游戏的方法和规则有自己的想法,请同学们听听他的想法,按照他的想法来做,好不好?"说完,同学们向陈某投向了怀疑的目光,这时,陈某俨然一个小老师站在我跟前对同学们说:"我想把这游戏改变一下,我们分成两大组,

1～3组到左边场地,4～6组到右边场地,被捕的'鱼'满3～5人就可另外结一个'网'捕鱼,这样捕到的鱼不算犯规。"刚说完,大家就对陈某报以热烈的掌声,从掌声中我听出了同学们对他想法的肯定。还没等我说上几句,同学们就迅速分成两组开始了新的"大渔网"游戏。只见,同学们一会儿"小渔网"单独作战进行追捕,一会儿"小渔网"连成"大渔网"联合作战围捕,游戏一轮又一轮地进行着,场地上充满了孩子们的笑声。

二、案例结论

新课程背景下体育课堂教学应有三种境界:一是把知识与技能传授给学生,力求达到相应水平领域规定的教学目标;二是在传授知识与技能的同时教给学生学习方法;三是打开学生心灵的闸门放手让学生去获取一切。以此对照,本课自然属于第三境界的课例。不仅如此,这节课也是充分挖掘学生资源再造新的课程资源的一个课例。调皮学生对游戏方法、规则大胆改革创新,不仅使学生的创新能力得到了提高,合作学习精神得到了发展,同时组织管理能力也得到了锻炼。在这节课中,也较好地体现了新课程背景下教师应逐渐成为一个顾问、参与者、组织者、激励者、引导者的指导思想。

三、案例反思

看着这动人的场面,我不由地沉思:一个真实的教学过程不可能百分之百地按预定的轨道进行,有时会出现意料之外、有意义、重复或不重复的新情景、新方法。在课的开始,陈某的行为正是一个出人意料的意外,如果我直截了当地批评他,有可能会伤害他的自尊心,使他产生消极对立情绪,同时也不利于培养学生的合作、交往能力,教育效果也不一定会好。在体育教学中,学生调皮和违纪是司空见惯的,我们体育教师经常会十分恼火。其实,这些都是正常现象,关键是我们体育教师一定要调整好心态,讲究批评的艺术,要善于抓住时机,适时引导,使学生在良好的环境中获取知识、锻炼身体、提高创新能力、培养合作学习意识和良好思想品德素质,达到体育教学的目的。因此,作为一名体育教师,应站在学生的立场上思考问题,和学生"同感",从帮助、鼓励的角度让学生自己找问题,从而在尊重学生的前提下,让其自己找到缺点,保持对体育课学习的兴趣并取得进步。这样,教师的说教必然会引起学生的情感共鸣,才能更好地达到教学目的,师生间的交流在平等的基础上,做到讲道理与沟通相结合,以带动每一个学生共同进步。

的确，传统的"大渔网"游戏存在许多弊端：不仅活动范围大，学生奔跑时间长，很容易造成学生负荷过大，而且随着"渔网"人数的不断增多，同学们思想上就不能很好地统一，目标也就会不一致，再加上在快速奔跑状态下，很容易发生伤害事故。其次，由于"网"越来越大，网大则移动不便，很难在短时间内把"鱼"捕光，从而影响学生的游戏兴趣。因此，解决这一弊端的办法是缩小场地和减少结网的人数。以 3 ~ 5 人为宜，被捕的"鱼"满 3 ~ 5 人就另外结一个"网"，继续捕"鱼"，网小便于捕捉，网多了又便于联合围捕。这样一改，就可以很快将"鱼"捕光，从而有效控制运动负荷，避免一些伤害事故发生，激发学生的游戏兴趣，同时更有利于培养学生的合作精神。

唐朝的韩愈大师在他著名的《师说》中有句名言："弟子不必不如师，师不必贤于弟子。"是的，无论在德行的修养，还是在学问的造诣上，弟子将来都可以而且应该超越老师。本游戏方法、规则的改革创新也充分证明了这一点。现在的小学生尽管年龄小，但思维敏捷，知识面广，信息渠道多，创新能力强，只要我们体育教师注意激发和引导，给学生营造一个宽松、和谐的学习环境，学生随时随地都有可能青出于蓝而胜于蓝。

导致游戏矛盾的主要原因除了游戏方法和游戏规则本身存在一定的不足外，另一原因是现在学生大多数是独生子女，习惯以自我为中心，游戏中争强好胜，忽视规则，而且"官本位"意识较强。本课中，陈某提出来要做"渔夫"，他认为做了"渔夫"就能组织领导其他同学做游戏，尽管他在游戏开始屡次违规的初衷可能不是为了做"官"，尽管"渔夫"不是什么"官"，但从他的言语中可以看出他的潜在意识里可能已存在"官"意识。江苏省教育厅基教处陆志平处长认为，培养学生的"领导意识"和"领导能力"也是素质教育的一个重要内容。每个人不一定都要当"官"，但每个人都应该有"领导意识"和"领导能力"。培养学生的"领导意识"，也即培养了学生的大局观念、宏观意识。它能使人在思考问题、处理问题时，"站得高、望得远"。

当前，我们的教育目的是培养全面发展的人，在教育过程中，德、智、体全面发展应该是现代教育追求的具体目标，与此同时，要让学生在心中树立公平、平等的观念。所以说，问题不在于学生当不当"官"，而在于如何引导学生当好"官"。不管是教师还是家长或是社会，怎样给学生灌输这种"领导意识"和"服务精神"才是关键。如果我们仅仅向孩子们灌输"官本位"意识，强化"官"念，那是不符合现代教育理念的。我认为，既然课堂教学中的"官"不可避免，我们就要正面地、健康地教育孩子为什么要当"官"，怎么样当好"官"。现代社会的"官"，需要服务社会的精神，需要淡化权力意识。

教育是一门艺术，当学生做错时，要注意引导和激励，当学生做得好时，要及时地给予表扬、肯定，让他们学会承担责任，先"吃一堑"，然后"长一智"。对学生的教育，尤其是"调皮学生"的教育，引导、激励等一样都不能少。妥善处理好一个课堂上的意外会创造一个意想不到的效果，只要我们在课堂中善于发现意外，妥善处理好意外，就会收获更多更精彩的意外！

本文写于 2009 年

改变学练方式　掌握投掷技术

——"投掷"(水平二)教学案例

　　投掷是学校体育教育中的一项主要内容,它贯穿于小学至大学的体育教学之中。然而传统的投掷教学却以标准的运动竞技为准绳,追求的是标准竞技运动中的技能与技术,忽略了学生自然发展和生活的客观需求,忽略了对学生能力的培养和兴趣的激发,更忽略了"以生为本"的教学理念,教学的形式与方法单一枯燥,根本谈不上趣味性和自主性,学生中出现了普遍的厌学现象。综观其整个教学效果,在很大程度上都明显缺乏科学性和全面性,未能达到"育人"的目的,以及使学生终生受益和促进其健康发展的功效。学生的身心健康和良好的社会适应能力主要是通过运动参与的形式得以实现的。没有学生的积极参与,促进学生身心健康发展和培养学生良好的社会适应能力将没有可以承载的实体。传统的投掷教学偏重于技术要领的传授,教学过程枯燥无味,投掷形式远离生活实际,更难让学生以此作为健身的手段。

一、案例描述

　　预备铃声一响,四(3)班的学生就陆续聚集到固定的集合点。同学们看到地上有五个箩筐里装着几十个实心球、手榴弹、垒球、橙色的乒乓球,以及地上的几条平行线,便窃窃私语地嘀咕着……也有学生鼓足勇气走上前来询问。

　　"老师,今天上什么课啊?"有两位女学生略带怯意地问。

　　"哦,今天我们上投掷课。"我回答。

　　"啊!"两位女学生缩了一下脖子,便走进正在集合的队伍。

　　我这时观察到同学们都是穿着白色上衣的校服,有的女生还不时看看自己的衣服,脸上愁云密布,看来这略显脏的实心球不太招女生们喜欢,而男生们却异常兴奋,个个摩拳擦掌,显得迫不及待了。大家都对箩筐中的手榴弹、垒球和乒乓球表现出几分好奇。但通过观察我发现,许多同学对这些黑漆漆的实心球不感兴趣。如何才能激发学生的学习兴趣呢? 我准备采用提问的方式开始。

　　"同学们,你们是否知道在学习与生活中有哪些与投掷有关的活动?"队伍中一片哗然。

"投界外球!"一位男生抢先回答。

"扔纸团""投飞镖""扔手榴弹"……

学生们七嘴八舌地举例。看得出课前紧张、畏惧等情绪已然淡化了。

在踊跃的举例声中,我提高嗓音说:"不错,你们举出许多与投掷有关的活动,那它们都有什么样的共同点?"

"都要用手扔。"一位学生回答,随之有更多的学生附和。

"除了用手进行投掷外,还有什么共同点?"学生们先是一怔,然后呈现出一片迷惑神态。

"这些活动是不是都有投掷的目的呢?"

"嗯?……是。"学生不自信地回答。

"今天,我们就以投远、投高、投准为目的,由大家自己设计、创新投掷的方式,好吗?"

"好,好!"学生欣喜地回答道。

"但老师有一个要求,就是每位同学对同一目的设计的投掷方式都要尽力做到不一样,看谁的投掷动作最具新意,好吗?"

"好!"同学们高声地回答。

"那就开始做准备活动吧!"同时我发出做准备活动的口令。

(通过有效的引导,把学生注意力及学习热情集中到了本课学习中来,使学生对本课学习有了心理定势和准备。)

将队伍调至投掷场地,宣布以投远为目的的投掷体验开始,并重申"尽量不重复别人已采用过的动作,看谁的投掷动作最具新意"的要求。

"我先来。"我以上步双手向前摆投的方式将实心球抛出。成年人的力量是足以让这群孩子信服的,我赢得了一片热烈的掌声。

随后,学生分成四组,男、女生各两组,按顺序以投远为目的进行创新投远体验练习。同学们的动作真是千姿百态,花样迭出:弓步正向、马步后抛、双手胯下后抛、单膝跪姿前后左右抛、双膝跪姿前后左右抛、原地侧向抛、侧向上步投掷、蹲立前后左右投掷……课堂上,师生在自觉或不自觉间除了完成教材上的内容外,还创造了更加丰富的投远姿势,使得创新精神、创新意识、创新能力得以体现和发展。在活动中,各组学生之间互相启发,互相激励。当然,其中也出现了不少重复动作。有重复动作的学生都在其他学生的唏嘘声中面红耳赤。学生的学习积极性空前高涨。就在他们意犹未尽之时,我们开始了以投高为目的的创新体验练习。

还没等我示范,一个学生就抢先说:"老师先投。"

于是,我就拿起一个乒乓球侧向上步奋力向空中掷去,橙色的乒乓球引领着40双眼睛一起向蔚蓝的天空寻望,热烈的掌声再次响起。乒乓球的重量太轻,着实不好发力。

还未等我说开始,各组学生已迫不及待地向空中发射"导弹"。蓝天白云下飞舞跃动的橙色小球与地面满地追逐找球的热闹场景形成了一幅欢天喜地的美丽画卷。千奇百怪的投掷方式让人应接不暇:从胯下向上抛、绕领向上抛、手指弹击上掷、跪在地上向上投高、蹲在地上向上投高……

"老师,可以重复投远的动作吗?"一位学生问。

"我只是要求在同一目的的投掷方式上不能重复,投远与投高是同一目的吗?"我反问。

"不是!"学生雀跃。

就在学生"江郎才尽"之际,我们转为进行以投准为目的的创新体验练习。由于学生前面已有经验积累,活动开展得更为顺利。

"同学们,前两项体验练习充分发挥了你们的聪明与智慧,你们表现出出色的创新精神和创新意识,创新能力也大大超出了我的预料,我为你们的出色表现而高兴。还有兴趣和勇气进行以投准为目的的创新体验练习吗?"

"有!"学生们自豪地回答,他们已获得的成功体验对其积极性的提高起到了巨大的推动作用。

"老师先来。"学生们整齐地向我"发号施令"。

"怎么又是我呢?"我假装委屈和为难的样子。

"老规矩。""捣蛋"的学生辩解说。

"好!遵命。"于是我拾起地上的垒球,以投飞镖的方式向四米外(女生的投掷间距为三米)的箩筐投去。

"噢""哎呀""好球""臭球"……叹息声、赞赏声、指责声、鼓励声、欢笑声,不绝于耳。

学生们争先恐后地参与到投准创新体验练习中,并逐渐把创新投掷方式淡化了,一心只想投进球。看到学生兴高采烈的样子,我不忍心打击他们的热情,也就没有再强调在投准体验练习中也要创新投掷方式,但我还是观察到许多学生积极思考的神态,想必他们是在苦苦思索应以什么样的投掷方式才能投得更准些。

(组织学生主动学练,积极参与,体验投掷教学的愉悦,收获成功的喜悦。)

这一阶段主要是结合投远、投准的特点发展学生控制力量的能力,并通过集体协作共同体验合作成功的乐趣。

"到现在为止,我们还有什么器材没有呢?"我问。

"手榴弹!"学生齐声回答。

"对,下面我们做一个游戏。你们都知道保龄球吧?"

"我知道,我还和爸爸一起去玩过呢!"……学生七嘴八舌地回答,很是骄傲。

"好!那接下来我们就做保龄球投掷对抗游戏。"

学生分成四组,男、女生各两组。男生与男生、女生与女生进行小组淘汰赛,最后男、女生优胜组进行决赛。每人只投三次,胜负以各组击倒手榴弹的总个数来定。

这时男生更是兴奋不已,斗志十足,看得出他们没把女生们放在眼里,而女生则多露出胆怯神态。见状,我便补充说:"女同学有投掷间距比男同学少一米的优势。"这下男生可慌了神,而女生则立即欢呼雀跃,士气大振。

"各组同学应注意比赛规则,要以地滚球的形式击倒手榴弹,投掷方式可以自由选择,但不得越过投掷线。"我宣布比赛规则。

"预备!开始!"我发出口令。

"哗!"这下可炸开了锅,各组学生紧张地指导着本组同学的抛投动作。

"哎呀!打偏了。""用力点。""瞄准了再扔!""好牛啊!"……比赛热火朝天地进行着。

在一节课快结束之际,学生的参与热情仍然很高。

比赛结束了,同学们忘我的投入劲让人感动。"耶!我们赢了!""我们不服!""老师,再比一次。""我们要求三战两胜!"……胜方的欢呼声、负方的申辩声、批评与自我批评声响彻校园……

(抓住学生年龄、生理特点,与生活经验相结合,拓展学练内容,巩固技能要领。)

二、案例反思

本案例是一个关于学习方式的教学设计,即自主学习。但是,在练习中我们发现,学生的练习方法是有所不同的,即每个学生的学习方法都有差异性,如有的学生是"看—练—问—练",有的学生是"问—思—练",有的学生是"练—思—练"等。从设计层面看,在教学中学习方式一般是由教师设计的,依据学习效果教师也可以进行变换,教师是设计者。而学习方法主要体现在学生的认知行为和实践行为方面,学生是设计者,体现了教学设计的意图。学习方式还体现在形式上。本案例中,每个学生自己练习投掷,体现了课堂中自主学习的形式。学习形式没有"对"与"错"之分,只有合适与不合适之分。案例中教师主要给予学生合适的问题导向,而在练习中,学生先看后掷再思,或是先问后掷等具体的练习环节,是一种有效而具体的学习方法。

学生是学习和发展的主体,教师是学习活动积极的组织者和引导者。在本节课中教师针对四年级学生生理和心理特点,在教学中设置学生感兴趣的情景和游戏,使学生对体育课表现出浓厚的学习兴趣。在学习过程中,本着以学生自学自悟、自学探究为基础,大力提倡自主合作、探究的学习方式,充分发挥师生双方在教学中的主动性和创造性。而要四年级的学生达到这个理想目标还不太可能,因此教师的有效引导显得更为重要。

本案例的教学目标是在让学生掌握投掷基本技术的同时,通过投掷创新体验练习,培养和发展学生的创新精神、创新意识和创新能力。教学中,学生根据自己的学习与生活经验设计投掷方式,并以"保龄球"集体竞赛游戏为载体,让学生在享受投掷乐趣之余,体验集体合作获取成功的喜悦心情,从而达到教学目标。在本案例中,尽管大多数学生创设的投掷方式是教材或生活中出现过的,但学生积极深入思考,力求创新的精神和意识得到了充分的激发和发挥。

本案例在强调投掷技术的同时,让学生根据自己的生活经验和学习基础,以投远、投高、投准为目的进行创新体验与练习,既提高了投掷能力,又激发了学生参与投掷活动的兴趣与积极性,一举多得。

本案例中,教师以参与者的身份进入课堂,与学生融为一体,与学生一同参与到整堂课的各项投掷体验活动中。师生间没有生硬隔阂,学生已将教师纳为他们中的一员,诸如"老师先来"等语言和教师投准失败后学生表现出的自然反应,以及师生间平等对话等均呈现了一种民主氛围,教师的主导作用得到了学生的积极响应,教师的主导地位和学生的主体地位均得到了很好的展现。

本文写于 2012 年

蹲踞式跳远（第一课时）课例

一、主题阐述

蹲踞式跳远是浙教版《体育与健康》中必修的主要内容之一。它对发展学生腿部和上肢爆发力,增强踝关节、腰腹肌和膝踝关节韧带的力量,提高协调性及灵敏性以及发展平衡器官的功能有积极的作用。由于蹲踞式跳远技术动作要求高(要求学生在高速助跑之后准确踏踏板起跳,腾空之后再落地缓冲),学生普遍存在助跑无节奏、起跳无力的现象。

蹲踞式跳远也是人体基本活动之一,是田径项目的一个重要动作内容。对小学生而言,它的功效除了具有发展弹跳能力与跳跃活动能力和协调、灵敏素质外,更重要的作用则在于它对学生良好心理素质的培养方面,具有其他教学内容无可比拟的实效。通过练习,可以培养学生勇于战胜自我的意志品质,激发学生积极进取的竞争意识。

蹲踞式跳远是田径跳跃内容之一,是五年级第一学期新授内容。蹲踞式跳远练习的最大难点除了技术环节外,还有学生身体素质等因素,要想解决这些问题必须站在学生的角度去分析教材,设计教学。

二、教学设计

(一)教学目标

1. 认知目标

学生了解蹲踞式跳远是由助跑、起跳、腾空、落地四个环节组成及其对锻炼身体的意义和其他实用价值。

2. 技能目标

90%的学生学会起跳后迅速向前上方跃起、两腿屈膝上提的技术动作。通过练习,提高学生跳跃能力与下肢协调、身体控制与平衡能力。

3.情感目标

提高学生相互协作、相互观察评价的意识和能力,培养学生勇敢、果断的意志品质。

(二)教学重难点

重点:起跳后迅速向前上方跃起、两腿屈膝上提。

难点:助跑与踏跳连贯,助跑有节奏,踏跳有力。

(三)教学过程(主教材,见表1)

表1 教学过程

教学内容	教法手段	学法指导
一、上1步起跳 二、上3步起跳 三、上5步起跳(走步中慢速助跑) 四、上5步助跑起跳后两腿屈膝上提 五、7~9步助跑起跳后两腿屈膝上提	策略一: 1.讲解示范 2.组织集体练习 (1)区分起跳腿与摆动腿 (2)体验起跳腿起跳有力 3.展示-反馈-纠错 4.薄弱学生个别指导 策略二: 1.讲解示范 2.分组练习 3.展示、发现与解决问题 (1)解决低头问题 (2)解决踏跳无力问题 策略三: 1.讲解示范 2.分组练习,速度由慢加快 3.展示、发现与解决踏跳无力问题(反馈评价)、重点纠错 策略四: 1.正确示范讲解 2.加快速度助跑,强调起跳后起跳腿迅速屈膝上提 3.强调两腿屈膝上提技术的稳定性 4.展示评价 策略五: 1.讲解示范 2.尝试练习 3.强调起跳后迅速向前上方跃起、两腿屈膝上提	步骤一: 1.模仿上一步起跳动作 2.进行集体尝试练习 (1)尝试摆动腿练习 (2)体验起跳动作 3.展示-改正错误动作 4.参与练习提高动作 步骤二: 1.进行分组练习 2.展示-改正错误动作 (1)看手势解决抬头问题练习 (2)按语言提示练习 (3)两人相互对比改进练习 步骤三: 1.观察思考教师示范与讲解 2.分组尝试练习 3.反复练习 步骤四: 1.观察教师示范 2.调整步点,尝试练习 3.互帮互学,相互观察 4.反复尝试练习 步骤五: 1.体验练习 2.主动参与学练 3.明确要求,自主学练

（四）场地设计（见下图）

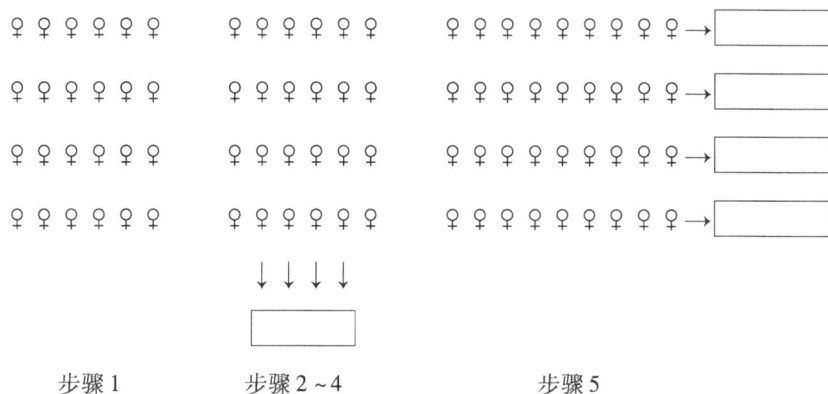

♀♀♀♀♀♀　　♀♀♀♀♀♀　　♀♀♀♀♀♀♀♀♀→　□

♀♀♀♀♀♀　　♀♀♀♀♀♀　　♀♀♀♀♀♀♀♀♀→　□

♀♀♀♀♀♀　　♀♀♀♀♀♀　　♀♀♀♀♀♀♀♀♀→　□

♀♀♀♀♀♀　　♀♀♀♀♀♀　　♀♀♀♀♀♀♀♀♀→　□

↓ ↓ ↓ ↓

□

步骤1　　　　步骤2～4　　　　　　步骤5

三、磨课过程

蹲踞式跳远单元内容的教学共有五次课,第一次课内容为踏跳后向前上方跃起落入沙坑;第二次课内容为蹬地起跳,越过前面一定高度的橡皮筋;第三次课内容为快速助跑后在起跳区准确起跳;第四次课内容为复习快速助跑、准确起跳;第五次课内容为复习快速助跑、准确起跳,并达到一定的远度。

（一）课前

课前,我们团队着重对蹲踞式跳远技术教学进行了研讨,着重对第一课时的教学目标、教学重难点进行研讨。石峻老师认为,第1课时的教学目标应该围绕助跑与起跳这两个技术环节,着重解决助跑与踏跳技术;高敬枫老师认为,第1课时只要解决助跑问题,重点解决助跑节奏问题;魏巍老师认为,第1课时要解决腾空问题,腾空技术是整个跳远技术的重点。

经过反复研讨,最后确定第1课时技能目标为:学生学会起跳后迅速向前上方跃起、两腿屈膝上提的技术动作;教学重点为:起跳后迅速向前上方跃起、两腿屈膝上提的技术动作;教学难点为:助跑与踏跳连贯,助跑有节奏,踏跳有力。

有了明确的教学目标及教学重难点,就能设计有效教学流程及教法手段。因此,教学环节基本确定为:上一步起跳—上3步起跳—上5步起跳(走步中慢速助跑)—上5步助跑起跳后两腿屈膝上提—体验上7～9步助跑起跳后两腿屈膝上提动作。每一个环节都有明确的要解决的问题。

在第一环节,要让学生区分起跳腿与摆动腿动作要求,要求起跳腿起跳有力,摆动腿迅速屈膝上提。采用的练习方法是上一步起跳练习,学法主要是模仿、体验、尝试、练习。

第二环节及第三环节是在第一环节的基础上加大助跑距离,让学生感悟起跳有力、摆动腿屈膝迅速上提技术。练习方法及学法与第一环节基本相同,但这两个环节是学生最容易出现错误动作的关键环节,因此,要采用展示评价、纠正错误等教法,发现问题、分析错误动作根源,从而解决问题。

第四环节重点解决两腿屈膝上提动作技术。这一技术必须建立在一定的助跑速度基础之上,因此,在前三个教学环节练习之后,要求学生加大助跑距离,提高助跑速度,同时要求起跳后,两腿迅速屈膝上提。教师利用讲解示范、点拨指导、展示评价等教法,学生通过自主学练、同伴帮助等学法来完成这一环节的学习任务。

第五环节主要是让学生体验7~9步助跑起跳后两腿屈膝上提技术,初步体验完整动作技术,为下一课时的学习作准备。

明确了每一教学环节及其要解决的问题,就要考虑场地及练习队形。跳远沙坑在一般学校里最多只有一块。关于蹲踞式跳远第一课时的教学是否需要在沙坑进行的问题,是场地及练习队形设计的焦点。高敬枫老师提出利用小体操垫代替沙坑,一人一块垫,这样练习密度比较大;魏巍老师提出要使用沙坑,改变一下练习队形,成四路纵队与沙坑方向垂直练习。但这两种设计方案都有问题,高老师的方案尽管解决了练习密度问题,但学生落在小垫子上由于有一股向前的冲力导致垫子容易滑动,有较大的安全隐患;而沿着沙坑横向练习,助跑距离加大之后就不好调整,而且上课学校的沙坑周边不一定有助跑空间。最后,石峻老师提出利用学生公寓地毯,用地毯代替沙坑,地毯就变成了移动沙坑。这个想法很好,大家都拍手叫绝。

(二)第一次试教

执教:魏巍;授课时间:2012年12月8日上午第一节课;授课班级:五(1)班。

为了不影响正常的教学时间,魏老师临时借了五(1)班上课,主要任务是尝试主教材的设计流程,对辅助教材不做处理。

在传统的准备活动加上简要的专门准备活动后,魏老师开始了第一环节的教学。从效果看,这一环节任务完成得还不错。学生按照教师的练习要求练习一会儿后转入第二环节的练习。这一环节要求学生在走步中完成起跳后摆动腿提膝练习,但大部分学生不是在走步,而是在迈大步,迈三大步之后练习起跳,故可明显地看出起跳无力现象。紧接着,第三、四、五环节也出现迈大步起跳无力现象,课还没结束,魏老师便终止了试教。

课后,石峻老师及时对本课出现的问题提出了自己的几点看法及改进意见:

(1)教学时间分配不合理,在第一环节花费的时间足足有 6 分钟,而且教学效果不理想,重点环节第三、四环节也分配不合理。建议重点环节要有足够的时间、多次数练习。

(2)围绕教学目标施教,明确本课要解决什么问题才能有的放矢。

(3)采用有效的辅助教学手段,排除心理干扰,让学生敢跳,提高练习密度。

(4)学生助跑节奏及方式有待改进,很多学生助跑时无节奏、迈大步,导致起跳无力现象。

(5)练习队形:四列横队,四路纵队;练习形式:先集体练习,再分组练习。

(6)在最后一环节让学生尝试练习 1～2 次即可,不要多练习,主要是为下一环节的学习作铺垫。

回到办公室,团队着重对助跑中学生迈大步起跳无力进行了研讨。经研讨发现,学生中出现此现象主要是因为在预备助跑时出现了问题。预备助跑时,学生预备姿势是两脚前后站立,这样的预备姿势学生会无意识地产生迈大步的意向。在经过团队成员反复尝试之后发现,只要强调要求预备时两腿平行站立就能解决助跑后迈大步的错误动作。至于教学环节的设计没有什么问题。在第二次试教时,要注意提醒学生落地时屈膝缓冲,同时在第五环节教学用防滑垫代替踏跳板。

(三)第二次试教

执教:魏巍;授课时间:2012 年 12 月 10 日上午第一节课;授课班级:五(5)班。

时隔两天,授课对象不同,场地布置也有所改变,6 块地毯一字摆开,如同一个长长的沙坑,沙坑的两边各画有两条标志线。

第一环节集体练习 2 分钟,每生练习 12 次;第二环节 3 分钟,分组练习,每生往返练习 4 次;第三环节 5 分钟,分组练习,中间穿插了展示评价,每生往返练习 4 次;第四环节 7 分钟,分组练习,每生往返练习 8 次;第五环节 3 分钟,体验性分组练习,分成四路纵队,每生体验练习 2 次。主教材试教按教学预设计划顺利完成,但在教学中关注学生个体差异还不够,如有个别学生跳不起、腿抬不起等,需要有更好的适切办法。

本次试教虽然在"起跳后迅速向前上方跃起、两腿屈膝上提"动作上花费了很多的时间,但是将本次课的重难点彻底解决了,并且其他动作也一气呵成,并没有影响本单元的教学进度,达到了事半功倍的教学效果。

高敬枫老师还提出是否要用起跳板的问题。石峻老师认为,起跳板是用来增加腾空高度,让学生感悟起跳腾空感觉的,而解决腾空问题不是这节课的教学目标及教学重点,第一课时的主要任务就是要解决助跑起跳有力的问题,因此没必要使用起跳板。

最后,我们就此次课的几个细节问题也进行了研讨并形成了一致的意见:

问题(1):学生起跳落垫时,落不到垫上;

解决办法:从第二环节就使用防滑垫辅助练习。

问题(2):仍有个别学生迈大步;

解决办法:强调助跑节奏,用展示评价法解决。

问题(3):在第四个环节,出现两腿屈膝上提不够;

解决办法:原地双脚起跳反复练习和上一步起跳后两腿屈膝上提练习。

问题(4):辅助教材"踏石过河"的距离太长,一轮下来练习时间太久;

解决办法:以地毯为"河",不宜太长,以 4~6 米为宜。

四、课堂实录片段

师:下面请同学们看老师的示范,重点观察一下老师的哪条腿是起跳腿,哪条腿是摆动腿。

老师边讲解边示范 2 次。

生:屈的是摆动腿。

师:请同学们一起模仿老师练习。

学生集体进行模仿练习,教师巡视指导,解决摆动腿屈膝上提、起跳腿起跳有力问题。

接着教师请出一位同学进行展示,让其他同学注意观察其动作是否存在问题。

生:起跳腿没有用力,手臂没有向上摆动。

师:有什么办法改变起跳腿没有用力呢?老师告诉你们一个绝招,在起跳后摆动腿迅速屈膝上摆,同时手臂向前上方有力摆动。请大家再反复尝试一下。

学生开始反复尝试练习。

生:我感觉起跳有力了。

学生反复尝试练习,体会动作要领,解决起跳无力问题。

师:接下来我们增加一点难度——向前走3步起跳练习,要求落到垫上。

学生分成4组,依次做上3步起跳练习。

师:下面我们再增加动作难度,向前上5步起跳练习。

学生中有个别出现起跳后屈髋错误动作,完成不了练习。

师:下面同学们试试起跳后抬头挺胸,不要含胸。

学生在教师的指导点拨下完成练习。

师:下面我们再增加动作难度——向前慢跑5步,起跳后两腿屈膝上提。

学生在教师的指导点拨下进行尝试练习。

师:下面请同学们向左转,变成4路纵队尝试一下7~9步助跑练习,要求助跑踏跳是踩在防滑垫上。

学生依次进行尝试练习。

(采用循序诱导、循序渐进练习手段,学生学练积极性高涨,积极主动参与。)

五、教学反思

(一)教学内容联系紧密、教学目标与教学过程协调统一

准备部分安排了SPARK游戏,目的除激发学生练习兴趣及热身外,还把游戏与蹲踞式跳远起跳"单跳双落"和"抬头挺胸"动作结合,潜移默化、循序诱导,对学生进行教学。在基本部分的学习中,始终围绕蹲踞式跳远第一课时"起跳后迅速向前上方跃起、两腿屈膝上提"的教学重点设置各种教学诱导性练习与辅助性练习。

(二)突出重难点,指导学练,强化技能,教法灵活多样

本课把较复杂的起跳后迅速向前上方跃起、两腿屈膝上提动作的要领进行分解、组合,使学生听得懂、记得牢,学生边做动作边想要点,加深对技术动作的理解,而且为突出教学的重难点,设计了针对性极强的练习和一环紧扣一环的练习。

(三)关注课堂,拓展体育知识

跳跃不仅是人类的基本活动之一,而且也是体育运动的重要基础技能。因此,在学校体育教学过程中,体育教师要结合具体的教学内容,使学生明了不同体育项目或不同体育动作对于跳跃的要求以及起跳的方式可能是不同的,如本课中的"起跳"与跳高、支撑跳跃的"起跳",以及球类项目的各种"起跳"动作要求就不同,从而使学生尽可能多地了解并掌握体育项目或体育动作中"起跳"的知识和技能。

总之,学校体育教学,不仅要使学生"学会了""学懂了""会学了",而且要使学生"学乐了""乐学了"。否则,学生从小学到高中付出了一千多个学时之后,依然不知道或不清楚体育课程都学到了些什么,或者仍然没有自己所喜爱的体育项目,更何谈终身体育的养成呢?

六、文献研究

浙江省义务教育《体育与健康》教师用书水平三五年级第一学期田径第二单元《跳跃 蹲踞式跳远》对蹲踞式跳远中的起跳技术有明确的分析:起跳是为了在尽量减少水平速度消失的前提下获得必要的垂直速度,改变身体重心向前移动的方向,使它以适当的腾起角度向空中腾起。身体腾起角度约为 18°~24°,腾起高度可达 50~75 厘米。起跳可分放脚、缓冲和蹬伸三个过程。本课各教学环节便是围绕"起跳"这一技术,重点解决起跳后迅速向前上方跃起、两腿屈膝上提动作。

本文写于 2013 年

研制教学计划　关注学生发展

——小学一年级（水平一）学年教学计划案例

一、背景

（一）时代背景

体育与健康课程标准改变了传统的按运动项目划分课程内容和安排教学时数的框架，根据学生身体、心理、社会三维健康观，以及体育课程自身动态的教学特点，拓展了课程学习领域，构建了学习领域不同水平段的目标体系，体现了以目标达成来统领教学内容和选择教学方法的课程教学新要求。与之前体育教学大纲相比，新课标下的体育教学，不仅要教会学生基本的体育运动技能，而且还要通过多种运动技能的学习过程，同步发展和提高学生"身体、心理、社会"三维健康水平。

传统的小学体育教学计划，其内容主要是以单一的运动项目如"走""跑""跳"或单一的游戏为主，教学实施过程主要以教会学生基本的单一动作技能，学生学习过程是以掌握单一的动作技术和提高运动能力为主，如"走得直""跑得快""跳得远"等。单一的游戏也只起到课堂学习调剂的作用，并无实质性的动作技能学习。因此，传统的小学体育教学计划，除了缺乏运动项目之间动作技能上的有机联系之外，还忽略了学生单一动作技能综合运用及与生活相联系的实践经验。所以，如何让学生通过运动技能的学习和综合运用的实践体验过程，来有效地实现"身体、心理、社会"三维健康水平的同步发展，是当前新课程改革在体育教学实践中，必须解决和回答的实际操作问题。

（二）学校背景

我校创办于 1993 年，是一所九年一贯制民办寄宿学校，地处乐清市乐成镇，全校共有 60 个教学班级，2 500 余名学生，体育专职教师 11 人。学校教学环境优雅，设施齐全，但校园面积小，生均运动面积不足 2 平方米。在这样的条件下,我们从学校实际出发,利用学校、学生自身特点,致力于体育校本课程研究,使体育教学取得了非凡的实践效果,充分体现了我们确定的以体育知识与技能形成和发展为活动主线,构建了一方凸现我校特色的体育校本课程开发的乐土。

二、案例操作过程

(一)指导思想

从课程目标的内容设置来看,我们主要以体育与健康课程标准为参考对象,分析、结合我校一年级学生的年龄特征,联系我校新课改总体目标,以"健康第一"作为我校校本课程开发与实践的指导思想。

(二)学习目标

从目标设置的层次体系来看,我们贯彻了课程标准所指出的"充分注意学生的个体差异,并根据这种差异性确定具体的学习目标,从而保证大多数学生能完成课程学习目标"的人本主义理念,在具体的学习目标中隐藏着基本预期目标和发展目标两个层次。基本预期目标是针对绝大多数学生所要达成的目标而言的,而发展目标是在完成基本预期目标的基础上,对一部分学有余力的学生而言的,其努力促成学生个性发展的目的是不言而喻的。为了适应新课标对学生的"运动参与""运动技能""身体健康""心理健康""社会适应"等学习领域的水平发展目标要求,我们同时还对传统、单一的小学体育教学内容进行了整合、重组和拓展性开发,呈现丰富多彩的运动技能学习以及运动技能综合运用的实践体验,来达成新课标各个学习领域的水平发展目标。

(三)课时安排

在课时安排上,由于课程标准没有规定学习内容的课时数,提倡根据学生达成学习目标的状况,教师可随时对不同教学内容的课时数和进度进行调整,以较快达成学习目标,这就避免了那种按教学时数和进度要求教学,而不管学生是否已经掌握的机械做法。

基于上述考虑,并针对教学内容提出的达成预期发展目标的构想,我们将每周三节体育课的课时安排作了一番调整:每周安排两节课以完成预计的教学任务,另外一节课就安排校本教材教学。此外,根据教学情况对教学内容进行适当的补充和延伸,如遇上雨天或其他特殊情况,再作适当的调整。具体课时安排见表1。

表1 课时安排(水平一,一年级)

序号	类别	教学内容	第一学期课时	第二学期课时	合计
1	体育与健康常识	认识自己的身体,形成正确的身体姿势	4	4	8
2	基本运动	走、跑、跳、投	8	8	16
		攀登、爬越、平衡	6	5	11
		技巧、徒手、轻器械操	4	4	8
3	游戏	体操、田径、球类游戏等	10	10	20
4	韵律与舞蹈	韵律、舞蹈	2	3	5
5	校本课程	雁荡山竹系列体育活动:踩竹筒高跷、抖空竹、竹系列游戏等	17	17	34
		合计	51	51	102

(四)评价体系

最后是评价体系的构建。本教学计划注重从学习内容、教具的制作、健身方法的拓展等方面建立比较完整的评价体系,以学习过程作为主要评价指标之一,以延伸拓展学生对体育与健身知识学习为主。在教学中,教师结合教材引领学生学习,使变化发展的过程成为评价的组成部分。拓展型教材以新颖的教法、亲切的教具,激发学生在学习中以主体身份参与评价,即以"健康第一"为目标去评价自己的学习,评价同学的学习,而评价的形式、内容和方法是多元化,目的在于让学生在掌握体育技能、健身知识的同时,知道自己学得怎么样,培养自我认识、自我提高和自我发展的能力。

综合以上构想,以关注学生的发展需要为主要目的,把学生喜闻乐见、具有乡土气息的校本课程——"竹系列体育活动"内容引进课堂,并以2010年水平一学年教学计划为例,预设了具体的教学活动内容,见表2、表3。

表2　2010年小学一年级(水平一)学年教学计划(1)

指导思想	以"健康第一"为指导思想,以学生发展为中心,遵循学生身心健康发展规律,根据学校新课改总体目标、水平一阶段学生特点及学校场地、本地气候特点,充分考虑教学内容的基础性、全面性、多样性和与学期教学目标的对应性,力求做到一个内容渗透多个目标,一个目标由多个内容来完成
领域目标	1.具有积极参与体育活动的态度和行为 2.学习和应用运动技能 3.形成正确的身体姿势,发展体能,具有关注身体和健康的意识 4.学会通过体育活动等方法调控情绪,形成克服困难的坚强品质 5.建立和谐的人际关系,具有良好的合作精神和体育道德
水平目标	1.对体育课表现出学习兴趣 2.初步掌握简单的技术动作 3.注意正确的身体姿势,发展柔韧、反应、灵敏和协调能力,知道身体各主要部位的名称和自己身体的变化 4.说出自己在体育活动中的情绪表现,在体育活动中适应陌生环境 5.体验集体活动和个人活动的区别,在体育活动中尊重他人

表3　2010年小学一年级(水平一)学年教学计划(2)

周次	课次	学习目标	教学内容	
			第一学期	第二学期
1	1	了解体育课学习目的、要求及本学期要学习的主要内容,知道体育课常规要求,对体育课产生浓厚的兴趣	始业教育	始业教育
2	1	进行入学后身体形态的测量;增进同学间的交往和友谊,培养学生相互尊重、团结友爱的好品质	①身高、体重测量 ②"找朋友"游戏	①开火车 ②反向游戏
	2	能以正确的姿势站立,发展灵敏性,提高学习兴趣,知道身体部位名称	①向我靠拢 ②急中生智★	①身体体名操 ②"夜间"整队
	3	了解正确坐姿、站姿和走姿的要求,并努力形成正确的身体姿势,掌握走的正确姿势,在日常生活中能运用正确的姿势行走,提高灵活机智水平	①保持正确的站立姿势 ②学习走	①响板操练习★ ②两臂放在不同部位的脚前掌走

续表

周次	课次	学习目标	教学内容	
			第一学期	第二学期
3	1	辨认、说出身体主要部位名称,能辨别前后左右上下等方位,提高反应能力和方向判断能力	①雏鹰起飞 ②排成二路纵队	①别迷失方向 ②排成四列横队
	2	认识我们的校园	①循图走访* ②雏鹰起飞	①校园定向运动* ②绕校园跑走交替
	3	能够辨别几个主要的运动方向,使学生兴致勃勃地参与体育锻炼,体验到集体活动的乐趣	①集中注意力游戏 ②雏鹰起飞	①神速擒"敌" ②叫号赛跑
4	1	明确立正姿势的要求,能以正确的站立姿势立正	①站如松 ②快快集合	①立正、稍息、报数 ②听哨声做动作
	2	认识、了解小篮球,模仿教师动作,进行原地、行进间拍球,发展学生的灵敏性和协调性	①跟我学 ②橄榄篮球*	①"小篮球"游戏 ②小篮球
	3	发展学生的肩部柔韧性,培养学生不怕苦、不怕累的精神	①肩部柔韧性练习 ②雏鹰起飞	①抽陀螺* ②打龙尾
5	1	培养学生对足球运动的兴趣,并从中体验到乐趣,提高学生身体的灵活性,发展其协调能力	①球感练习 ②射大门	①到达门框 ②过杆射门
	2	增强集体意识,提高人际交往能力	①大葫芦、小葫芦 ②包袱、剪子、锤	①三拍六笑九摇头 ②贴膏药
	3	让学生体验成功与失败,说出自己成功或失败时的体验	①"写正字"游戏 ②保保锁＋木头人*	①猫捉老鼠 ②植物造型*

续表

周次	课次	学习目标	教学内容	
			第一学期	第二学期
6	1	培养学生丰富的想象能力、创造能力和搬运不同物品的能力	国庆节	①大象竞技 ②蚂蚁运粮
	2	发展灵敏和协调性,培养机智、勇敢的作风		①钓鱼 ②智取
	3	独自连续地完成成套的徒手操,较为整齐地进行集体练习		①成套徒手体操 ②建设儿童乐园＊
7	1	用肢体的动作来表现力量	①模拟动物走 ②行如风	①植物造型＊ ②两手交换抛接轻物
	2	学会通过表情、言语和行为等外部表现来判断他人的情绪变化	①"察言观色" ②丢手绢	①猜猜谁是领头人 ②黑猫警长
	3	掌握搬运轻物的方法,发展奔跑能力及协调性,主动、积极地参与活动,自觉地体验运动的乐趣,形成团结协作的意识和道德品质	①"送西瓜"抱球跑接力 ②小排球＊	①小篮球 ②你搬我运
8	1	发展学生丰富的想象能力、合作能力、灵敏性和协作能力	①赶小海＊ ②星星和月亮	①赶"猪"接龙 ②争球
	2	能兴致勃勃地进行单脚跳和双脚跳练习,提高跳跃能力	①"过河—身轻好似云中燕"游戏 ②玩呼啦圈	①跳房子＊ ②蹦蹦跳跳
	3	通过足球游戏的教学,提高学生练习足球的积极性和兴趣,发展学生的灵敏性和速度耐力,培养学生的集体主义精神	①小足球游戏 ②推赶小足球	①叫号追球 ②沙包斗牛

续表

周次	课次	学习目标	教学内容	
			第一学期	第二学期
9	1	练习追逐跑,发展学生的灵敏性、反应能力	①踩尾巴 ②让距离赛跑	①快找同伴 ②营救
	2	学生能以各种非常规的姿势移动身体	①模仿动物走 ②看谁反应快	①"螃蟹赛跑"★ ②动物运动会
	3	体验集体活动和个人行为的区别	①两人三足跑★ ②大渔网	①木头人 ②大渔网
10	1	通过练习提高学生的腿部力量、协调性、视觉反应能力和心血管机能,培养学生克服困难的意志品质	①短绳向前单跃跳 ②跳过曲游绳	①保龄球 ②小船过河
	2	提高学生的灵敏性和节奏感,培养学生绿化祖国、保护环境的意识	①(韵律)"绿化地球" ②玩纸片	①植树造林 ②青蛙捉害虫
	3	动作表现出协调性、节奏感	①"龙首舞"游戏 ②"红领巾"Disco1★	①武术基本动作 ②少儿健美操★
11	1	能够说出积极情绪和消极情绪的具体表现及其对学习的影响	①扬鞭催马运粮忙 ②乒乓游戏	五一劳动节
	2	通过在玩耍中跳舞蹈动作,提高学生的灵敏性和协调性,培养他们的合作意识和集体主义精神	①玩中跳 ②"红领巾"Disco2★	
	3	增强学生在圆周或窄道上走与跑的能力,提高他们的灵敏性	①快乐大转盘 ②沿窄道走、跑	

续表

周次	课次	学习目标	教学内容	
			第一学期	第二学期
12	1	培养独立自主和集中注意力的能力,增强速度体能,培养竞争意识和团结合作精神	①体能大露才②红旗绿旗	①龙卷风＊②大渔网
	2	练习在各种情况下的奔跑能力,发展灵敏性和培养协作精神	①"木头人"追拍②无窝的兔	①直升机②团结就是力量
	3	能准确、快速地辨别老师的口令,迅速结伙成队	①叫数抱团②红旗飘飘永不倒＊	①看谁跑得快②结渔网
13	1	按顺序轮流使用同一运动场地或设备,在活动中表现出对他人的尊重和关心	①跋山涉水＊②掷沙包	①隐形人＊①我想有个家
	2	从运球中体验乐趣,并能改变运球的速度	①运球跑游戏②你拍我抢	①坚守阵地②篮球游戏
	3	发展学生腿部和髋部的柔韧性,提高髋部的灵活性,培养学生不怕苦、不怕累的精神	①多彩的塑料瓶②跳单双圈	①游戏:跳进去拍人②放鞭炮
14	1	懂得生活中常常会出现各种各样的情绪体验	①套中人②我最棒	①鸡毛信＊打空罐
	2	提高学生运动的参与意识和协作能力	①合作跑②双龙咬尾	①隐形人②老猫老猫几点了
	3	学会以积极情绪面对成功和失败	①"螃蟹赛跑"＊②看谁投得准	①投沙包②打龙尾

续表

周次	课次	学习目标	教学内容	
			第一学期	第二学期
15	1	培养学生搬运能力与思维能力	①堆垫子 ②蚂蚁运粮	①播种与收割 ②抱球往返接力
	2	正确理解个人与集体的关系,增强集体荣誉感	①"猴子摘桃"游戏 ②不倒旗	①刮风下雨出太阳 ②奇妙的车胎*
	3	发展学生丰富的想象能力,培养学生动手制作的能力	①建设"城堡"* ②双手交换抛接沙包 (沙包自制)	①投击活动目标 ②上手投掷纸标和降落伞
16	1	建立正确的自我意识,理解个人与集体的关系	①老鹰捉小鸡 ②骑马打仗*	①飞舞的毽子* ②丢手绢
	2	培养学生团结、互助、协作以及思维能力	①运"伤员" ②播种金色希望	①猜猜谁是指挥官 ②大渔网
	3	能区别安静与吵闹、快与慢	①享受阳光 ②跑、跳对抗赛	①俯卧挺身 ②听音做动作
17	1	学会在成功(进步)和失败(退步)时控制情绪	①蚂蚁运粮 ②小白兔接力	①小兔采蘑菇 ②小青蛙捉害虫
	2	学会尊重他人,不妨碍他人参加游戏或活动	①赛马* ②兔子钻洞	①跳长绳 ②拍球
	3	单个舞蹈动作模仿练习——用舞蹈动作表现自己所认识的世界,增强对生活、大自然的热爱和理解	①击球过界 ②龙首舞	①"红领巾"Disco3* ②拔萝卜

续表

周次	课次	学习目标	教学内容	
			第一学期	第二学期
18	1	发展冷暖意识	①穿衣、系鞋带趣味接力 ②滚与翻	①"红领巾"Disco4＊ ②玩飞盘
	2	寻求正确的上下梯姿势,掌握爬梯子技巧	①爬横梯 ②手脚并用爬助木	①爬纵梯 ②登高望远
	3	发展爬的能力,懂得在游戏中,应遵守游戏规则,养成有关的行为规范	①匍匐前进＊ ②巧过小溪	①过障碍 ②钻爬障碍接力
19	1	发展表演能力,乐于与同学一起练习	表演小游戏:看谁爬的花样多	①造型与pose＊ ②多变的塑料瓶＊
	2	发展投掷能力,比较并尝试说出与他人一起活动和独自活动的区别	①纸飞机 ②利用旧报纸做游戏	①柔柔的沙包 ②小白兔接力
	3	关注身体健康	①测量身高和体重 ②不停的陀螺＊	①测量身高和体重 ②滚动的铁环＊

注:末尾带"＊"号的为校本课程必选学习内容。

三、结论

随着大量的新兴体育运动项目的涌现与传播,体育教学内容具有较强的"时髦性"和"多变性"且"花样翻新"较快。根据体育教学内容"一标多项"的特点,选择不同的内容来实现体育课程目标,从而解决体育场地、器材等方面的困难。此外,具有乡土特色的拓展型教材拓宽了课程的载体,它不再局限于从学科本位出发而过于强调"自成体系",而是从学生的成长和终身受益的角度和深度去思考。

四、反思

教材是课程的载体,而既具有现代气息又具有乡土特色的拓展型教材则拓宽了课程的载体。本计划中选择的教学内容是从学生的成长和终身受益的角度和深度思考而确定的,它以目标、知识、评价为主线,以本校、本地资源为辅线,构建教师、学生共同参与的,具有浓郁乡土气息和喧嚣的都市生活气息的体育健身网络,让体育教学更具人性化、新兴化、乡土化、趣味化、终身化特点。

体育教材化工作是一项复杂而又细致的重要工作,体育教学内容内在的乐趣是体育学科魅力的重要因素,因此,在当前的体育课程改革中,出现了教学内容要"开放"和"放开"的新原则。应该说,"开放"和"放开"原则的提出,是体育课程理论上的一个有益的尝试,是针对过去体育教学内容比较僵化与陈旧的弊端进行的改革,是把教学内容的选择权交给了最了解学校体育教学实际的体育教师的新举措。因此,体育课程内容资源的开发无疑是一线体育教师的"重大权利"和"重要工作"。利用一线体育教师的经验,选择和引进一些既能锻炼学生身体,又能激发学生学习积极性的新内容,使教材能更好地为课程目标服务;利用一线体育教师的经验,选择和引进一些符合学校场地、器材等条件的新内容,能提高教材的可行性与适应性;同时,利用一线体育教师的经验,开发和引进一些与地方文化、地方民族性相联系的新内容,使体育课程更具有地方文化和特色;不仅如此,利用一线体育教师的经验,还能深掘新旧教学内容的各种教育教学因素,使体育素材更好地教材化,更好地为体育课程目标服务。

新课程改革的最终目的是为了学生全面、健康和积极主动地发展,成为与时俱进、全面发展的有用之才。而现代社会需要的是各种综合能力(如自我定位能力、环境适应能力、合作交际能力等)较强的人才,这些能力正是现在教育教学模式所缺乏的。对此,作为基础教育阶段,小学学段正是学生各种能力基础发展的重要起步阶段,而体育课程独特的动态教学环境,为学生各种能力的发展提供了有利条件。正是基于这样的认识,在新课标实施的实践过程中,我们以水平一阶段(一年级)学生为实验对象,进行了小学体育一年级(水平一)学年教学计划初步尝试研究。在本计划的实施过程中,让学生观察一些运动器材,带着问题去思考,在课外让学生动手编制运动器具并在课上进行活动体验,以完善自己的发明创造。此计划实施一年来取得了较理想的实验效果,但还有许多方面需要不断充实与完善,还有待于继续深入的探索。

本文写于 2011 年

"以赛促学"学习方式在小学体育
教学中的运用研究

《义务教育体育与健康课程标准(2011年版)》及《浙江省义务教育体育与健康课程指导纲要》明确指出,小学体育教学的任务主要是培养兴趣,让学生掌握基本的身体运动能力;提倡通过以赛促学,让学生都积极参与到课堂学习中;并要求充分挖掘学生的个性、潜力和特点,让学生养成锻炼的习惯。因此,围绕学生兴趣在体育课堂中引入比赛,通过不同形式、内容和方法的比赛,搭建课堂竞争和表现的平台,让学生在赛中玩,在赛中学,在赛中掌握技能和发展体能。

研究表明,中小学时期的学生生理特征表现为神经系统兴奋性高,兴奋与抑制转换快,好表现自己,好胜心强。比赛就是用复杂多变的刺激使学生集中注意力,全身心投入到比赛中,促进学生积极主动参与到体育学习中,从而促进学生更好更快地掌握所学动作技术,提高动作质量。因此,运用"以赛促学"的学习方式,在课堂教学中融入比赛元素,形成多元化的体育课堂,能促进学生有效学习,让学生主动参与课堂中的体育活动,做到让学生乐于学习,享受学习过程。

一、行动策略

(一)明确"赛"的目的,突出教学主题

"以赛促学"是在特定的教学条件下所采用的一种学习方式,不是简单的教法手段,要把"赛"的内容同"教"的内容有机结合起来,"赛"的主题要明确,围绕核心技能目标,突出教学重点,使学生在"赛"的引领下明确学习目标与要求。例如,在排球正面双手垫球的第一课时学习中,由于学生对排球正面双手垫球还未建立完整的概念,我们在选择"赛"的内容时,围绕"形成正确的垫球平面"及"掌握准确的击球部位"教学目标,可让学生进行"看谁手型对""看谁击得准"等比赛。随着学生对垫球技术的掌握和提高,在第三、四课时可以进行"垫得准""垫得多"等比赛,让学生在不断的主题比赛中有效地提高排球垫球技术。

"赛"的主题需紧紧围绕教学内容展开,同时在"赛"的过程中注意区别对

待,可设置一定的比赛条件来调控"赛"的主题,让"赛"更具有针对性,这样才能真正发挥"赛"的引领作用,让"赛"更好地为学生的"学"服务,更好地为实现教学目标服务,更好地为突出教学重点、突破教学难点服务。

(二)选择"赛"的类型,创新比赛方法

体育教学中的比赛类型要根据体育教学内容及教学任务来选择,常用的比赛类型有以下几种:

1.技评赛

以动作质量为标准,主要目的是促进学生更快更好地掌握所学的技术动作,提高技能,形成稳定的动作技术。一般用于新授课教学后期使用。

2.达标赛

通常也叫及格赛,主要是为了提高学生技术水平及身体运动能力,或是作为了解学生运动水平的一种手段。例如,对照《国家学生体质健康标准》的项目设置比赛,通过这一有效手段提高学生运动技能及能力。

3.测验赛

主要是为了检查学生的课堂学习成果。一般用于某一教学内容或某一阶段的学习后期,如单元检测赛、期末检测赛等。

4.对手赛

把水平接近的学生组成对子,或让学生自主找对手进行比赛。通过这一形式的比赛,让学生发现自己技术或战术等方面的不足,找到努力的方向。

5.游戏赛

把技术、战术融于游戏中,主要是为全面提高学生身体技能水平,使其运用所学技能,巩固技术。常用于球类教学中。

6.展示赛

指名由一个或几个学生出场展示。参加展示赛的学生不一定是技术掌握好的,也可以是一般或是较差的。通过展示赛,让学生对比、分析,发现错误动作,分析错误动作,从而有效地预防和纠正错误动作。

学校体育教学的最高境界是培养具有创新能力的体育人才,培养学生既动手又动脑的探究习惯。体育教学中,不管采用什么形式的比赛,都要大力鼓励学生对比赛方法、比赛规则的创新,对学生在比赛中的"越轨"行为应根据具体情况进行分析,不能轻易否定,很多新的比赛方法就是学生在"越轨"行为中产

生的。下例游戏方法就是学生在教学中创新的。

"往返接力跑"比赛,常用的方法是按自然组分成四组进行比赛,每一轮的比赛结果基本上是不变的。有位学生就这一比赛方法进行了创新,把"偶然性因素"融入比赛中,增加了一个"猜拳过关"环节。比赛队形同样是四路纵队,每队先分别确定一位猜拳手,猜拳手站在对面的标志线上,每队的第一位同学听到口令后迅速跑至标志线与猜拳手猜拳,胜者则迅速返回本组与第二位同伴击掌,击掌后同法进行比赛;如输给猜拳手则继续猜拳,直到胜为止。以此类推,先完成的队获胜。这一比赛方法的改变,不仅增加了比赛的趣味性,还培养了学生创新能力。

(三)把握"赛"的时机,凸显技能教学

技能教学目标是体育教学的核心目标,不管是中学还是小学,体育课堂教学都不能离开技能教学。因此,在体育教学中,"赛"的时机要有利于学生对本课所学技术的掌握、技能目标的达成、学生的积极主动参与,还要有利于学生意志品质及合作竞争行为与意识的形成。

"赛"的运用时机主要有三个方面:

1. 先学后"赛"

运动技术的形成有其形成规律,尤其是一些较复杂、组合的运动技术,必须要让学生学会和掌握一定的基本技术之后才能组织适宜的比赛。如小学"武术操"、初中"健美操"教学过程中,必须要让学生预先掌握一定的基本手法、步型之后才能设计教学比赛,确定"赛"的内容与要求,以检验、巩固、提高学生所学武术或健美操的动作技术质量。

2. 先"赛"后练

在运动技战术学习中,尤其是对技战术理解不清,甚至容易出现一些错误动作时,为加深学生对技战术的理解及掌握,及时预防及纠正学生的错误动作,安排合理的教学比赛,可以让学生在"赛"中理解、学习所学技术。如:篮球技术中的过人技术教学中,适时安排学生进行"一对一""一过二"等教学比赛,能让学生感知过人技术的要领及要求,让过人技术教学更具有针对性,从而突出过人技术的运用和实战性要求。

3. 边"赛"边练

很多运动技术环节不太复杂,但动作路线、方向清晰,对于这类技术的学

习,可边"赛"边练,以赛促学。如:肩肘倒立技术是由后倒翻臀、举腿、夹肘立腰等技术环节组成,在学习中,可以把"赛"贯穿在学习的全过程中,采用"赛一赛:看谁立得起"来指导学生学习"后倒翻臀"技术,再采用"赛一赛:看谁立得稳"来指导学生学习"夹肘立腰"技术,最后采用"赛一赛:看谁立得久"来改进提高学生的动作质量。

(四)选用"赛"的形式,注重学练实效

"以赛促学"时,必须要科学合理地选择"赛"的形式,只有这样才能有效地促进学生学习。"赛"是激发学生兴趣的关键,也有为教学服务的前提,因此,在选用"赛"的形式时,既要考虑学生的技术和心理需求,还要考虑学校的场地、器材,充分展现"赛"的可变性、时代性及适切性,这样才能真正实现"以赛促学"。"赛"通常有个人与个人及小组与小组比赛两种形式。

个人与个人之间的"赛"又分为组内个人赛及班内个人赛。个人赛一般用在学习单个技术动作后检测学习效果、评定动作质量,如跳跃、投掷项目中的立定跳远、蹲踞式跳远、跳高、垒球、原地头上向前抛实心球等教学中,这些动作技术、比赛规则都比较简单,场地、器材都比较充分,在这样的条件下可以采用个人赛的形式。

小组与小组之间的比赛形式可以巩固和提高运动技术,增强练习密度和运动量,发展体能,在学生人数多而场地、器材不受限制的条件下运用效果较好。如站立式起跑教学中,在让学生基本掌握站立式起跑动作技术之后,可分组进行接力、让距离赛跑等比赛,以加深学生对站立式起跑动作技术的理解和掌握。

(五)设计"赛"的规则,体现技术运用

任何体育项目的比赛都必须有比赛规则,这样才能约束参加比赛者的行为,保证比赛顺利进行。而比赛规则的制订要根据技术特点、比赛的方法和学生的认知水平等灵活进行,不能生搬硬套地使用国际、国内竞技体育的规则,否则比赛会无法进行。中小学体育动作技术的学习主要是让学生能够把所学的技术很好地应用于实践,在发展体能的练习中能科学合理地运用,真正实现技术学习能够"学以致用"的目的。在"运用"这个维度上,如果能够与"比赛"有机结合,不仅能够展现"赛"的魅力,更能彰显体育教学特色,因此,在教学中,必须确定好"赛"的规则,充分发挥"赛"规的导向功能,引导学生对技术的更高

追求。

1.根据不同学段学生特点设计"赛"规

从小学一年级到初中九年级,学生年龄跨度大,学生生理特点、心理特点、认知水平存在明显差异,因此,对不同年级的同类教材的比赛规则应有所区别。如排球正面双手垫球,小学五年级有这个教学内容,初中八年级也有这个教学内容,但我们在运用比赛法进行教学时,所制订的规则就有所不同。小学五年级在分组比赛中,每一队有 3 次以上的机会将球垫回对方场区,只要球不落地比赛就可以继续;但对八年级学生来说,每一队只能有 3 次机会,且在将球垫回对方场区的同时,要求说出自己球的落点,如果球的落点和自己的意图一样,得 2 分,通过这样的比赛,以加强学生对球的落点的控制,从而提高学生对排球正面双手垫球的运用能力。同样是排球垫球的教学比赛,教学对象不同,其"赛"规也有所不同,因此,要根据不同学段学生特点设计"赛"规,从而实现促进学生有效学习的目的。

2.根据不同教材特点设计"赛"规

中小学体育教材大致分为田径类、体操类、球类等,每一类教材都有其特点,教学中,我们必须把握教材特点,分析教材,在选用比赛法进行教学时就要有针对性地设计"赛"规。例如,田径类中跑的教学可以从时间、速度、距离上构思"赛"规;跳跃教学可以从远度及高度上构思"赛"规;投掷类教学可以从远度上构思"赛"规;体操类教学可以从动作规范、动作方向、动作路线等方面构思"赛"规;球类教学可以从动作准确性、动作协调性等方面设计"赛"规等。

3.根据不同地区地域特点设计"赛"规

比赛受很多环境因素影响较大,尤其是不同地域场地、器材、学生学情等条件的差异,使得同样一个教学内容,比赛方法虽然相同,但规则肯定有所不同。例如,耐久跑教学,在条件较好的城镇学校,可在塑胶操场上进行比赛,而在条件相对较差的农村学校,连操场都没有,我们只得采用 50 米甚至更短距离的往返跑进行比赛,所以,在设计比赛规则时,肯定有所不同。

总之,"赛"规的制订必须紧扣教学内容,能让学生在比赛中充分利用所学的技术,甚至可以对"赛"规进行适宜的改造,同时要突出竞争性、可量化性、可监控性及简便性,以满足学生对比赛的需求。

二、研究成效

(一)激发了学生的进取精神,树立了学习信心

通过比赛,促进了学生专心致志地学习。在比赛过程中,学生积极地思考,努力地创造,促进了学习能力的发展。同时,在比赛过程中,学生会更加注意自己的动作和表现,同伴之间相互学习、相互指导、相互监督,他们相互交流的同时,也使技能得到了更快更好的掌握,体能较差的同学在同伴的鼓励下提高了技能和水平,树立了学习信心。

(二)培养了学生协作精神,促使学生主动学习

实验过程中,我们的教学比赛分组一般都是随机的,没有固定的分组,这样有利于教学比赛,为学生创设了适宜的集体学习环境,增加了学生之间的接触和了解,使团队有了更强的凝聚力。团队成员为了一个共同的学习目标和任务而努力,把自己的目标和集体目标结合在一起,通过比赛来实现目标,在满足个人和团体需求的同时,学习小团体内部就会产生相互关心、相互支持的凝聚力,有效地培养了学生的协作精神。同时,每一个同学都是自觉的,他们都会承担起自己的责任,也会主动地探究学习技能,主动地学习。

(三)加快了学生对技术的掌握,提高了运动技能

在实验后期,我们对实验班与对照班(小学五年级)学生掌握实心球技能(两个项目)情况进行对比分析,结果如下。

从表1中我们知道,实验后,实验班与对照班学生在原地双手头上掷实心球力量技巧掌握上的差异是非常大的($p < 0.01$),说明"以赛促学"对学生掌握动作技能的作用很大。经过一个周期实心球教学后,期末检测两个班学生平均分相差5分。

表1 实验后实验班与对照班学生的力量技巧(实心球)分数统计结果

班级	人数	分数平均值	标准差	t	p
实验班	100	85.321	5.62	2.351	0.0016
对照班	100	79.235	3.96		

（四）提升了学生身体素质，促进了学生身心健康发展

以速度灵巧类素质为例，从表2我们可以很清楚地看到，经过一个周期的教学后，实验班与对照班学生在速度灵巧方面无显著差异性（$p > 0.05$）。

表2　实验后实验班与对照班学生的速度灵巧（50米）分数统计结果

班级	人数	分数平均值	标准差	t	p
实验班	100	78.821	3.94	1.021	0.36
对照班	100	79.791	4.97		

三、研究反思

本研究有助于促进体育教师转变观念，提高体育教师教学计划制订和实践指导能力，促进其专业能力的发展。"以赛促学"课堂教学过程能体现"以学为中心"，能促进学生身心愉悦和运动技能、体能的和谐提高。

"以赛促学"是一种教学手段，也是一种学法手段，虽然能提高学生学习兴趣，促进其运动技术的提高，但如果在没有学习并掌握一定运动技术的前提下，一味地进行比赛，反而会影响学生运动技术的掌握和提高，甚至会导致技术变形或错误动作。在体育教学中，如果在学生动作技术形成的前阶段就采用比赛法，学生会只注重比赛结果，而忽视动作的质量和要求。因此，在教学中，应根据教学内容的特点和学生对技术的掌握程度等来决定是否采用比赛法，切不可用比赛取代体育教学。

本文写于2015年

课外体育组织与实施

小学生运动损伤的成因及对策

损伤事故不但会对小学生的健康产生一定的不良影响,而且会直接影响到教学的连续性和训练的系统性,降低学生学习的积极性。为了探索小学生运动损伤的规律及产生原因,进一步做好预防工作,本文通过对乐清城区部分小学近两年发生的运动损伤情况进行调查分析,从中找出损伤发生的一般规律和原因,并提出一些有益的建议和预防措施。

一、调查对象和方法

(一)调查对象

对乐清育英学校、实验小学等 8 所学校 2002 年 9 月至 2004 年 6 月在校学生发生的上肢、下肢损伤情况进行调查,男、女生共 408 例。

(二)调查方法

采用问卷法、询问学生、向教师了解、查阅病历记录等方法进行调查,并运用体育统计学方法进行数据处理。

二、结果与分析

(一)运动损伤时机

对各类运动损伤发生的时机进行调查分析,结果表明,上课时损伤发生率最高,占 40.44%,课外活动时占 28.18%,比赛时占 31.37%(见表 1)。

表 1 损伤时机统计

时间	体育课	比赛	课外活动	合计
例数	165	128	115	408
比例(%)	40.44	31.37	28.19	100.00

(二)运动损伤原因

造成学生运动损伤的原因是多方面的,为了进一步了解并掌握造成运动损伤的规律,减少运动损伤的发生,笔者对各种损伤原因进行统计并分析如下(见表2)。

表2　损伤原因统计

原因	技术错误	身体素质	准备活动不当	场地差	意外损伤	紧张恐惧	局部负荷过重	合计
例数	159	70	112	16	8	36	7	408
比例(%)	38.97	17.16	27.45	3.92	1.96	8.82	1.72	100.00

(1)因技术动作不正确而出现运动损伤的比例最多,占38.97%。其原因主要是学生注意力不集中,在学习新动作时,对教师讲解不重视,导致动作要领不清楚,动作不熟练、不协调,或在没掌握技术动作要领时盲目去做。另外,有些教师安排的教学内容,技术动作难度大,没有考虑学生的实际能力,也是造成学生损伤的原因之一。

(2)准备活动不当所致的损伤占27.45%,位列损伤原因的第2位。准备活动的目的是提高中枢神经系统的兴奋度,使之达到最适宜的水平,加强各器官系统的活动,克服各机能的惰性,通过各关节、肌肉的活动,为正式运动做好心理和机能上的准备。做与不做准备活动、准备活动的针对性如何、准备活动充分与否、准备活动与正式活动间隔时间长短以及准备活动所采取的形式等,都与损伤的发生有着密切的关系。因此,为了减少或避免运动损伤,教师在上课时要让学生充分做好准备活动,并教育学生在运动之前重视做准备活动。

(3)从表2可以看出,身体素质差也是造成运动损伤的因素之一,它占损伤原因的17.16%。由于目前一些学校只重视学生文化成绩,而忽视学生的力量、耐力和灵敏等身体素质,使得一些学生在参加体育运动时忽视了自身的运动能力,从而造成运动损伤的发生,影响了学生的身心健康。

(4)造成运动损伤除以上三种原因外,场地差、紧张恐惧心理、局部负荷过重等诸多因素也是造成运动损伤的原因。例如,一些学校不注意体育场地和器材修整,场地坑凹不平,运动器材陈旧,学生进行跑、跳、体操等项目活动时,对场地、器材有恐惧心理,在完成技术动作时极易造成运动损伤。

(三)运动损伤部位

表3　损伤部位统计

部位	肩关节	肘关节	上臂	前臂	腕关节	手指（掌）	髋关节	膝关节	踝关节	大腿肌群	小腿肌群	合计
例数	28	10	3	4	38	33	3	78	142	45	24	408
比例（%）	6.86	2.45	0.74	0.98	9.31	8.09	0.74	19.12	34.80	11.03	5.88	100.00

从上表可以看出,膝关节、踝关节、髋关节和大、小腿肌群是比较常见的损伤部位,共占71.57%。这主要是因为下肢在运动中承受运动负荷比较大,多数体育项目是在下肢协调配合下完成的,所以下肢损伤率明显高于其他部位,尤其是踝关节损伤率最高,占所有损伤的34.80%,应该引起我们教师足够的重视。另外,运动损伤与教师讲解不当、示范不准、保护帮助不及时、课外活动抓得不好有关,同时也与学生身体素质差、准备活动不充分、技术动作不熟练、自我保护能力差、有恐惧心理、组织纪律性差等有关。

(四)运动损伤性质

表4　运动损伤性质统计

性质	肌肉、韧带损伤	骨折	脱臼	外伤	合计
例数	226	8	4	170	408
比例(%)	55.39	1.96	0.98	41.67	100.00

从上表可以看出,肌肉、韧带损伤有226例,占整个损伤的一半以上(55.39%),这主要是由于肌肉用力不协调、准备活动不足、动作不正确所致。外伤在体育运动中也是常见的损伤,占41.67%,是不可忽视的一种损伤。教师要加强课外锻炼的管理,培养学生自我保护的能力,减少损伤的发生。

(五)项目运动损伤

(1)因运动项目本身的技术特点和特殊要求引起的运动损伤为运动损伤。从表5中可以看出,各项目运动损伤中,田径占41.42%,是所有项目损伤中损伤率最高的项目。这是由于田径项目相对复杂、动作幅度大,学生田径基础较差所致。另外,练习强度、运动量过大也是导致运动损伤率高的一个重要方面。

(2)在小学里,篮球、足球是最普及、最受学生欢迎的项目,也是最易使学生受伤的运动项目。篮球和足球运动损伤率占第2位和第3位,损伤率也相对较高。体操损伤所占比例虽然低于前三项,但由于该项目技术复杂,学生接触少,对学生身体素质、协调性要求较高,所以损伤率也比较高。因此,在学生进行活动时项目损伤预防重点应放在田径、篮球、足球、体操这几个项目上。

表5 各项目运动损伤情况统计

项目	田径	篮球	体操	游戏	足球	其他	合计
例数	169	84	47	27	76	5	408
比例(%)	41.42	20.59	11.52	6.62	18.63	1.23	100.00

三、结论

本文对8所小学408名学生的运动损伤从5个方面进行了初步调查和分析,结果归纳如下:

(1)体育课上学生损伤情况较严重,要加强学生课前准备活动,教师要按课堂教学规律,严密组织教法,注重课中安全教育。

(2)造成损伤的主要原因是技术动作不准确、准备活动不当和身体素质差等,应在教学中加强对学生的管理。

(3)损伤部位主要集中在踝关节、膝关节等部位,在教学中应加强这些部位的活动,使损伤降低到最低限度。

(4)从损伤性质上看,肌肉、韧带损伤和外伤占97.06%,骨折、脱臼所占比例虽较小,但对学生影响大,不得忽视。

(5)运动损伤率较高的项目主要是田径、篮球、足球,体操项目损伤所占比例虽低于前三项,但不容忽视,也应加强预防。

四、建议

(1)加强预防运动损伤的教育,正确、全面地认识预防损伤的意义,根据各项目的特点,掌握损伤的规律,采取有效的安全防护措施,防止损伤的发生。

(2)教学安排要切合实际,因人而异。教师要了解学生身体素质、心理情况,考虑学生的实际负荷能力,使学生能系统地掌握各种基本技术,提高自我保护的能力,增强学生身体素质。

(3)加强体育器材和运动场的维修与管理,改善运动条件。

(4)搞好课外活动的管理工作。教师要有较强的责任感,认真指导学生进行体育活动,减少伤害事故的发生。

(5)加强体育道德教育,杜绝粗野行为,培养良好的体育道德风尚。

综上所述,只要我们充分认识到运动损伤给教学及学生健康带来的影响和危害,认真研究运动损伤发生的原因及规律,采取相应措施与对策,完全可以减少或避免运动损伤的发生。

本文写于 2005 年

"市队校办"训练体制的实践与探索

长期以来,青少年、儿童的业余训练一直由各级少体校承担,这种体制相对封闭、独立,具有专业化程度高、力量集中的优势,为体育事业的发展作出过重要贡献。但随着市场经济体制改革的不断深化、体育事业的不断发展,这种单一的训练模式远远不能适应当前体育人才培养的需要,其弊端日益显现:选拔运动员的路子越来越窄、训练与文化学习脱节、运动员升学就业难等。

为改革这一弊端,乐清市体育局自 2003 年起开始尝试以体育传统项目学校、体育训练基地为龙头的"市队校办"模式,即把优秀的运动队办到学校去。目前,育英学校小学部的田径、羽毛球项目,实验小学的游泳项目,实验中学的排球、田径项目和万家小学的乒乓球项目均被列为乐清市体育局"市队校办"项目,各学校均逐步形成了运动员"训练比赛、文化学习"两条腿走路的新型体育人才培养构架,并取得了显著的成效。当然,学校在办专业运动队的过程中,碰到了许多问题,同时也积累了一定的经验。本文通过对浙江省乐清市育英学校等 4 所体育传统项目学校几年来的训练现状等进行调查分析,总结中小学试办专业运动队的经验和存在的问题,结合乐清市实际,探讨符合乐清市具体情况的专业运动队选材管理的途径与方法,为乐清市体育训练体制改革,特别是为中小学校专业运动队的创建提供依据和建议。

一、研究对象和方法

(一) 研究对象

本文以乐清市体育局 2003 年任命的 4 所"市队校办"校即乐清育英学校、实验小学、实验中学和万家小学为研究对象。

(二) 研究方法

1. 文献资料法
通过查阅大量的文献资料,对"市队校办"校的现状及训练体制进行深入研究,为本文研究提供理论依据。

2.调查访问法

通过访谈部分"市队校办"校领导、教师、教练、运动员,全面了解乐清市"市队校办"校训练现状,为推行"市队校办"训练模式提供实践依据。

二、研究结果与分析

(一)研究结果

通过调查分析,目前乐清市"市队校办"校运动项目基本情况如下。

表1 "市队校办"校运动项目基本情况

学校	校办项目	省、市注册运动员人数			合计	教练员人数
		2003 年	2004 年	2005 年		
育英学校	田径	18	26	41	85	2
	羽毛球	—	28	36	64	1
实验小学	游泳	48	65	82	195	2
万家小学	乒乓球	12	15	26	53	1
实验中学	田径	26	39	44	109	1
	排球	16	19	24	59	1

1.乐清市"市队校办"校运动员生源现状

乐清市"市队校办"校运动员来源途径主要有两个:一是自己培养,二是学校制订特殊政策,对体育特长生特招而来。通过对上述4所学校2003—2005年省、市注册运动员(194名田径运动员、195名游泳运动员、64名羽毛球运动员、53名乒乓球运动员和59名排球运动员)调查发现,各校运动员生源主要是通过自己培养这一途径而来,但极少通过特招途径。特招运动员一般都具备较好的早期训练基础,再通过各校2~3年的系统训练,完全有可能达到高水平。

2.乐清市"市队校办"校选材现状

乐清市"市队校办"校现阶段进行专业运动训练的必备条件不足。下面以选材这一运动训练必备要素为例进行分析。生源是进行专业运动训练的必要前提。受我国由体校承办优秀运动员培养体制的制约,竞技体育苗子在他们步入初中前后就已向上级体校分流,至初二时基本无特长生可招。至于分流剩下的小部分质量欠佳的体育特长生,也大都无法合理调配,对集体项目如排球队的组建尤为不利。生源的劣势致使"市队校办"校从选材伊始就面临严重的先天不足。

此外,各校专业运动员选材现状受各校招生条件等诸多因素限制,首先在招生范围上只限于从乐清市范围招生,其次在招生分数上有较大限制,此外还受各校自身因素限制。这里主要指招生优惠条件、办学条件、学校政策等。

3. 乐清市"市队校办"校运动项目布局现状

乐清市"市队校办"校在运动项目的布局方面缺乏鲜明特点,在与校园文化有机结合上远未成熟。许多学校经过多年的探索,在一些项目上形成了自己独特的训练风格,取得了优异的运动成绩,而且与校园文化结合在一起,构成了校园文化的重要组成部分,如实验小学的游泳、实验中学的田径在温州市都是一流水平。市其他"市队校办"校也逐渐注重运动项目的布局,形成有自己特色的项目,如育英学校的羽毛球、万家小学的乒乓球经过近两年的努力已在温州市也有一定的影响。通过对4所"市队校办"校调查发现,重点扶持1~2支运动队的学校占50%。实践证明,重视运动项目的布局并在运动训练中逐步形成自己的训练风格和特点,并使之与校园文化相结合,是"市队校办"专业运动队的一个基本发展方向。"市队校办"校现阶段尚属初级阶段,应吸取经验,在项目布局以及人才选择上要有的放矢,做好计划工作,探索出符合我市专业运动队发展的道路来。

4. 乐清市"市队校办"校训练现状

乐清市"市队校办"校训练是建立在体育传统项目学校及训练点的基础之上。就教练员队伍而言,目前4所学校的教练员都是由各校的体育教师兼任,没有一所学校有专职的教练员,而且每一项目基本上是由1至2人负责。比如田径项目,一个教练员既要带短跑项目又要带中长跑项目,还要带投掷项目,这种现象严重影响了训练质量和水平的提高。此外,在训练时间上与专业训练队相比也达不到训练要求。据调查了解,各校训练时间平均在1.5小时左右,训练均在早上和下午课外时间进行,无一所学校有专门的代表队训练时间,不能保证充足的训练量,这也是影响"市队校办"校训练质量的另一重要因素。

(二)"市队校办"训练体制分析

1. 与教育、体育部门紧密联系

"市队校办"校的招生工作都离不开教育、体育部门的配合,与教育、体育部门建立各种联系是做好运动员选材管理工作的基础。各校应该根据自己的项目特点和需要积极做好这方面的工作。尽管各校的招生范围在乐清地区,但这个面很大,所以有计划、有步骤地做好这方面工作的难度也很大。要根据运动项目的布局,突出重点、合理安排、选好人才,在运动员选材这一决定性因素的环节上把好关做好工作,为下一步工作做好积极准备,打下良好基础。

2. 建立一条龙人才培养体制

建立一条龙人才培养体制是这些年"市队校办"专业运动队探索出的一条解决后备体育人才选材的新路子。从小学到中学建立一条龙训练体制,选拔那些智能条件好,又具备体育天赋的学生集中到中、小"市队校办"校训练,形成一条龙训练网,是可行的途径。各校这方面已进行了有益的尝试,3年多的实践已初见成效,运动员在训练和文化学习方面均取得了可喜的成绩。近两年各校运动员代表乐清市参加省、市两级青少年比赛,共获得了省级冠军16人次,市级冠军47人次,个人前八名356人次,这些成绩都是"市队校办"训练模式带来的成果。

3. 探索"市队校办"专业运动队的规律,发展我市办高水平运动队的道路

(1)"市队校办"是素质教育的内在要求。青少年、儿童是体育工作的主要对象。学校体育是素质教育的重要组成部分,也是整个国民体育的基础。现代学校教育需要融入体育文化和体育精神,这是人自身发展的需要,也是全面推行素质教育的需要。"市队校办"可以充分利用学校的人才、场地等资源,真正把广大儿童、青少年作为体育工作的对象,促进学生素质的全面提高。加强学校体育工作,有利于培养学生的体育意识、体育技能和体育素养,更有利于培养学生的顽强拼搏、坚韧不拔、团结协作精神,爱国主义理想,集体荣誉感和凝聚力,可以有效丰富校园生活。

(2)"市队校办"是训练体制改革的必然选择。改变传统的体育人才培养模式,走以体育与教育紧密结合的青少年业余训练路子,不仅能有效解决队员学习与训练的矛盾,同时也促进了业余训练项目和布局的优化整合。"市队校办"还进一步促进业余训练体制的深化改革,激发广大体育教师和体育教练员

的积极性,促进业余训练的健康、持续、快速发展。

(3)"市队校办"对培养优秀体育后备人才具有重要意义。实行"市队校办",有效地拓宽了体育后备人才选材的渠道,改善业余训练的环境,丰富训练的形式,有利于社会体育资源的充分利用和体育事业的可持续发展。过去对运动员的全面素质培养重视不够,特别是对他们进行文化素质的培养上。随着高科技时代的发展,体育竞争的高科技含量越来越高,这样就要求运动员必须具备较高的科学文化素质。"市队校办"专业运动队已成趋势,只要教育、体育行政部门互相支持,发挥各自的优势,形成合力,做到"教体结合、学训相长",就必将有力地促进我市教育和体育工作的深入开展。

三、结论

(1)运用"市队校办"模式在中小学办专业运动队,能将体育资源和教育资源有机地整合在一起,能协调处理好运动员学习和训练的关系,培养高科技、高素质的体育人才,有效地推动我国体育事业的发展。这种模式是以中小学为基础,横向与体育系统合作,纵向与大学衔接,能充分发挥小学、中学、大学一条龙教育资源整合的优势,在保证学生文化教育的同时,发展他们的体育特长。

(2)要进一步加强体育传统项目学校、体育基地学校的建设,明确其办学指导思想和领导管理体制,加强学校体育特色工作,做到科学管理、科学选才和科学训练,不断提高业余训练水平。

(3)要进行科学选材,善于在帮助学生培养对体育项目的兴趣、养成体育锻炼的习惯、学习体育运动的技能、增强体质的基础上,重点发现、培养和输送有潜力的优秀体育苗子,要特别重视在体育传统项目学校选拔、训练体育后备人才。

(4)合理设置训练项目。设置训练项目要和省、市布点的重点项目相衔接,根据校情,充分利用学校的师资和设施资源。同时,要建立教练员和体育教师联络交流制度,实行项目训练负责人制度,确保业余训练的时间和质量。

(5)要建立健全各项体育竞赛制度,积极发挥竞赛的杠杆作用,认真组织市、县(区)和学校的体育竞赛活动。市有关部门每年要组织实施好体育基地学校、体育传统项目学校的各类竞赛活动,促进各校的训练工作。

(6)要建立健全优秀后备人才输送、成才跟踪奖励机制,形成一套完善的激励政策。根据国家和省有关规定,让有体育特长的学生在入学、升学等方面享受优惠待遇;制订和实施教练员奖励制度,对取得优异成绩的教练员和相关人员,在就业、职称晋升等方面实行优惠政策;要合理安排学校体育教师的工作课时,并保障其享受与其工作特点相应的待遇;要形成良好的工作导向机制。

(7)要重视广大青少年运动员的文化学习和思想品德教育,认真解决好读训之间的矛盾,不断提高在训学员的文化课成绩和体育训练成绩。要在合理布局的前提下,积极鼓励良性竞争,推进学校自主发展。

(8)要加强体育师资和教练员队伍建设。抓好教体结合工作,完成各项目标和任务,不断研究创新训练方法,提高业余训练水平,十分重要的一点是建设一支综合素质好、业务水平高、作风过硬、战斗力强的教练员、体育师资队伍。教练员、体育师资队伍的素质和能力,直接影响着学生运动员培养的业余训练目标能否实现。在教练员队伍建设上,一方面在数量上要扩大,要调动学校体育教师的积极性,发挥他们的一技之长,实现统筹安排;要加强对社会体育骨干的培养和使用,有条件的学校可聘用一批体育业余爱好者。另一方面,在质量上,要抓好教练员的岗位培训,结合项目专业有计划地进行送出去、请进来培训,以训带培与以培带训相结合,不断提高教练员的业务水平和思想政治素质。此外,还要深化改革,提高专职教练员队伍水平,在体制上理顺训与不训的关系。要认真研究评聘分离政策,对长期脱离教练岗位的,不能享受专职教练员待遇。各级专职教练员,必须深入学校,选好材,带好队,上好课。体育部门要进一步完善教练员的考核制度。

本文写于 2008 年

有效推进大课间阳光体育活动的策略

——以乐清市部分城镇中小学为例

体育与健康课程标准已正式颁布并在全国实施,它明确规定了新课程体育教学领域不仅包括课堂体育教学领域,而且把课间、课外体育活动也纳入了新的体育课程领域,可见,开发和探索新课程标准下中小学大课间阳光体育活动内容、模式意义所在。

近年来,各地学校体育工作都在围绕着如何进行课间操的改革展开讨论。国家教育部于 1999 年推广大课间阳光体育活动以来,这项活动已在全国不少大中城市学校蓬勃地开展,特别是教育部 2005 年 4 月下发的《关于落实保证中小学学生每天体育活动时间的意见》,教育部、国家体育总局、共青团中央共于 2006 年 12 月 20 日共同下发的《关于开展全国亿万学生阳光体育运动的通知》及 2007 年 5 月 7 日中共中央和国务院以中央 7 号文件的形式发布了《中共中央国务院关于加强青少年体育增强青少年体质的意见》文件以来,各地各校掀起了重视青少年体质、全面开展阳光体育运动的高潮,其中大课间阳光体育活动是最受关注的活动形式之一,大课间阳光体育活动也如雨后春笋正在健康成长。

实践证明,改革后的大课间阳光体育活动与传统的课间操相比,不仅活动时间长,内容、组织形式活,练习强度适宜,而且对学生紧张的学习起调节作用,满足了学生对体育活动的需求,促进学生到操场上、在阳光下陶冶身心,对学生身心健康发展有明显的实效。

本文以乐清市部分城镇中小学为例,通过调查它们开展大课间阳光体育活动的现状,为求探索出适合城镇中小学开展大课间阳光体育活动的管理体系、组织模式、活动内容等。

一、研究对象与方法

(一)研究对象

为了使研究具有代表性,特选择乐清地区东西片区能代表乐清市城镇中小学课间活动现状的 15 所高中、初中、小学作为实验学校,另设 9 所对比学校(高中、初中、小学各 3 所)。

(二)研究方法

1.实验法

根据不同学校的实际情况,制订适合学生能力发展的大课间活动项目,确定与之相适应的活动模式,并对其进行全程跟踪研究。

2.调查法

采用问卷调查和访谈调查相结合的方法,调查研究部分城镇中小学校领导、班主任、科任教师、体育教师及学生,总结归纳出城镇中小学大课间活动现状及存在的活动内容、器材设施等方面的问题,制订适合学校和学生的大课间活动项目,以使研究材料更加丰富,结论更加可靠。

3.经验总结法

通过对实验教师及学生在参与大课间阳光体育活动实践中所积累起来的经验进行筛选、提炼和理论概括,使之上升为具有普遍指导意义的大课间体育活动理论,总结研究成果,寻找新大课间阳光体育活动模式操作程序。

4.行动研究法

采用边实践边实施边研究边完善的研究方法,对研究目标、内容、过程与方法进行具体设计。将大课间阳光体育活动实践研究与学校的教研紧密结合,通过全体教师在教学实践中体验、反思、再体验、再反思,不断深化研究,及时总结经验,通过典型引路,以点带面,推动整个实验工作的开展。

二、研究过程及策略

(一)建立完整管理体系,增强大课间活动的"保障力"

学校把大课间阳光体育活动列入学校的工作计划,建立系统的领导机构和责任制度。学校由分管校长亲自挂帅,成立由政教(学生)处、学生会或少先大队部、年级组、体育组、班主任和班级体育委员等人员组成的管理部门。其管理体系如图1。

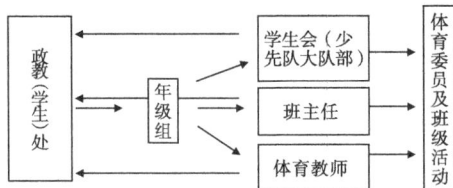

图 1 管理体系

(二)创新多样组织模式,保障大课间活动的"有效力"

1."集体活动与自主选择"相结合模式

本模式一方面不仅要求全校学生继续做好全国统一的广播体操,还要求体育组专门为各年级编排活动内容。如虹桥实验中学大课间活动布局为:先统一进行跑操和广播体操练习,然后分年级练习,七年级为自编武术健身操,八、九年级为自编搏击操。另一方面,每个年级的学生在不同的时段可自主选择活动内容和活动方式。如乐清中学的大课间活动就是采用这种形式,活动项目主要有羽毛球、跳绳、踢毽子等,学生既可以单人练习,也可以分组练习或团体练习,还可以进行比赛,满足了学生因个体差异所形成的不同兴趣需求。

2."自助餐式"分组分项活动模式

为避免学生因连续参与一个项目而感到乏味,有的实验学校大课间活动采用的是"自助餐式"分组分项活动模式,即学校把学生的团体项目根据不同年级按照两周一个轮回进行交叉安排,让学生根据自己的能力、爱好自主选择。此外,根据人数多、场地小的实际情况,还把学生的活动时间安排在上午、下午两个时段进行,并在必要时段安排部分班级轮空。

3."一主多选"活动模式

"一主多选"活动模式注重的是学生活动兴趣的培养以及师生间、学生间的互动与交往能力的提高,具体操作程序分准备阶段、"一主"部分、"多选"部分、整理放松4个阶段。

在准备阶段,根据内容有针对性地做好准备活动,学生根据兴趣爱好自由组合活动小组,为活动作好铺垫。在"一主"部分,各班在学校指定场地范围内集体练习,如做韵律操、武术操、健身操等,也可以采用小组形式活动身体各关节部位,为下阶段活动作准备,同时起到愉悦身心、激发兴趣的作用。在"多选"部分,根据学生的兴趣爱好,充分发挥学生的主体作用,学校提供各项活动器材,让学生自由组队、自由选择内容,进行自我活动。

"一主多选"活动形式很好地解决了学生活动兴趣与活动内容之间的矛盾,充分调动了学生活动的积极性,同时也给他们创造了一个展示自己特长的舞台。这种形式非常适合初中、高中学生,如乐清二中、乐清外国语学校、大荆镇一中、南塘镇中等学校便是采用这种活动形式。

(三)丰富充实活动内容,增加大课间活动的"生命力"

本着快乐健康、寓教于乐、强身健体、促德辅智、创新发展的指导思想,切实关注学生的兴趣爱好,科学合理地开发大课间活动内容,目前,实验学校开发与创新的大课间活动内容主要包括以下三大类。

1. 民间活动:让大课间充满古典情怀

民族民间传统体育项目有着深厚的群众基础及民族文化内涵,是大课间阳光体育活动的重要素材性资源。在实验过程中,我们直接引入利用一些适合活动需要的内容,如踢毽子、打陀螺、跳房子、滚铁环等活动项目;对一些基本适合活动需要的内容改编后可以再运用,如跳竹竿等。把民族民间传统项目引入大课间成为大课间阳光体育活动的一道亮丽风景。目前,除上述民族民间传统体育项目在大课间活动中被高频率使用外,跳长绳、拔河、斗鸡、跳皮筋、丢手绢、老鹰捉小鸡、舞龙、扭秧歌等活动也被广泛应用于大课间活动中,这些项目不仅具有较高的娱乐性,更具有很好的锻炼价值。

2. 新兴活动:让大课间洋溢时尚气息

新兴运动项目是大课间阳光体育活动资源之一,在一般城镇学校中开发利用的不多。新兴运动项目是随着社会的发展和人们体育观念及需要的变化而出现或"热门"起来的活动项目或方法,容易被学生所接受和喜爱。选择时要注意时代性、贴近学生生活及关注学生生活经验,如流行和时尚的集体舞、街舞、独轮车、滑板、攀岩、短式网球、定向运动、健美操、韵律操等竞技和休闲运动项目都可以引进大课间作为活动资源。如育英学校、实验小学、柳市六小、虹桥中学就把校园集体舞融入大课间活动中,乐清外国语学校把轮滑作为小学大课间活动的主要活动项目,乐清二中、三中把学生喜爱的健美操、街舞作为大课间活动的自选内容,这些新兴活动走进大课间极大地丰富了大课间活动内容,增添了大课间活动的时尚气息。

3.创新活动:让大课间展现智慧火花

大课间体育活动也应与时俱进,不断完善,不断创新,不断调整,以永葆其生命力。如体育游戏可根据时序的变化,设计一些丰富多彩的主题,围绕主题开展游戏活动,把学生喜欢的游戏源源不断地补充到大课间活动中,让学生始终对游戏活动充满新鲜感。如跳绳可以单人跳、双人跳、花样跳、跑着跳、跳长绳等;踢毽子可以单脚踢、双脚踢、花样踢、双人踢,可以计时,也可以计数等。可以从组织形式、活动内容、音乐选择等方面不断创新,激发学生兴趣,提高活动质量,也可以对现有运动项目技战术和规则进行简化、降低标准或难度、改变场地和器材要求等。

(四)合理使用场地、器材,提高大课间活动的"利用力"

体育场地与器材是开展大课间阳光体育活动的基本物质条件,由于各校的实际情况不同,因此学校要根据自身的实际情况,对现有的大课间场地、器材统筹安排,并努力开发新的体育场地、器材资源。具体安排有以下几种方法。

1.按班级划分活动区域

由于学生人数较多、活动场地有限,为了保证大课间活动井然有序地进行,大部分学校采用的是按班级划分活动区域,这样既能充分利用运动场地,同时又能充分利用学校的边角空地。这种按班级划分活动区域的一般遵照就近原则。如实验小学 2008 年度大课间活动场地安排就是按班级划分活动区域的,大大提高了大课间活动效果。

2.按年级划分活动区域

对于一些校园面积大、运动场地多、生均运动面积大的学校可采用按年级划分活动区域,如乐清中学、乐清外国语学校、虹桥实验中学、虹桥镇一小等学校,便是按年级来划分活动区域的。南塘中心小学大课间活动不仅按年级来划分活动区域,而且采用活动内容一月一轮换形式,保证每个学期有 4 ~ 5 项活动内容,使学生"玩不烦、玩不厌"。

3.按活动项目规划场地

根据每学期或学年的活动内容,在安排时,尽量把相同项目按年级分开,避免场地交叉使用。如一、二年级为立定跳远,由于这个项目对膝、踝关节有一定的冲击,应安排在草坪或跑道上进行;三、四年级为踢毽子,由于这个项目对天气有一定的要求,因此可以安排在教学楼之间的空地上进行,以减小风力的影响;五、六年级为 50 米跑,可以安排在跑道内和平整的场地上进行。这样既减少了相互的干扰,又避免了拥挤现象的发生,保证了大课间体育活动安全、有序地进行。

4.按场地规划活动项目

针对一些班级少、人数少、场地资源较好的城镇学校,可以采用按场地规划活动项目的办法,即根据本校场地情况因地制宜,优化大课间活动内容,选择一些与场地配套的活动项目让学生自选。如在田径场地可以安排接力跑、袋鼠跳等项目,在排球场地可以安排排球对传、对垫项目,在篮球场地可以安排篮球投篮等项目,这样不仅充分利用了学校场地资源,极大地丰富了大课间活动,更重要的是采用这种方式非常便于大课间活动的组织与管理。如南塘镇中、柳市六小便是按场地规划大课间活动项目。

(五)拓展学生活动空间,发挥大课间活动的"吸引力"

在大课间阳光体育活动的实施过程中,活动空间的拓展是其中一个极其重要的环节,它直接影响到大课间活动的运动量与强度,从而影响学生身心健康能否得到全面和谐的发展。

1.创建快乐游戏乐园

游戏乐园是小学低年级和多数女生乐于参与的活动。在活动开展中,要求教师积极参与,发挥示范带头作用,指导和帮助学生开展各种体育游戏,使学生在愉悦身心的同时参与锻炼、掌握技能。为了保障学校各项活动的有序开展,真正做到"处处有健身设施,随时能快乐活动",柳市镇六小就充分利用所有边角空地,因地制宜地设置了多种新颖有趣的快乐游戏乐园,如"独木桥""站桩""攀岩墙"等,使学生的活动空间得到扩展、活动设施得到补充与完善。

2.充分利用学校的体育馆

乐清二中有一个大型体育馆,学校对体育馆进行了充分利用,并把它作为公共活动区域的一部分。学校把体育馆的一楼设置为乒乓球场地,里面摆放了几十张乒乓球台,把二楼设置为健美操活动场地和羽毛球活动场地,在大课间活动时,体育馆往往是利用率最高的地方。

3.装饰学生的活动空间

为了使学生活动起来更加方便、有序,学校在一些空地上根据空地的形状和所处的地理位置,因地制宜地在上面用油漆绘画出许多图案。其中,有些是跳房子用的图案、有些是拔河用的图案、有些是踢毽子用的图案。

4.合理利用校外活动空间

自然资源的利用是大课间活动空间开发的又一重要内容。大部分乡镇学校坐落在城镇偏远的地带,周边有极其丰富的自然资源,如田野、山坡、河流、树木、草坪等,因此,只要领导、教师更新观念,在大课间活动中注意安全,完全可以走出校园,走进自然,享受阳光,充分开发并利用这些丰富的自然资源,这样一定会解决许多城镇学校因场地、器材资源缺乏而影响大课间活动开展的实际困难,开辟一个学生喜爱的良好大课间阳光体育活动的环境。

(六)开劈专题特色活动,提高大课间活动的"生机力"

我市开展大课间阳光体育活动多年以来,许多学校逐步完善并形成了具有自身特色的活动形式,如乐清外国语学校开展的"青春律动"大课间活动、实验小学及乐清中学开展的"挑战极限校园吉尼斯"大课间活动、乐清二中开展的"谁与争锋"大课间特色活动等。在25~35分钟的时间内,活动从整体上纵向分成三个部分,第一部分是学生自主活动,第二部分是规定内容活动,第三部分是队列队形练习并返回。在横向上,学校打破了以班级、年级为单位的活动方式。

(七)发挥评价积极作用,加大大课间活动的"助推力"

如果说完善的管理体系是大课间阳光体育活动得以实现的保障机制,那么,科学的评价体系则是这种保障机制发挥的助推器。

评价小组主要由学校政教处或学生处、少先大队部成员组成,在开展评价活动之前由政教处或学生处、少先大队部协同体育组对评价人员进行专门的培训,以便他们能更准确、公正、公平地参与评价。

班级评价的内容框架主要包括"班主任""学生的参与面""活动质量""自主活动形式与创新"等几个方面。评价以量化积分的形式由少先大队部组织考评和统计,并把每周考评统计结果反馈到年级组,由年级组根据积分实施具体的考评细则,做到每周一公布,每月一总结。班级每月的积分纳入学校组织的年级文明班级考核,班主任积分纳入学期优秀辅导员评选考核,并在学期结束时分别进行表彰与奖励。

三、结论与建议

(一)结论

(1)大课间阳光体育活动的实施有效地促进了城镇中小学学生形态、机能和素质的发展与提高。

(2)变传统的课间操形式为丰富多彩的大课间阳光体育活动,不仅是必须的,也是可行的。

(3)有效推进大课间阳光体育活动是丰富与改进城镇中小学体育教学内容的途径之一。

(4)有效推进大课间阳光体育活动是一种学校课程与校本研究。

(5)有效推进大课间阳光体育活动是一种校园文化与德育培养。

(二)建议

(1)中小学大课间阳光体育活动的内容要结合实际,并进行整合、拓展、延伸。

(2)中小学大课间阳光体育活动要有创新性。

(3)有效推进中小学大课间阳光体育活动是新课改的一部分,可以丰富其内涵。

(4)安全意识必须贯穿整个大课间阳光体育活动中。

(5)有效推进中小学大课间阳光体育活动要制度化,并与德育联系起来。

本文写于 2011 年

小学生课外健身作业设计与实施

　　每天给小学生安排适量的课外健身作业,对小学生锻炼习惯的养成及身体素质的发展有着积极的作用,能充分发挥小学生的主体作用,帮助他们形成终身体育锻炼的意识,使他们在校内体育活动中获得的体育知识得以巩固,技能得以提高。

　　"小学生课外健身作业"是指教师根据学生个体体质健康状况,并结合其家庭所在社区的环境条件和运动兴趣爱好等个人特点,充分利用课外时间,用运动处方的形式让学生自主地进行有针对性的体育锻炼。

一、问题的提出

　　2010 年国家学生体质与健康调研结果显示,我国中小学生身体素质下滑趋势开始得到遏制,尽管爆发力素质、柔韧素质出现好转,耐力素质显现止"跌",力量素质继续提高,但整体情况并不乐观,与我国经济持续增长、人民生活水平及素质教育提高的要求还有一定的差距,故学校体育工作者任重而道远。

　　目前小学体育教学还存在着许多问题:学生的文化学习任务比较重,课外体育活动时间少,课余体育锻炼缺少有效指导监督等。如何提高小学生身体素质,已经成了当前学校体育工作的重点和难点。对温州市部分小学 1 000 名学生进行抽样调查结果显示,90% 以上的小学生放学回家后不进行体育锻炼或阅读有关体育的书籍,仅有 2% 的学生能够在周六或周日有家长的陪同下进行篮球、乒乓球等简单的体育锻炼。如何有效指导学生在课外进行科学的体育锻炼,是摆在我们每一位体育工作者面前的一个课题。

　　因此,依托家庭、社区这一平台,通过开发设计体育课外健身作业,采用课内与课外结合的方式,拓展学生课外体育活动的时间与空间,实现体育活动由课内向课外延伸是一个非常好的举措。"得法于课内,受益于课外",同时有效指导学生安排课外体育锻炼时间,使学生身心得以放松的同时也能够提高学生身体素质,培养学生终身体育意识。

二、小学生课外健身作业的设计原则与指导策略

(一)设计原则

1. 生活性原则

围绕小学生的日常生活环境、生活方式和习惯,充分利用小学生已有的生活经验,选择、开发一些基于生活经验的课外体育健身项目。

2. 简便性原则

活动场地不宜过大,器材力求简单轻便,形式不宜花哨,练习手段要实用有效,练习方法要一学就会。

3. 趣味性原则

选择一些适合小学生特点的趣味性活动,让学生体验健身的快乐,激发学生主动健身的积极性,保证课外健身活动的持久性。

4. 安全性原则

以安全为基础,活动前检查场地、器材,不做高难度危险活动,强度不能过大,持续时间不宜过长,保持适量性,这样才能保证课外健身活动的安全性。

(二)指导策略

1. 加强体育能力的培养

日常体育教学中,教师不仅要传授基本运动技术,还要有意识地加强体育能力的培养,包括自主锻炼能力、保护与帮助能力及组织管理能力等。

2. 指导学生组建合作锻炼小组

体育锻炼的乐趣更多体现在活动过程中伙伴间的合作与交流。独自进行体育活动往往因为形式单调而失去乐趣,不利于课外健身活动的持续开展。因此,教师要指导学生组建合作锻炼小组,如以班级为基础的合作锻炼小组,以学生居住社区、小区为基础的合作锻炼小组,将课外健身形式由个体活动变为群体活动,提高课外体育活动的组织性、互助性和集体性,从而提高课外健身活动的有效性。

3. 设计家庭亲子体育活动

家长的支持与配合有利于学生开展课外健身活动。设计家庭亲子体育活动,不仅能促进家长与子女的沟通,建立融洽的家庭关系,同时也使得课外健身

活动形式更丰富。家长一旦建立起正确的健身观念,就会主动带孩子参与课外健身活动,还会主动监督孩子完成课外健身作业,这样会使孩子的课外健身途径更加广阔,内容更加丰富。

4.教给学生必要的运动保健和安全知识

为避免课外健身活动造成运动损伤,教师要教给学生必要的基本体育保健常识,如运动前要做准备活动,运动后不要暴饮暴食,夏天体育锻炼要预防中暑等。同时还要教给学生处理简单运动损伤的技能,如擦伤、关节扭伤及肌肉拉伤处理方法等。

5.培养学生体育文化素养

体育文化素养是体育的内涵,是体育健身更深层次的东西,加强学生体育文化素养的培育不仅可在体育课堂上进行,在课外同样可以进行体育文化素养的培养。教师可以在课外通过组织学生搜集体育名人传记,观看体育比赛,从而丰富学生的体育文化知识,提升体育文化素养,帮助学生建立正确的体育观、健康观,培养学生终身体育意识。

三、小学生课外健身作业的实施

(一)设计流程

小学生课外健身作业设计流程包括课外健身作业设计、作业布置、学生完成作业、作业检查几个环节。

1.作业设计

由各班科任体育教师根据教学计划、学生体质健康检测结果、学校特色体育等,将作业分成4种类型:天天练、健身作业、养成作业、弹性作业。作业的制订必须要有针对性,不同性别、体质、家庭条件的学生,设计的作业是不同的,如张三耐力素质差,作业设计时就要选择提高心肺功能的练习;李四腰腹肌力量弱,就安排李四每天完成仰卧起坐4~5组。

2.作业布置

作业可以一天一布置,也可以一周一布置,同时,通过"校讯通"平台发给学生家长。作业布置必须有一定的连续性,要考虑到天气等因素,要有一定的机动灵活性,遇到下雨等恶劣天气可安排其他相关的健身练习,力求做到室内活动与室外活动相结合。

3. 作业管理

可通过卡片记录、家访调查、测验竞赛等方法对课外健身作业进行监督管理,要求家长共同做好监督工作,密切关注孩子的课外健身情况。卡片记录可委托家长或锻炼小组组长填写,对孩子参加课外健身活动的效果要及时反馈给学生及家长,对效果不明显的健身内容要及时调整。

(二)实施方法

1. 作业内容的选择

(1)结合课堂教学。体育教师可根据各年级的教学目标要求,有计划、有步骤地设计体育课外健身作业。体育教师在课堂上要随时观察学生的掌握情况,再结合学生年龄、心理特征,做到循序渐进、适量适时。例如,一年级学生在学习单人跳绳时,教师在课后小结时可及时布置体育课外健身作业。练习形式也可以多样,自练或小伙伴合作练习,这样既可以提高学生练习兴趣,还有利于学生之间情感交流和合作精神的培养等。

(2)结合学生体质健康。学校对学生进行一次全面体检和学生体质健康测试,建立学生健康档案。体育教师根据学生的实际开出"运动处方",有针对性地布置适量的体育课外健身作业,再通过长期观测学生体质来及时对学生家庭作业进行调整。

(3)结合"体艺2+1项目"。根据教育部关于开展"体艺2+1项目"工作要求,每个学生至少学习掌握两项体育运动技能和一项艺术特长,各校可结合学校实际,有针对性地把课外健身练习结合起来。如一些学校把篮球作为"体艺2+1项目"中一项必须掌握的运动技能并纳入校本课程中实施,要求一、二年级做到人人会运球,三、四年级在人人会运球的基础上,初步学会传接球,五、六年级人人会投篮,并会简单的战术配合和篮球赛。显然仅靠每周的3~4节体育课来达到这一要求是不现实的,因此,教师可根据各年级段的目标要求安排篮球练习课外作业。例如,一年级布置每天运球500个,二年级布置行进间运球等课外作业,这样通过课内、课外相结合就能有效地让学生掌握所学的篮球技能。

(4)结合乡土特色体育的开展。跳皮筋、踩高跷、滚铁环、打陀螺等乡土体育活动对学生来说并不陌生,这些项目都是孩子们平时所喜闻乐见的,不但孩子们会玩,绝大多数家长也会玩,甚至有一些器材家长、孩子还能动手制作,有着很好的群众基础,而且不受场地限制,随处可玩,非常适合学生在课外开展。在课外让学生玩这些民间乡土活动,不仅能推动乡土体育活动的开展,重要的是能有效增强学生身心健康。

(5)结合双休日、寒暑假。很多家长认为双休日、节假日是孩子的休息时间,不让孩子参加任何活动,其实双休日、节假日是孩子开展课外健身活动的最佳时机,尤其是寒暑假,时间长,如果孩子不参加体育锻炼,身体素质会下降得很快。因此,作为家长,应鼓励孩子们外出,不要再"宅"在家里。学校首先要做到双休日、节假日实行场地开放,欢迎家长同来参与各种体育活动。另外,在节假日同父母参加外出旅游、登山、散步、春秋游等,都是很好的课外健身形式。

总之,体育课外健身作业是以健身为目的,其活动场所主要依托于家庭和社区,由于活动场地小,器材少,活动形式在考虑学生独立实践基础上,还要预计学生与家庭成员、社区友伴协作的可能性。鉴于此,依据小学生课堂体育活动和日常体育活动,本文归纳了教学巩固类、素质增强类、游戏交往类、技能应用类、娱乐休闲类、乡土特色类、社会培训类等 7 大类课外健身作业,每一类活动内容及活动形式都不一样,相互补充,见表1。

表1　小学生课外健身作业内容及形式

序号	分类	活动内容	活动形式举例
1	教学巩固类	复习提高体育课所学的运动技术技能	床上前(后)滚翻、垫(床)上下桥、劈叉、肩肘倒立等
2	素质增强类	运用校内所学运动技能开展运动竞技健身活动	各种形式跳跃、俯卧撑、立卧撑、慢跑、折返跑等
3	游戏交往类	社区友伴共同参与下的体育游戏活动	老鹰捉小鸡、抓尾巴、跳长绳、踩影子、二人三足跑等
4	技能应用类	以增强身体素质为主,有一定运动负荷的体育活动	社区篮球赛、足球赛、羽毛球对练、乒乓球比赛等
5	娱乐休闲类	以日常生活中的娱乐休闲活动为主,突出娱乐健身性	掷纸飞机、掷飞盘、跳皮筋、踢毽子、爬山、郊游等

序号	分类	活动内容	活动形式举例
6	乡土特色类	民间特有的体育活动	跳房子、滚铁环、抽陀螺、踩高跷、竹竿舞等
7	社会培训类	参与社会培训机构组织的时尚体育活动	跆拳道、武术、轮滑、游泳、独轮车、滑板、攀岩等

2.实施手段与方法

（1）计量法。以运动次数来确定课外健身作业的量,如作业的内容是立定跳远,要求学生跳 10×3 次,学生在家完成规定次数就算完成作业。

（2）计时法。以运动时间来确定课外健身作业的量,如作业的内容是打羽毛球、跳橡皮筋等,要求学生在家练习 30 分钟,学生运动足时就算完成作业。

（3）计时计量法。以运动时间和运动次数来确定课外健身作业的量,也叫单元练习法。计时计量法是最常用的方法,一般有以下 3 种方式:

一是定量计时法:量为主,时为次,如作业内容为跑楼,跑 5 层,从一楼跑到五楼,共跑 4 组,记录每组所用时间。

二是定时计量法:时为主,量为次,如作业内容为跳短绳,定时一分钟,计算每次跳的数量。

三是定时定量法:既定运动时间又定运动的量,如作业内容为仰卧起坐,要求学生一分钟为一组,每组做 20 个,共做 3 组。

（三）监督与反馈

体育课外健身作业的监督与检查是改进作业内容、保证作业质量、促进学生持续开展课外体育活动的重要环节。

1.卡片记录法

设计专用的体育课外健身作业记录卡,要求学生如实记录锻炼时间、地点、活动伙伴、活动内容、运动量等,既以此增强作业任务性,也提高作业的可信度。

2.家长签名法

体育课外健身作业是即时性运动作业,为加强监督,学生完成作业后要求家长在作业单上签名。作业单可以单独制作,也可与学生文化课作业本合用。

3.家访调查法

在争取家长重视和支持的基础上,可以通过家长会家访、电话联系、家校联系手册等办法,经常了解学生家庭体育活动情况,家校合力以督促学生完成作业。

4.展示交流法

在体育课中设立课外健身作业检查环节,对学生完成作业情况进行评价和反馈,也可安排作业技能展示,在展示中重现各自的活动方法,相互交流完成课外健身作业的经验。

5.测验竞赛法

通过体质健康标准测试,组织跟作业内容有关的测验和体育竞赛等,用检测数据判断学生家庭体育活动情况。测验和竞赛结果还能验证健身作业锻炼效果,为教师改进作业内容提供事实依据。

四、结论与建议

通过实践操作、学生反馈、综合评价等能有效检验小学生课外健身作业的实效性。同时,通过对教师给学生布置体育作业的内容、数量和强度等情况的调查和对比,提炼出大多数孩子比较喜欢且运动效果较好的项目作为课外作业常规项目和锻炼方法方式。此外,从课外健身作业实施过程中能发现学生的潜能,引导学生在"学中练",练出"智慧",从而使体育课外作业与体育教学良好互动,相得益彰。另外,课外健身作业的实施还能有效培养学生的科学意识、安全意识、自制意识、创新意识,发展学生的锻炼能力和坚忍意志,健全学生的人格和体魄,促进其身心健康发展。

因此,在终身体育、文化体育、生活体育新观念形成的今天,从文化、生活、课程的视野建构课外健身作业,丰富体育健身的内涵和外延,让学生享受体育作业带来的乐趣,是一种有益的尝试。它可以促进学生利用课外时间主动地参与体育锻炼,营造出课内外、校内外一体的健康快乐的体育运动氛围,是提高学生健康水平的有效途径之一。

本文写于 2013 年

课间小游戏校本化实施的策略

随着新课程改革的不断推进,学校越来越关注课程实施情况,而很少关注课间10分钟,对于在课堂40分钟之余,学生在课间10分钟时间里到底在干什么,他们"玩"什么,怎么"玩","玩"得怎么样等,关注的却不多。我们通过对20所学校学生课间活动的观察,和对400名学生的问卷调查发现,约30%的学生课间经常呆在教室里,有的坐着发呆,有的看书,有的玩文具,有的和同学交谈,有的无所事事地走来走去,显得文静孤僻;约66%的学生经常在走廊、操场上追追赶赶、打打闹闹、大叫大嚷;只有约4%的学生在饶有兴趣地进行一些有益身心的游戏。中国青少年研究中心日前进行的一项调查也同样显示,44.2%的小学生课间活动不足。《中共中央国务院关于加强青少年体育增强青少年体质的意见》强调要求"确保学生每天一小时的体育锻炼时间"。要贯彻落实这一精神,单靠体育课的时间锻炼是不够的,甚至有的学校由于受场地、设施的条件限制,国家规定的体育课时都难以保证。以每课间10分钟计算,那么一天就有40~50分钟的课间活动时间是学生可以自由安排的,课间活动引导得好,就能弥补这一缺陷,让学生得到充分的体育锻炼。

本文从课间小游戏校本化实施的背景及意义出发,阐述了课间小游戏开发与实施的策略,并通过实践证明课间小游戏不仅能够减缓学生学习疲劳,释放学习压力,还能保证学生每天一小时的锻炼时间,提高学生的体质健康水平。

一、课间小游戏校本化实施的意义

课间10分钟是让学生解除疲劳、放松心情的重要时间,作为班级授课制的产物之一,课间休息有深刻的生理学和心理学基础,是教育尊重学生身心发展规律,尊重教育规律的体现。旨在育人的教育,首先要考虑的是保证学生身体的正常生长和发育。课间10分钟开展小游戏活动给予了学生舒活筋骨、呼吸新鲜空气及促进血液循环的空间,让学生能够改换自己的身体姿势,完成必要的生理代谢,这是非常必要的,也是无可置疑的。同时,让学生离开比较狭小的教室(有的班级学生人数严重超标,更为堪忧),摆脱上一个学习单元的信息

"场",对信息处理空间进行调整,为下一个 40 分钟做必要的准备,从获取知识的角度来看,也显得非常必要。因此,改革当前课间现状,开展课间小游戏活动意义重大。

二、课间小游戏校本化实施的策略

通过创编、改编、引入等方法,开发课间游戏资源,丰富课间游戏活动,让学生真正感受游戏的快乐,并在游戏的过程中培养学生的主动性、积极性和创造性。

(一)遵循原则,创编课间游戏

随着社会环境和客观条件不断变化和发展,课间游戏本身也要不断发展和更新,因此,因地制宜、因人而异地创编更新颖的课间游戏非常必要。要使创编的课间游戏产生良好的使用效果,一般应遵循锻炼性原则、教育性原则、趣味性原则和安全性原则等。

(二)多法并举,改编课间游戏

大部分课间体育游戏是在某一特定的历史或教育背景下创编而成的,因而都或多或少地镶嵌着时代的烙印。然而,随着时代的不断前进、教育理念的革故鼎新,这就必然要求我们对传统的课间游戏作一些反思、探索与创新,源源不断地给传统的体育游戏注入时代的"活水",从而使课间活动充满生机和活力,使课间 10 分钟真正成为学生活动的乐园。

(三)就地取材,引入传统游戏

很多民间传统体育游戏如老鹰捉小鸡、抽陀螺、滚铁环、跳房子、抖空竹、跳绳、踢毽子等,不仅能促进学生骨骼肌肉的发育,锻炼他们的运动技能和技巧,还能促进学生综合素质的提高,故这些传统游戏可以直接引入课间。

(四)评比结合,引导学生参与课间游戏设计

举办形式多样的课间小游戏创编比赛,放手发动学生参与课间游戏设计,激发学生主动参与课间游戏活动的热情。如举行"我设计的游戏你来玩""课间文明小游戏征集""快乐课间十分钟游戏比赛""快乐课间小游戏活动小标兵评

选"等比赛,可以大大激发学生参与的积极性。

(五)家校结合,共同开发课间游戏

家长资源是优质的校本化课程实施资源,通过家长会、告家长书、短信、电话、校讯通等形式向家长宣传课间游戏开发的意义,同时也邀请他们参与。很多家长都热情积极地加入到了课间游戏开发行列,他们不遗余力地搜集、整理他们儿时玩过的小游戏,也主动请教邻居、查阅资料搜集各种游戏,并将游戏的名称、方法和规则等记录下来。然后由课题组依据学生的具体情况进行调整、充实和完善,使他们搜集到的游戏内容更加具体、规范、有意义。有些家长还亲临学校为孩子们手把手传授游戏方法、技能,甚至还与孩子们一起玩游戏。

(六)课堂教学,传授课间游戏方法与技能

体育课是孩子们学习体育知识、技能的主渠道,在体育课上引导学生开展一些健康、安全的游戏活动,教会一些游戏的方法,让学生掌握游戏规则,使学生真正会一些健身益智、容易操作、适合在课间开展的体育游戏。只有通过规范、安全有益的游戏来替代"追逐打闹",才能从根本上规范学生的课间游戏行为。

(七)学科整合,共同推进课间游戏开展

课间游戏的内容应从学科性与非学科性两个角度来考虑。有些游戏带有鲜明的学科特点,如语言类游戏具有语文学科特点,有些益智类游戏具有数学学科特点,有些探究类游戏具有科学学科特点,另外还有体育类、音乐类、手工类、艺术创造类等游戏都带有学科特色;有些游戏则有较强的综合性或非学科性,如丢手绢。我们通过各学科教师的共同努力,把这些游戏资源与学科知识、学科特点及学科目标有效地结合起来,充分发挥学科教学优势,共同推进课间游戏校本化实施。

(八)根据节气,选择合适的课间游戏

课间活动的内容应丰富多彩,如踢毽子、跳绳、跳皮筋、丢沙包、迈大步等。但由于季节、天气的变化,我们在选择课间游戏时必须要有针对性,如在冬天,天气寒冷,就可以选择室内游戏,在雨雪天,就可以选择适合在室内或走廊做的

游戏。让学生选择自己喜欢的活动,这样更贴近学生生活,同时建议学生以个人游戏为主。总之游戏花样尽可能多,引导学生从事健康有益的课间活动。

（九）发挥班干作用,保证课间活动有序

要做到课间游戏活动有序,首先要培训好班干,让班干在游戏中充分发挥组织者作用。班委会要统筹安排,做好前期准备工作,比如宣传课间活动形式、过程等。然后要确定好活动小组(可自由结组),每天由小组组长选好当天要采取的活动形式,准备好活动内容,下课后以小组为单位进入活动状态。组长可轮换,谁准备谁组织谁就是组长,一切准备工作都要在前一天做好。另外要确定值日班委(可由全班同学轮流),每天由这名值日班委掌控活动时间,在上课前一分钟叫停,迅速收拾好活动物品,准备好下一堂课的学习用品。

（十）师生参与,关注学生课间游戏安全

教师和学生做游戏无疑是一种极好的方式,能使学生在身体上和心理上都得到放松。同时,教师参与其中,将潜移默化地提高学生的活动兴趣,规范学生活动的游戏规则,培养学生团结协作、积极进取的品质。此外,课间10分钟也是班主任、科任老师充分接触学生、了解学生的时间。在游戏过程中,教师可以全程关注学生的游戏安全,及时发现游戏过程中的安全隐患,及时处理游戏安全事故,这也是班主任、科任教师责任心的体现。我们既要让学生玩得开心,又要让他们玩得安心,安全教育要常抓不懈。

三、课间小游戏校本化实施的成效

（一）缓解了学习疲劳,释放了学习压力

课间小游戏的实施,让学生离开座位,走出教室,到走廊、到操场参与游戏活动,使学生上节课学习的疲劳得到了有效的缓解。调查结果显示,实施课间小游戏后,学生注意力明显提升,课堂上打瞌睡的现象减少。

1. 课间小游戏消除了大脑皮层疲劳,使精神振奋

孩子们在教室里专心致志地听老师讲课,注意力非常集中,大脑皮层处于高度兴奋状态,长时间的兴奋就会产生疲劳,变兴奋为抑制,学习的效果和质量逐渐降低。因此,在一节课紧张的脑力劳动后,进行必要的课间小游戏,可有效消除大脑皮层的疲劳状态。

2.课间小游戏使腰、背部肌肉得到了放松,有效地防止了脊柱变形

长时间保持坐姿,使腰、背部肌肉相应处于紧张状态。从人体机能的规律来看,肌肉进入工作状态其工作力的变化趋势为上升—稳定—下降,当疲劳以后,肌肉便逐渐失去控制正确姿势的能力。少年的肌肉的力量和耐力均较弱,且骨骼骨化尚未完成,容易弯曲变形,若维持较长时间的坐姿,会出现腰酸、背疼,或者伏桌休息现象,长此下去,就容易使脊柱弯曲变形。学生课间小游戏中伴随着各种伸腰、踢腿动作,有效地活动了身体,防止了脊柱变形现象的发生。

3.课间小游戏使眼肌得到了充分的休息,有效地预防了近视

课间开展小游戏,能有效降低眼肌的紧张度,让眼肌得到充分的放松,从而预防了近视的发生。据2011年6月和2012年6月两次对10所实验学校三年级学生视力抽测结果显示,学生近视率由2011年的27.6%下降到了2012年的18.4%,可见,课间小游戏的开展有效地预防了学生近视的发生。

(二)保证了学生每天一小时体育锻炼时间

把课间小游戏融入课间,极大地丰富了课间10分钟的活动内容,使学校的课间活动面貌彻底改观。每天5个课间,一天至少就有50分钟的课间活动时间,加上大课间、体育课、课外活动时间,确保了学生每天一小时体育锻炼时间。

(三)提高了学生的体质健康水平

对2010—2012年连续三年来我校学生体质健康检测结果进行统计分析,从统计结果中可以看出,学生总体样本平均分逐年提高,平均分由2010年的82.58提高到了2012年的83.83;学生分性别、样本数的综合评定等级人数比例统计显示,不及格率逐年下降,优良率逐年提高;学生分性别、身高、体重评价等级统计显示,学生肥胖率逐年降低,肥胖率由2010年的9.27%降低到2012年的5.27%,可见学生体质健康水平在逐年提高。

四、思考与展望

(一)加强对学生课间安全管理

在安全管理日益成为学校管理重中之重的今天,关注学生课间游戏安全管理等研究显得十分重要，我们既要把课间 10 分钟还给学生，又要注重安全。

（二）师生同乐玩转课间

教师课间和同学们一起做游戏，充分利用课间 10 分钟，想尽办法把学生从座位上吸引起来，让他们动起来或者笑起来，师生同乐，共同解除疲劳、放松心情。

（三）播放音乐渲染课间

音乐可以影响人们的行为，课间 10 分钟播放优雅的中外经典曲调，让学生边游戏边欣赏音乐，不仅可以陶冶学生的情操，而且能让学生主动选择雅致的课间游戏，从而有效提高课间游戏的效果。

（四）注意好课间游戏的运动量

课间适量的运动，不仅是人体健康的需要，也是心理健康的需要，但必须控制好游戏的运动量。有些游戏看似方法、规则简单，实际做起来强度较大，因此，必须调整好练习的量，以免影响下节课的学习，避免因强度大而发生伤害事故。

总之，对于学校来说，建设和形成愉快、祥和的课间 10 分钟，是校园文化动态的体现，也是学校课间安全的保证。对学生来说，课间玩得开心，休息好，才能以饱满的激情走进下一节课的课堂，精神集中，精力充沛。

本文写于 2013 年

基于学校文化建设有效开展教职工文体活动的策略

——以我校工会开展教职工文体活动为例

曾有人说,"文体是一种行动的教育,一种潜力巨大的教育力量。"一项健康、高雅、活泼的文体活动远远胜过一次简单空洞的说教,它不仅可以有效培养一个人良好的思想品质,还可以培养遵章守纪、团结协作等优良作风,在开展文体活动的同时,也播种着社会文明、陶冶着道德情操、提升着生活品位。

本文着重从拓展文体活动时空,规划教职工文体活动;以校园文化建设为中心,筹划教职工文体活动等几个方面阐述开展教职工文体活动的策略,旨在寻求开展教职工文体活动的有效途径,促进教职工身心健康发展和学校文化建设。

一、问题的提出

学校开展教职工文体活动是展现学校风貌、增强教职工体质、活跃教职工业余文化生活、提升学校凝聚力、提高教育教学质量的有效载体。但由于学校工作的特点,存在着工作时间与活动时间、活动内容与教职工需求、活动形式与活动场地和设施等诸多矛盾,加上一些学校工会组织对开展教职工文体活动不够重视而出现活动不正常、参与人少、内容与形式单调、敷衍了事等问题,因此,基于学校文化建设的思考,如何有效开展教职工文体活动是一个值得探讨的话题。

二、有效开展教职工文体活动的策略

(一)拓展文体活动时空,规划教职工文体活动

《中国工会章程》明确规定,工会会员享有参加工会举办的文体活动的权利,同时要求工会基层组织要支持职工开展健康的文体活动,办好工会的体育事业。由此可见,学校开展教职工文体活动是教职工的文化权利,根据教职工的兴趣爱好而设立活动项目是学校工会组织的一项职责和义务。由于教师工

作强度大,每天如紧绷的弓弦,身心疲劳,这时学校工会就要起到缓解教师工作劳累的作用,拓展文体活动时间和空间,要有计划、深入持久地安排一些时间让教师走出办公室到户外参加一些缓解身心疲劳的文体活动,努力创造条件,建好教师活动场所,如健身房、阅览室、乒乓球馆等,满足教师精神文化和健身需求。工会组织活动要因地制宜,从员工的要求出发,积极谋划。应根据单位设施的实际情况,组织形式多样、教职工都能参与的文体活动,不盲目追求规模、档次,还应协调好工会活动和行政工作的关系,做到不影响或少影响学校的正常教学任务。

要使文体活动充满生机和活力,吸引更多的教职工参与其中,一定要注重文体活动开展的持续性,要督促文体活动群体利用好业余时间,有规律、经常性地开展活动。可以通过建立教职工文体活动俱乐部、教职工文体活动中心等方法改进组织方式和活动形式,保证活动的持续性。

我校是一所民办学校,为了确保活动落到实处,学校工会每年将文体活动列入全年工作计划并将任务分解落实,坚持每月开展一次文体活动,重大节庆活动不间断。学校先后投资 50 多万元修建了教职工文体活动多功能厅,并配置了羽毛球、乒乓球、棋牌等文体器材和多功能健身器材,更新了舞台灯光、音响等装备,投资改造了塑胶篮球场等,为教职工健身娱乐活动创造了条件。此外,为确保活动有序、有效,由工会牵头成立了教职工羽毛球、篮球、健身舞、棋类等俱乐部,在每项活动中,各俱乐部充分发挥组织作用,提前做好活动的动员部署、组织指导、协调工作,使每一项活动都能收到良好的成效。

(二)以校园文化建设为中心,筹划教职工文体活动

校园文化是社会主义精神文明的重要组成部分,是学校在长期办学实践中逐步形成的稳定的精神风貌的体现。校园文化对学校的社会声誉、整体形象、校内人际关系、工作和生活在其中的教职工的精神气质的影响是全面而深刻的。文体活动是校园文化的重要表现形式,教职工在文体活动中表现出来的集体主义、团结互助、干群一心、奋勇争先、精益求精、公开、公平、公正等精神,正是学校在校园文化建设中所要提倡和发扬的。同时,开展积极向上、文明健康的教职工文体活动,也是学校工会密切联系群众的重要途径,是维护教职工精神文化权益的重要手段,是学校文化建设的重要内容。坚持以先进文化的发展

方向统领和指导工会的文体工作,是工会组织的一项重要任务。因此,学校工会应以校园文化建设为中心,积极筹划好全校性的运动会、文艺汇演、球类比赛、书画和摄影作品征集以及象棋、桥牌、健美操比赛等文体活动,使爱党、爱国、爱校、爱事业的热情在集体活动的氛围中升华。

近几年来,我校工会坚持以校园文化建设为中心,把文体活动与校园文化理念和学校现状相结合,在文体活动中弘扬学校文化,认真筹划教职工文体活动,制作了《育英学校文化手册》,对每项文体活动都坚持做到精心策划、严密组织。从宣传网页的制作到橱窗展板的设计,从设计同学校文化相呼应的活动主题,到制作带有学校 LOGO 的横幅、标语,从组织活动的主题背景到参与活动的服装要求,从活动材料的总结汇报到活动图文的宣传展示等,都力求将学校文化理念和行为识别系统导入并融入到每一项活动之中。醒目的标志、简练的语句浓缩了学校文化的精髓,时时处处宣传着学校文化的内容,让人眼见心知、耳濡目染,使学校文化理念逐步被广大教职工认识、熟识和认可。通过这些文体活动的开展,"育英"标识等形象语言走进了教职工心田,"厚德载物 自强不息"的育英精神已经深深根植于教职工心中,并在日常工作中内化于心,外化于形,教职工的整体精神面貌焕然一新,有力地促进了学校的发展。目前,我校先后被评为全国优秀民办学校、浙江省文明单位、浙江省绿色学校,这一切与有效开展教职工文体活动是分不开的。

(三)以省级文明单位创建为契机,策划教职工文体活动

《浙江省文明单位创建管理办法》第三条明确指出:"文明单位创建活动是群众性精神文明创建的重要组成部分,是广大群众积极参与精神文明建设实践,进行自我教育、自我提高的重要载体,是单位加强自身建设、优化发展环境、提升社会形象的有效途径,是提高公民文明素质、提升社会文明程度的基础工程。"并在第七条中要求:"文体活跃,内容丰富,注重加强企业文化机关、事业单位文化建设,形成单位的核心精神;单位文化设施完备齐全,群众性文体活动经常开展,文化生活内涵丰富,员工精神风貌积极向上。"可见,校园文化建设是省级文明单位创建工作的重要内容之一,它包含教职工文化建设,教职工文体活动又是教职工文化建设的重要内容之一。

健康向上的文化活动是提高教职工文明素质的重要手段。我校是浙江省

文明单位,结合省级文明单位建设,首先通过以"热爱祖国,捍卫钓鱼岛""光盘行动,从我做起"为主题的教职工签名、以"学习身边先进楷模,争做优秀教师"为主题的学习教育、以"低碳生活,节能减排"为主题的倡议、以"我眼中的育英"为主题的"学校文化故事"征文活动等系列教职工文体活动,切实增强教职工的社会公德、职业道德和集体归属感。其次,举办"家校"趣味运动会,将和谐发展的学校文化内涵向家庭文化扩展和延伸,受到了教职工的广泛好评。再次,结合教职工素养提升工程和企业文化建设,先后开展了教职工读书征文和书画、摄影作品征集活动,切实提高教职工的文化素质和文化品位。第四,结合教职工文化需求,定期组织开展"育英杯"象棋、围棋等智力比赛和篮球、羽毛球、乒乓球等竞技比赛。第五,结合重大节日,坚持举办"元旦迎新"茶话会、庆"三八"登山比赛、迎"五一"教工篮球赛、"教师节"座谈、"国庆"歌咏比赛等各种文体活动,丰富了教职工的文化生活,展示了教职工的精神风貌,达到了鼓舞员工士气、营造和谐气氛、凝聚干群力量的目的,为学校营造出了浓厚的文化氛围,有力地促进了学校文明建设。

(四)以活动的参与度及协作性为重点,谋划教职工文体活动

为提高活动的参与度,学校工会应在每学年初就在学校工作计划的制订上进行认真细致的考虑,有计划地在学期中,根据学校工作的实际,穿插安排各类文体活动,让全体教职工心中有数,做好相应的准备。这样既能保证活动的开展,确保了各项活动的质量,同时也让教职工能根据工会活动的安排及时调整自己的各项事务来参与文体活动。

文体活动是培养团队协作精神,增强学校凝聚力和向心力,打造核心竞争力的重要载体,一个生机勃勃的学校不但要有优质的教学质量,还应充满歌声和笑声,这样方能体现一个和谐向上的群体。因此,工会在谋划文体活动时要有意识地选择一些集体协作项目,让他们在集体活动中感受团队的凝聚力和向心力。

我校工会在开展群众性文体活动时,以活动的参与度为重点,调动教职工积极参与活动的主动性和积极性。在活动前期筹划中,尽量选择教职工喜闻乐见、具有相互竞技与协作性的活动,如篮球、棋类、拔河、跳绳等团体比赛项目,尽量满足不同教职工文化生活的需求。同时,以增强教工团结协作精神、树立

团队和谐文明形象为宗旨,培养教工集体主义精神,打造团队凝聚力和向心力。通过场上教职工的奋力拼搏,场下教职工的出谋划策、助威呐喊和相互鼓励,使部门与部门、职工与职工、干部和群众在轻松与愉快的氛围中缩短了距离,密切了关系,增进了团结。通过开展不同形式的文体竞赛活动,动员和鼓励教职工把赛场上不服输、不言败的品质和劲头带到教学岗位上,培养教职工的竞争意识和进取精神。工会把开展教职工文体活动定位在"丰富教职工业余文化生活,增强教职工身心素养,助推学校高速发展"的战略高度,通过多年的实践,我校基本保持了教职工天天有活动,月月有赛事,年年有提高的良好文体氛围和发展势头。

三、结论

(一)教职工文体活动是学校文化建设的重要部分

教职工文体活动作为学校文化建设的一个重要组成部分,对活跃教职工文娱生活,全面提高教职工综合素质有着独特的作用。就活动本身来说,它并不是为了活动而活动,而是要与学校的发展现状相结合,与教职工思想意识相结合,与培养学校精神相结合。

(二)教职工文体活动是学校文化的表现形式

对学校来说,文体活动是一种具体的行动,是实现和建设学校文化的重要载体。通过开展教职工文体活动,可以为全体教职工搭建一个交流和沟通的平台,给教职工提供一个展现自我风采的舞台,从而让全体教职工建立良好的合作关系,增强凝聚力。

(三)校园文化也影响着文体活动的开展

校园文化对学校来说具有品牌效应。文化的影响是潜移默化的,因为其强大的生命力在学校发展中占据着重要的战略地位,文化影响着学校的教育教学等工作,并在不断的文化积累中改变学校的影响力。学校文化具有扩张力,它不是直接为学校的发展带来效益,而是一种无形的生产力量,通过影响学校的教职工来创造更高的社会效益和价值。

　　总之,开展教职工文体活动不仅为学校营造了科学文明、健康向上的文化氛围,有力地促进了全民健身运动的蓬勃开展和教职工文化品位的不断提升,还培育和引导着教职工健康的生活方式和终身体育意识,更重要的是在宣传贯彻学校文化、打造团队精神、树立学校形象等方面发挥了应有的作用,逐渐成为推动学校文化建设的强大牵引力和有力支撑。

本文写于 2014 年

对乐清市田径业余训练现状的分析研究

——兼谈备战温州市第15届运动会田径比赛的措施与对策

田径业余训练是学校体育工作的重要组成部分,是发掘具有田径运动天赋的运动员、为高一级学校输送田径后备人才的必经之路。搞好学校的田径业余训练,不仅能提高学生田径专项身体素质和田径竞技水平,还能打造学校体育特色,形成良好的体育氛围,进而可促使学校工作全面发展。

一、乐清市田径业余训练现状

(一)基本现状

乐清市现有各类中小学 107 所,其中以田径为特色的省、市、县级体育特色校 13 所,2009—2012 年省、市已注册田径运动员 322 名,其中 1996 年龄段注册运动员 65 名,1997 年龄段注册运动员 44 名,1998 年龄段注册运动员 30 名,1999 年龄段注册运动员 26 名,2000 年龄段注册运动员 36 名,2001 年龄段后注册运动员 53 名,适合参加温州市第 15 届运动会田径比赛的注册运动员共 254 名。据统计,目前常年从事田径业余训练的学校只有 11 所,其中小学 4 所,初中 4 所,高中 3 所;常年从事田径业余训练的教练员(体育教师)不到 20 人。

(二)从 2010—2012 年温州市中小学生田径分龄赛成绩看乐清市田径业余训练现状

一年一度的温州市中小学生田径分龄赛是检阅各县(市、区)田径业余训练水平的大舞台,也是 2009 年温州市第 14 届运动会田径比赛结束后一个新的周期性常规比赛,尽管是常规赛,但各县(市、区)体育部门都高度重视,每届比赛都会派出精兵强将参赛。2010 年分龄赛,乐清代表队共获得 13 块金牌,团体总分排第 4 名;2011 年分龄赛,乐清代表队获 3 块金牌,团体总分排第 8 名;2012 年分龄赛,乐清代表队获 9 块金牌,团体总分排第 6 名。可见,乐清市田径业余训练水平呈滑坡趋势。

（三）从2011年浙江省第10届田径运动会成绩看乐清市田径业余训练现状

2011年7月,乐清市派出了1996—1999四个年龄段10个队员参加了在温岭体育中心举行的浙江省第10届田径运动会。乐清代表队共获得1金2银2铜,以总分95分的成绩列乙组团体总分第13名,团体总分排在苍南、永嘉、瓯海、瑞安、平阳之后,表明乐清市田径业余训练水平在急剧下滑,处温州中等水平,在温州排在二流队伍行列。

二、原因分析

（一）高水平运动员缺乏,输送队员少

以前在温州体校、省体校(包括送到缙云等地)田径队训练的队员有10来个,这批队员训练水平较高,是乐清市田径队的主力军,每次田径比赛获得的金牌数占乐清市田径队所获金牌的半数以上,而近年来,这批队员已毕业或超龄,而输送到这些学校的队员很少,从而影响了乐清市田径的整体实力和水平。

（二）训练体制有问题,教练员积极性不高

田径参赛队员主要来自基层学校(乐成实验中学、乐清市乐成公立寄宿中学、乐清市虹桥镇第一小学、乐清育英学校),而体育局对基层学校田径训练在政策、资金等方面支持力度不大,因而缺乏有效的监督管理机制。大部分基层学校训练的目的不是为了代表乐清市参加上级比赛,有的教练员甚至公开不让学生参赛。此外,乐清市体校田径队因生源原因,带训教练由原来的4人减为1人,现在训练队员不到10人,而且水平一般,从而影响了教练的积极性。

（三）训练不系统,缺乏科学性

对乐清市第51届田径运动会成绩与2012年温州市中小学生田径分龄赛成绩进行分析比较发现,在乐清市田径比赛中成绩排在前三名的队员,在温州市比赛中成绩平平,其主要原因是队员训练不系统、不科学,大部分学校是围绕乐清市比赛来训练,9月份组队,11月份比赛完就解散训练队,更谈不上冬训和夏训。此外,在训练方法、手段上缺乏科学性,很多教练员训练方法陈旧,所选

用的方法、手段不适切队员个性特点,针对性不强。正如著名的跆拳道教练陈立人说,"训练不在于练多,而在于练准",盲目训练会导致队员训练效果差,甚至会葬送一个队员的前途。

（四）社会、家庭因素影响田径业余训练的开展

受应试教育的影响及全民"奥数"的热潮冲击,业余训练得不到家长、班主任的支持,大部分家长认为孩子只要读好书就会有出息,认为田径业余训练没有前途,从而影响了田径业余训练的正常开展。

三、措施与对策

（一）从2012年温州市中小学生田径分龄赛中寻找不足

2012年温州市中小学生田径分龄赛团体成绩见表1。

表1　2012年温州市中小学生田径分龄赛团体成绩

名次	总分	单位	金牌	银牌	铜牌
1	511.0	苍南	20	16	20
2	478.0	永嘉	18	13	14
3	470.0	平阳	25	10	12
4	402.5	鹿城	14	14	13
5	361.0	瑞安	11	8	11
6	339.0	乐清	9	10	8
7	277.5	龙湾区	8	9	6
8	210.0	洞头	3	6	6
9	196.0	瓯海	1	5	5
10	182.5	文成	2	10	1
11	164.0	永嘉城西	8	5	1
12	139.0	龙港一小	3	5	6
13	125.5	泰顺	1	4	1

从表 1 中金牌分布情况可以看出,乐清市田径训练水平与苍南、永嘉、平阳差距较大,在各年龄组男、女 100 米、200 米项目中无一枚金牌入账,大年龄组(16～18 岁组)仅获得 1 枚金牌,男子获得 7 枚金牌,女子仅获得 2 枚;金牌分布为中长跑(12 岁男子 400 米、12 岁男子 800 米、14～15 岁男子 800 米及 1 500 米)项目 4 枚,跳跃(12 岁男子跳高、12 岁男子跳远)项目 2 枚,投掷(13 岁女子铅球、13 岁女子铁饼、16～18 岁男子标枪)项目 3 枚。可见,我市田径业余训练水平存在短跑项目较差、女子水平较弱、大年龄组训练水平较低的现状。

再从附表 1 成绩名次表中可以看出,目前我们可以突破的项目主要是在 2012 年分龄赛中获得第二名及第三名的项目。在这些项目中,有望突破的项目只有 13 岁男子 100 米、16～18 岁女子 200 米、16～18 岁男子 400 米、14～15 岁男子 800 米、13 岁男子 1 500 米、14～15 岁女子标枪这 6 个项目,其他项目成绩与第一名成绩相差较大,很难在温州市第 15 届运动会田径比赛中与其抗衡。

(二)从 2012 年温州特色校田径比赛中寻找突破口

温州市特色校田径比赛是由温州市教育局主办的一年一度的赛事,参赛对象是温州市级以上特色学校,其成绩基本上能代表当前温州市田径水平,每个单项成绩基本上要达到或接近国家二级运动员水平才有望获得冠军或前三名,尤其是径赛项目,整体水平较高。

从附表 2 可以看出,在温州市特色校田径比赛中,我市只有育英学校及乐成实验中学两支代表队中的 8 名运动员获得前三名,短跑项目 100 米、200 米、400 米及跳高、跳远项目无一人进入前三名,说明短跳项目是我市的弱势项目。

附表 2 还反映出我市男、女运动员发展不平衡的现状。在 14 个比赛项目中,没有一名女队员进入前三名,这是一个值得思考的问题。

从金牌分布情况看,除温州实验中学独占鳌头外,苍南、永嘉、平阳兄弟代表队实力强劲,我市与他们的差距不大,在中长跑项目及投掷项目上有较大的优势。

再看跨栏及铁饼成绩,与省比赛同龄队员成绩相比,差距较大,说明跨栏、铁饼在温州有较大的发展空间,这两个项目是有望突破的项目。

(三)从乐清市第 52 届中小学田径运动会中发现新苗

乐清市第 52 届中小学田径运动会于 11 月 25 日结束,从附表 3 可以看出,乐清市田径运动会初中组各单项前三名成绩大部分不能排入温州特色校前三名(仅仅排在第七或第八名),而这些获得前三名的队员是温州市第15届运动会田径比赛的适龄队员,因此,我们感到任重而道远。但我们也欣喜地看到,在部分获得金牌的队员中,有来自初一、初二的队员,他们的年龄段是1998—1999年,是一股强大的新生力量。

从附表3可以看出,乐清市田径运动会初中组各单项前三名集中在乐清市成公立寄宿中学、虹桥镇第一中学、乐成实验中学、乐清育英学校等4所学校。同时,从这些前三名项目分布情况还可以看出,投掷项目是育英学校的优势项目,中长跑项目是乐成实验中学的特长项目,短跑及跳部项目是虹桥镇第一中学的发展项目,乐成公立寄宿中学综合发展各项目。

四、建议

(1)知己知彼,百战不殆。要求全体带队的教练(少体校)或教师对自己所带的运动员进行全面分析(不同项目特点)。温州市第15届运动会田径比赛分4个年龄组,其中12岁(2001年)、13岁(2000年)运动员要按主副项及形态分,在抓好主项的同时也要抓副项。

(2)尽快建立一套奖励激励机制。大力度投入资金补给带训教练及教师,如输送队员奖励、田径常规赛奖励、基层学校业余训练教练员补助等,真正把队员、教练员的积极性调动起来、发挥出来。

(3)学习兄弟县、市的一些好做法。苍南没有体校,它是如何发挥基层学校的作用的?永嘉有体校,它又是如何发挥体校的作用的?要发挥少体校、体育特色校的作用,特别是龙头学校的作用。

(4)吸取篮球联赛、足球联赛比赛经验,经常组织一些对抗赛、选拔赛,使队员在比赛中不断提高竞技水平,积累比赛经验,这对小年龄队员尤为重要。

(5)重视冬训及夏训,保持训练的连续性。聘请外来高水平教练(主要针对重点项目如田径等)对队员进行寒暑假集中训练,这样会使队员有所突破。

(6)整合资源,提高教练员水平。少体校的教练直接到相关项目学校进行指导,发现体育特色校中的优秀教练员并委以重用。

附表1　2012年温州市少年儿童田径分龄赛成绩名次表

项目	组别	12岁组（2000年）	13岁组（1999年）	14~15岁组 （1997—1998年）	16~18岁组 （1994—1996年）
100米	男	第一名0:13.53苍南 第二名0:13.94鹿城 第三名0:13.99平阳	第一名0:12.70苍南 第二名0:13.12鹿城 第三名0:13.18乐清	第一名0:11.28永嘉 第二名0:11.64瑞安 第三名0:11.67平阳	第一名0:11.41平阳 第二名0:11.47苍南 第三名0:11.49鹿城
	女	第一名0:13.97平阳 第二名0:14.28苍南 第三名0:14.38瑞安	第一名0:13.53鹿城 第二名0:13.59瑞安 第三名0:13.84瓯海	第一名0:12.92鹿城 第二名0:12.95平阳 第三名0:13.26苍南	第一名0:12.86平阳 第二名0:12.98苍南 第三名0:13.37龙湾
200米	男	第一名0:27.60永嘉 第二名0:28.20鹿城 第三名0:28.44苍南	第一名0:26.29苍南 第二名0:26.50鹿城 第三名0:26.79瓯海	第一名0:23.20永嘉 第二名0:23.79平阳 第三名0:23.80鹿城	第一名0:23.21平阳 第二名0:23.61鹿城 第三名0:23.62平阳
	女	第一名0:29.28永嘉 第二名0:29.28平阳 第三名0:29.82永嘉	第一名0:27.86鹿城 第二名0:28.64瑞安 第三名0:28.88平阳	第一名0:27.37平阳 第二名0:28.12苍南 第三名0:28.28苍南	第一名0:27.25平阳 第二名0:28.19乐清 第三名0:28.30鹿城
400米	男	第一名0:57.50乐清 第二名1:00.3永嘉 第三名1:02.9永嘉	第一名0:56.16鹿城 第二名0:58.06苍南 第三名1:01瑞安	第一名0:52.81平阳 第二名0:53.40鹿城 第三名0:53.42永嘉	第一名0:51.08永嘉 第二名0:52.35鹿城 第三名0:53.53乐清
	女	第一名1:04.4平阳 第二名1:06.7永嘉 第三名1:07.0平阳	第一名1:03.7苍南 第二名1:06.8瓯海 第三名1:08.8瑞安	第一名1:03.6永嘉 第二名1:03.6苍南 第三名1:04.6瑞安	第一名0:59.85平阳 第二名1:06鹿城
800米	男	第一名2:19.3乐清 第二名2:24.2苍南 第三名2:24.7永嘉	第一名2:15.3鹿城 第二名2:16.5平阳 第三名2:19.2苍南	第一名2:07.8乐清 第二名2:08.2永嘉 第三名2:09.8乐清	第一名2:02鹿城 第二名2:03苍南 第三名2:03平阳
	女	第一名2:39.8永嘉 第二名2:42.8苍南 第三名2:48.2苍南	第一名2:36.4苍南 第二名2:36.9洞头 第三名2:38.0瓯海	第一名2:26.3永嘉 第二名2:27.1永嘉 第三名2:28.2苍南	第一名2:32平阳 第二名2:35苍南 第三名2:36永嘉
1 500米	男	—	第一名4:51.3平阳 第二名4:54.1乐清 第三名5:04.2泰顺	第一名4:27.9乐清 第二名4:33.3永嘉 第三名4:37.3鹿城	第一名4:23苍南 第二名4:28瑞安 第三名4:31瓯海
	女	—	第一名5:31.7龙湾 第二名5:31.9洞头 第三名5:33.2永嘉	第一名5:21.2永嘉 第二名5:22.3永嘉 第三名5:24.1永嘉	第一名5:34永嘉 第二名5:56文成 第三名5:57瓯海

项目	组别	12 岁组(2000 年)	13 岁组(1999 年)	14 ~ 15 岁组 (1997—1998 年)	16 ~ 18 岁组 (1994—1996 年)
跳高 (米)	男	第一名 1.30 乐清	第一名 1.55 永嘉 第二名 1.50 苍南 第三名 1.40 鹿城	第一名 1.78 鹿城 第二名 1.78 龙湾 第三名 1.74 永嘉	—
	女	第一名 1.34 鹿城 第二名 1.28 苍南 第三名 1.20 鹿城	第一名 1.30 苍南 第二名 1.30 苍南 第三名 1.25 鹿城	第一名 1.46 永嘉 第二名 1.44 瓯海 第三名 1.41 永嘉	第一名 1.60 苍南 第二名 1.30 苍南
跳远 (米)	男	第一名 4.78 苍南 第二名 4.50 平阳 第三名 4.37 鹿城	第一名 5.30 苍南 第二名 4.94 洞头 第三名 4.77 乐清	第一名 6.62 瑞安 第二名 6.01 龙湾 第三名 6.01 鹿城	第一名 6.49 永嘉 第二名 6.45 文成 第三名 6.44 龙湾
	女	第一名 4.30 乐清 第二名 4.16 文成 第三名 3.97 鹿城	第一名 4.84 苍南 第二名 4.41 泰顺 第三名 4.37 鹿城	第一名 4.87 瑞安 第二名 4.84 苍南 第三名 4.62 苍南	第一名 5.12 龙湾 第二名 4.94 平阳 第三名 4.93 苍南
铅球 (米)	男	第一名 11.45 永嘉 第二名 10.47 洞头 第三名 10.02 龙湾	第一名 14.1 苍南 第二名 13.7 洞头 第三名 13.5 永嘉	第一名 12.8 鹿城 第二名 12.7 瓯海 第三名 11.8 平阳	第一名 13.1 鹿城 第二名 12.8 瑞安 第三名 10.4 乐清
	女	第一名 9.14 苍南 第二名 8.26 永嘉 第三名 8.23 平阳	第一名 9.63 乐清 第二名 8.27 永嘉 第三名 7.57 洞头	第一名 12.4 瑞安 第二名 9.39 乐清 第三名 8.70 永嘉	第一名 10.8 鹿城
铁饼 (米)	男	—	第一名 32.5 文成 第二名 26.9 文成	第一名 39.1 文成 第二名 30.1 鹿城 第三名 28.8 瑞安	第一名 39.9 鹿城 第二名 35.1 龙湾 第三名 34.7 乐清
	女	—	第一名 24.4 乐清 第二名 17.7 洞头	第一名 39.2 瑞安 第二名 34.6 文成 第三名 32.6 乐清	第一名 30.3 鹿城 第二名 27.6 龙湾 第三名 14.8 文成
标枪 (米)	男	第一名 33.81 永嘉 第二名 32.11 瑞安 第三名 25.15 苍南	第一名 40.2 苍南 第二名 37.1 龙湾 第三名 36.8 洞头	第一名 50.5 龙湾 第二名 48.2 龙湾 第三名 47.3 平阳	第一名 49.7 乐清 第二名 45.51 龙湾 第三名 33.3 龙湾
	女	第一名 34.48 永嘉 第二名 34.01 苍南 第三名 29.95 苍南	第一名 42.1 龙湾 第二名 30.0 乐清 第三名 2.28 瓯海	第一名 44.1 平阳 第二名 44.0 乐清	第一名 42.4 龙湾

附表 2　2012 年温州市特色校田径比赛(初中组)成绩名次表

项目名称	性别	第一名	第二名	第三名
100 米	男子	朱陈泳 0:11.02 实验中学	吕心鹏 0:11.45 龙港三中	陈市昌 0:11.46 龙港二中
	女子	何慧慧 0:12.73 昆阳二中	严珍琦 0:12.77 实验中学	戴梦婷 0:12.84 塘下一中
200 米	男子	朱陈泳 0:22.71 实验中学	吕心鹏 0:23.03 龙港三中	汤鹏鹏 0:23.29 永嘉城西
	女子	何淼格 0:25.35 滨江中学	刘苗苗 0:26.56 鳌江四中	麻佳佳 0:26.66 实验中学
400 米	男子	李求亮 0:51.80 实验中学	黄传锋 0:52.26 鳌江四中	王 威 0:53.11 滨江中学
	女子	何淼格 0:57.80 滨江中学	刘苗苗 1:01.18 鳌江四中	麻佳佳 1:01.22 实验中学
800 米	男子	王辉龙 2:05.84 乐成实验	陈哲伦 2:06.07 乐清育英	蒋政潮 2:07.24 瓯北五中
	女子	马盈盈 2:20.32 实验中学	冯苗苗 2:29.49 龙港三中	任俊红 2:30.33 塘下一中
1 500 米	男子	吴泽来 4:24.23 乐成实验	杨陈伟 4:28.58 永嘉实验	陈哲伦 4:30.29 乐清育英
	女子	马盈盈 4:58.80 实验中学	陈 颖 5:18.20 永嘉实验	金金双 5:18.81 永嘉实验
100 米栏	女子	欧婷婷 0:15.73 灵溪一中	夏莹莹 0:15.96 龙港三中	陈如意 0:16.50 滨江中学
110 米栏	男子	施南凯 0:15.99 乐清育英	李传仰 0:16.10 龙港三中	苏尚龙 0:16.55 实验中学
4×100 米	男子	0:45.90 实验中学	0:46.28 鳌江四中	0:46.46 平阳实验
	女子	0:51.35 塘下一中	0:51.43 滨江中学	0:51.75 龙港三中
跳高 (米)	男子	潘晓斌 1.76 瓯北五中	张作栋 1.74 实验中学	王 程 1.74 文成实中
	女子	王姗姗 1.52 实验中学	项晓琰 1.50 灵溪一中	卢素素 1.48 塘下一中
跳远 (米)	男子	杨 欣 6.40 灵溪一中	苏尚龙 6.23 实验中学	黄祥翔 6.22 宜山一中
	女子	夏莹莹 5.16 龙港三中	林晓慧 5.07 灵溪一中	项晓琰 5.01 灵溪一中
三级跳远	男子	张作栋 13.20 实验中学	黄祥翔 12.51 宜山一中	林孝敏 12.35 宜山一中
铅球 (米)	男子	张轩 15.25 滨江中学	章圣强 12.17 龙港二中	王志杰 11.67 永嘉城关
	女子	张丹如 11.58 实验中学	唐明珠 9.87 塘下一中	陈熹僖 9.37 永嘉城关
铁饼 (米)	男子	季李杰 41.98 乐清育英	张 轩 41.04 滨江中学	陈雪豪 40.29 乐成实验
	女子	柯雪飞 34.63 文成实中	张丹如 33.59 实验中学	唐明珠 28.24 塘下一中
标枪 (米)	男子	季李杰 48.01 乐清育英	林一帆 43.86 实验中学	王健忠 41.68 莘塍一中
	女子	陈佳嘉 41.27 昆阳二中	钱学知 40.98 实验中学	柯雪飞 35.27 文成实中

附表 3　乐清市第 52 届中小学田径运动会（初中组）前三名成绩

项目	性别	第一名	第二名	第三名
100 米	男子	吴　昊 0:11.60 虹桥一中	南　索 0:11.85 黄华实验	胡伯俊 0:11.89 乐成实验
	女子	郑漫雪 0:13.17 虹桥一中	金佳好 0:13.48 乐成实验	赖早早 0:13.64 柳市一中
200 米	男子	吴　昊 0:24.16 虹桥一中	李孔政 0:24.18 乐成实验	胡伯俊 0:24.34 乐成实验
	女子	郑漫雪 0:27.53 虹桥一中	金佳好 0:27.78 乐成实验	吴雨欣 0:28.34 乐成公立
400 米	男子	李孔政 0:54.60 乐成实验	王楚澄 0:55.54 乐成公立	董凌杰 0:56.10 虹桥一中
	女子	吴雨欣 1:04.89 乐成公立	南伊如 1:05.84 乐成公立	叶汝烟 1:08.38 乐成实验
800 米	男子	干儒浩 2:09.04 乐成公立	管瑞铭 2:10.31 虹桥实验	王楚澄 2:11.23 乐成公立
	女子	赵新芊 2:31.59 乐成公立	汤淇钧 2:40.57 育英学校	陈舒敏 2:41.92 乐成实验
1 500 米	男子	陈雄鹏 4:39.98 育英学校	干儒浩 4:42.19 乐成公立	陈浩特 4:43.03 柳市实验
	女子	赵新芊 5:27.82 乐成公立	陈舒敏 5:40.64 乐成实验	缪紫微 5:43.45 虹桥实验
4×100 米	男子	0:46.76 乐成实验	0:47.12 乐成公立	0:47.39 乐成一中
	女子	0:54.75 乐成公立	0:54.98 虹桥一中	0:55.40 乐成实验
跳高（米）	男子	方　凯 1.70 乐成公立	卓豪杰 1.67 乐成一中	周　航 1.67 市外国语
	女子	施钇冰 1.42 虹桥一中	陈嘉嘉 1.36 大荆一中	王丽央 1.29 乐成实验
跳远（米）	男子	方　凯 5.95 乐成公立	卓豪杰 5.86 乐成一中	吴晓龙 5.72 虹桥一中
	女子	施钇冰 4.55 虹桥一中	杨心仪 4.39 乐成公立	管馨怡 4.22 大荆一中
铅球（米）	男子	林威明 11.61 朝阳学校	朱晓虎 11.19 育英学校	王阳 11.02 乐成公立
	女子	孙晨辉 10.67 乐成公立	王丽苗 10.32 育英学校	梁乐怡 9.82 雁湖学校
铁饼（米）	男子	王　阳 41.71 乐成公立	朱晓虎 36.55 育英学校	周云峰 35.22 育英学校
	女子	叶之景 30.32 乐成公立	孙晨辉 29.38 乐成公立	王丽苗 29.11 育英学校
标枪（米）	男子	周云峰 45.03 育英学校	刘鲁京 38.80 虹桥实验	金宇林 37.48 大荆一中
	女子	谢荣荣 35.98 育英学校	叶之景 34.98 乐成公立	夏梦婷 29.50 育英学校

本文写于 2013 年

别让风筝消失在校园上空

  风筝,又名风鸢、纸鹞,故乡在中国,是具有悠久历史、百姓情有独钟的一种民间工艺品,其融体育、科技、艺术于一体,奇巧百出,各具风姿。清代诗人高鼎在《村居》一诗中说:"草长莺飞二月天,拂堤杨柳醉青烟。儿童放学归来早,忙趁东风放纸鸢。"古籍《续博物志》载:"春季放风筝,引线而上,令小儿张口仰视,可以泄内热。"《燕京岁时记》载:"放风筝,最能清目。"可见,风筝自古以来就是我国民间的一项传统体育娱乐项目,如今学校、街头巷尾、公园、广场等地,每年春季都可见到放风筝的人们。放风筝时需要动手、腕、肘、臂、腰、腿等部位,使全身得到锻炼,可见放风筝是极富情趣和健身意义的雅事。

  春放风筝是一项有益人体健康的体育活动。春季到室外放风筝,可以呼吸到负离子含量高的新鲜空气,使头脑清醒,促进新陈代谢。在放风筝时,或缓步,或迅跑,缓急相间,张弛有变,活动周身关节,促进血液循环。放风筝时昂首翘望,极目远视,能调节眼部肌肉和神经,消除眼睛疲劳,防治近视眼,起到保护视力的作用。

  阳春三月是放风筝的最佳时节,往年的这个时候,学校都在举办风筝节活动,但如今,风筝在校园突然消失了,事情的起因是一次意外伤害事故。

一、案例描述

  3月16日中午,天空晴朗,和煦的春风着实能给人们带来心旷神怡的感觉,像往常一样,"轻松午间"活动又开始了,今天的活动内容是"放风筝"。12点10分,同学们手拿风筝,喜笑颜开地来到了操场。看!在那宽阔的操场上,同学们沐浴着明媚的阳光,呼吸着清新的空气,仰望蓝天,凝注那波动起伏的风筝。一款款风筝在校园上空竞相飞舞、争奇斗艳,地面牵动着风筝的学生在阳光下尽情欢笑,学校操场就成了他们放飞风筝的乐园。操场上满是放风筝的学生,他们有的独自一人欣赏着风筝在空中飞舞的姿态,喜悦的心情溢于言表;有的三五成群切磋技艺探讨风筝的放飞技巧。他们那各式各样的风筝飞满天,犹如蓝色的大海里畅游的小鱼。

从引飞风筝开始,同学们的各部位就开始运动:人在前面跑,手中提着风筝线,不时地回头看看风筝飞起来了没有,然后缓缓地将手中的线松开,当风筝上升或随风倾斜时,放风筝的人又小步跑开,抬头拉线,左右摆动……这些动作看似是控制风筝飞行的简单技巧,但同时也使身体的相关部位充分舒展开来。

正当同学们玩得起劲的时候,突然从操场右跑道一年级活动区传来一声惊叫:"不好了!不好了!二(1)班林同学的脖子被划破了!"这一声惊叫,惊动了整个操场,在场的所有老师不约而同地跑向了事发地点。只见,林同学的脖子上竟被风筝线划出了一条长约20厘米的伤痕,鲜血还不停地从伤痕渗出,十分可怕!林同学立刻被老师送到了医务室,站在旁边的一(4)班朱同学看到这一情景吓得连话都说不出话来,他不知道自己的风筝线怎么缠上了林同学的脖子,更没想到一根细小的绳子有这么大的威力。经校医务室的鉴定,林同学的颈部属表皮划伤。

一场虚惊之后,风筝就被封锁了,放风筝就"有缘有故"地被禁止了,校园的上空从此再也看不到风筝飞舞了。每到中午时分,同学们只能从事其他体育活动,这充当"罪魁祸首"的风筝也就成了"座上客",只能静静地躺在教室的拐角,纵有同学控制不住放风筝的冲动,也只能拿起风筝在教室里走上几圈。

二、案例结论

"一朝被蛇咬,十年怕井绳。"我们做任何事情小心谨慎当然好,但不能因为遭受一次挫折或一次打击就谈虎色变,因噎废食。放风筝是一项有益人体健康的运动项目,不能因为在活动过程中的一次意外伤害事故就全盘否认了它的活动价值,相反,我们要总结这次伤害事故的原因,加强活动过程中的安全事故防范措施,让这项学生喜爱、家长欢迎的民族民间传统体育项目深入持久地在学校开展下去。

三、案例反思

体育与健康课程标准已于2002年正式颁布并在全国范围内广泛实施,它明确把课外体育正式纳入了体育课程领域范围,并要求各地各校要根据自己的实际情况,大力开发体育课程内容。诚然,自课程标准颁布实施以来,一些民族民间、新兴的体育项目纷纷走进了学校体育课程。放风筝这一民族民间传统体育项目正是在新课程标准正式实施研究的大好背景下才走进学校体育课程的,其开发与利用的作用和价值不言而喻,决不能因为一次意外伤害事故就把放风筝"打入冷宫"。推而言之,如果学生在其他项目活动中也出现了伤害事故,像这样出现一例就打倒一项,到最后就没有可以选择的项目了。其实每一个运动项目都存在一定的安全隐患,关键是我们要在活动过程中加强安全事故防范,避免一切意外事故的发生。

教育部于 2005 年 8 月 19 日下发了教体艺[2005]第 10 号文件——《教育部关于落实保证中小学生每天体育活动时间的意见》,这是一份关于确保学生每天一小时体育活动力度最大、规定最具体、要求最明确的文件。为把意见精神真正落到实处,各地各校纷纷推出了一系列关于确保学生每天一小时体育活动的举措。例如,我校推出的"开心晨练""快乐大课间""轻松午间"等系列活动,极大地激发了学生的参与热情,同时也在"落实保证中小学生每天体育活动时间"的背景下,着实让学生感觉到了学习的愉悦和轻松。"放风筝"就是我们选择的活动项目之一,让学生在午间走出教室,到阳光下,到大自然中去放飞风筝,放飞心灵,不失为落实"确保学生每天一小时体育活动"精神的一个亮点。

放风筝不仅能锻炼身体,陶冶情操,而且在活动过程中能培养学生的合作精神及观察问题、分析问题、解决问题的能力。放风筝时一般需要两人配合,一人拉线一人放,要配合默契,不然风筝很难放飞。在放风筝过程中,随时会遇到如风向改变、同伴风筝干扰等问题,需要学生观察清楚并作出判断才能合理解决问题。所以说,放风筝是一项综合游戏活动,适合中小学生心理、生理特点,值得在学校推广,具有一定的开发与利用价值。

本文写于 2006 年

千般防护 莫过自护

我国中小学课程中尚未设置安全教育类课程,由此带来各种问题,如学生缺乏必要的安全意识与安全知识;缺乏基本的自我防护、救护的知识、方法与技巧;在遇到突发事件或灾害时缺乏应急能力和心理承受能力,往往束手无策;交通事故、意外伤亡事故在一些中小学也时有发生等。虽然这与学校教育无直接因果关系,但也暴露了学校体育教育的不足。其实,安全知识,自我防护、救护知识与能力等是现代人所必须具备的基本知识和能力,现在有许多学校结合本校的实际,运用各种途径、方法大力开展学生安全教育。根据体育教学、活动的特点,对学生进行必要的安全教育、自我防护与救护教育是体育教学自身的需要,也是现代体育教学"健康第一"教育思想所提出的要求,有着深远的意义。

学校不仅是孩子们学习的场所,也是孩子们生活的场所,有统计结果表明,越是孩子频繁使用的设施或场地,发生的事故越多。因此,很多学校领导、教师甚至家长就刻意把"防"和"保"放在首位,片面理解其含义,严重者甚至干脆不让孩子参加体育活动,以防止意外伤害的发生。但作为学校、教师,不能因为有危险而不让孩子参加体育活动,"千般防护,莫过自护",孩子学会自护,就等于在成长的路上向前迈进了一大步。

一、案例描述

轮滑运动是一项新兴体育运动,已在我国很多大、中、小城市学校广泛开展。开展这项活动不仅可以增强孩子的体质,提高运动水平,锻炼、培养坚毅、活泼的性格,还可以使孩子在轮滑培训班的学习过程中,获得心、智、体的全面平衡发展,全面提高体能、耐力、大脑与身体各部位之间的协调性及运动反应的快速准确性等,促进大脑和骨骼生长发育,增强自身肌体的协调。同时,轮滑运动还能提供给孩子更多参与及展示的机会,能使孩子从小树立起竞争意识,发掘孩子的表现欲望,培养孩子活泼的个性。另外,轮滑运动也为孩子创造了一个良好的社交环境,在运动场上,孩子无论是语言能力还是社交能力都能得到极大的提高,他们会虚心地尾随强者,并热心地带动弱者,培养出良好的交际能力。但因这项活动对初学者来说有一定的难度,存在一定的风险,因此,这项运动没能得到很好的普及。

开学初,我校为开发并利用课外体育资源,充实校本课程内容,准备把轮滑运动引入校园,首先在一、二年级组建一支轮滑队,后因场地、安全等因素而被耽搁了下来,直到 11 月底,轮滑活动才正式启动。

为确保这项活动在我校安全而顺利地开展,学校专门从乐清市大风车轮滑俱乐部请来了专业轮滑教练周教练为轮滑队授课,我作为助理教练,协助周教练做好训练的辅助工作。为解决场地拥挤问题,避免场地冲突,训练时间也从原计划的晚饭前调整到了晚饭后。在一切精心组织策划之后,轮滑队于 11 月 25 日正式开始了第一次轮滑训练。那天,孩子们早早地来到了场地,穿上了轮滑鞋,戴上了轮滑装备等待周教练训练,可周教练一到场地二话没说就让孩子们首先将轮滑鞋脱下,我开始感到很茫然,心想:是孩子们轮滑鞋穿戴不正确,还是教练要教孩子们如何穿戴轮滑鞋及装备?大家迅速脱下了轮滑鞋,周教练便把孩子们带到了场地中央,在检查孩子们的装备之后,开始了他的第一次训练课。奇怪的是,周教练的授课内容并不是教如何穿戴轮滑装备,也不是教轮滑技术,而是教孩子们如何跌跤,如何爬起,跌倒—爬起—再跌倒—再爬起……尽管这些内容枯燥,孩子们还是乐此不疲,就这样结束了第一次训练课。

轮滑队自开始第一次训练至今,周教练每次都要在训练前花上几分钟时间让孩子们练习跌跤,因此,孩子们轮滑技术在逐步提高的同时自我保护技能、意识也得到了很大的提高,在活动中无一孩子受伤。

二、案例反思

体育与健康课程标准把过去实验稿中运动技能要求的"安全地进行体育活动"修订为"增强安全意识和防范能力",并明确规定了各水平领域的学习目标及达到该目标时学生将能够达到的要求。我认为,对学生自我保护方法和意识的培养是最有效、最直接的方法。由此我想到了我们的体育教学,如今,教师对那些投掷、单双杠等"危险"项目敬而远之,原因很简单,就是怕学生出现意外伤害。这些"危险"项目之所以危险,原因是多方面的,但我认为,最主要的是学生缺乏自我保护的意识,再追寻下去,导致这种意识缺乏的原因是教师没有教给学生自我保护的方法。周教练的轮滑教学给了我们一个很好的启示:体育教学中教会学生跌跤的学问,是预防运动损伤的一种积极手段。自我保护能力能让练习者在运动过程中在可能出现和已经出现危险时,随机应变,化险为夷,它可以帮助孩子克服对技巧与器械体操、投掷、跳跃等项目的恐惧心理,并使学生在预防运动损伤方面终生受益。同时,自我保护能力是一个人在社会中保存个体生命的最基本的能力,它能够使人对突如其来的情况采取必要的措施,达到保护自己的目的。所以教师不仅有责任保护孩子的生命安全,而且应该通过优化学校的环境,改变教法、手段等来增强孩子的自我保护意识。

自我保护比别人保护更重要。现今小学生的自我保护意识普遍不强,自我保护能力较弱,而生活中又存在着各种各样的危险,因此,教会学生必需的自我保护手段,增强学生的自我保护意识成了当今教育不可缺少的内容。而体育课的主要特点是室外实践结合理论指导,所以在体育教学特别是所谓的"危险"项目教学或活动时,教师一定要传授给学生自我保护的方法,让学生养成自我保护意识。同时,教授学生自我保护与他人保护技能,为安全教学上了个"双保险",更提高了安全系数。自我保护技能的培养和教学要求体育教师多方面、仔细地挖掘,不断地在各种类型的课堂上或活动中渗透,让学生充分认识到自我保护能力的重要性,敢于面对各种情况,增强自我保护能力。

体育活动本身蕴藏挑战、冒险、困难等许多刺激。通过参加体育活动,孩子自我保护的意识和能力有了很大提高,对健康、顺利成长,避免外界的伤害,及时有效地保护自己和他人有着毋庸置疑的影响。但是教育的效果不是永恒的,也要受当时的环境和其他因素的影响,因此,对孩子在体育活动中自我保护能力的培养是一项长期、艰巨、复杂的任务,不是一朝一夕能完成的,需要家长和教育工作者共同努力,这样我们的孩子才能健康、积极、快乐地成长。

本文写于 2007 年

"快乐大课间"——孩子成长的大舞台

一、案例背景：适时而发，因需而动

《中共中央国务院关于深化教育改革全面推进素质教育的决定》明确指出，"学校教育要树立健康第一的指导思想"，学校职能部门适时地提出多项改革举措，其中体育课改和大课间体育活动意义尤为重大。基于这一决策，我们认为，开展"快乐大课间"活动是推进素质教育、实施课程改革的一个非常好的举措，于是决定了以研发大课间活动为切入点，拓展大课间活动内容、形式，同时将课堂教学与课外活动有机地结合起来。

当前课间操只做广播体操普遍存在以下问题：学生出工不出力，动作随意，效果差，尽管采取比赛、评比等手段，但还是"雨过地皮干"，达不到锻炼效果，久而久之还使学生形成了做事拖拉等习惯。那么，能否以大课间活动代替传统的课间操呢？我校自2003年9月起全面实施"快乐大课间"活动，改革活动形式，充实活动内容，拓展活动空间以来，"快乐大课间"活动便成了进行课间操改革的"推进剂"。

二、推进策略：整体运作，多维整合

从2003年9月开始实施"快乐大课间"活动至今已快七年了，七年来，我们先后创编了东北大秧歌、"红领巾"迪斯科1~4套、36步集体舞、竹竿舞、健美操"嘻唰唰"等，同时，我们还把一些学生喜闻乐见的民族民间传统体育活动及新兴体育活动引进了大课间，如踩高跷、滚铁环、持竹竿跑等，活动内容基本上是每学期更新一次。现在"快乐大课间"活动形式日臻成熟，"快乐大课间"活动体系已经基本形成。

（一）设计框架，确定内容

体育教研组作为"快乐大课间"活动的策划者，首先结合学校、学生实际设计活动的框架，然后研究确定各年级各学年（期）的活动内容、活动内容的编排及必要的指挥音乐的选择与制作等,并力求使整体设计创编做到科学性、创造性、特色性和可操作性。

(二)全员参与,活动渗透

大力开展全校性的"快乐大课间"活动,如在全校学生中开展跳竹竿创编比赛,设置最佳创编奖、最有创意奖等,同时在教师活动中也开展跳竹竿比赛,做到师生同步练习。此外,我们还邀请一些社会人事、家长参加大课间活动,如每次月假就有许多家长主动参与到我们的大课间活动中。我们还把"家园乐"活动与"快乐大课间"活动结合在一起,不仅使家长感受到了与孩子共同参与大课间活动的乐趣,而且真正了解了大课间活动的意义。

我们将"快乐大课间"活动向校外拓展,利用月假、节假日在广场和社区开展"快乐大课间"活动,既自娱自乐,又锻炼了体能,还带动家长、居民参与到活动中来。

打造学校的"快乐大课间"活动特色,让"快乐大课间"活动与雏鹰争章活动有机结合起来,设立"'快乐大课间'活动特色章",促进队员个性发展。大队部推出了几个"'快乐大课间'活动特色章",如创编章、展示章、协作章、服务精神章等,让每一位队员都能在"快乐大课间"活动中争章,在争章中进步。

(三)拓展内容,回归课堂

大课间活动是以提高学生综合素质为目的,融健身性与合作性、竞技性与娱乐性、技术性与趣味性一体的活动,它起源于课堂领域研究。如"雁荡山跳竹竿"这项活动,许多新型跳法是在课堂教学中师生共同探索创编出来的,然后把它引入大课间活动,极大地丰富了我校的大课间活动内容,最后又把这项活动回归于课堂,不仅使这项活动内容不断拓展,同时也使我校体育教学内容产生了变革。

(四)依托课题,大力推进

为提高"快乐大课间"活动实效,大力推进校本课程建设,我们积极寻求校本课程研究的引领专家,以得到理论上的支撑和实践上的支持。2006年4月,我们与温州市教研院达成共同研发的意向,并把我们的"快乐大课间"活动作为2006年度省教研室批准立项的浙江省教研重点课题《体育与健康》地方课程开发与利用研究"的子课题。自此,我们的"快乐大课间"活动如虎添翼,课程研究在总课题负责人、温州市教研院体育教研员方洪寿教授的指导下,一步步向预定的目标推进。2008 年 3 月,我校又成为 2008 年浙江省教科研立项课题(批准号:131)及温州大学教育研究中心、温州市教研院 2008 年温州大学面向基础教育教学立项课题(批准号:08JCB034)"新课程标准下中小学大课间活动实践与探索"实验学校,这意味着我们所开展的"快乐大课间"活动具有一定的现实意义和理论价值。

(五)编写教材,纳入课程

校本课程开发的类型有很多种,包括课程选择、课程改编、课程整合、课程补充、课程拓展、课程新编。我校"快乐大课间"校本课程是属于活动型综合课程,它既包含了对"快乐大课间"活动的选择与改编,又包含了对"快乐大课间"活动的补充、整合和拓展,开发的是全新的课程板块和课程单元,是以我校"快乐大课间"活动为内容展开的校本课程,其教材板块结构为:活动起源、活动价值、活动技术、活动方法、活动建议、活动评价、活动内容和手段的拓展、活动器械制作与场地要求。

自 2005 年 9 月起,我校已将"快乐大课间"活动作为一门体育校本课程纳入课表,并安排了三至六年级每两周一节课,一、二年级每周一节课,时间的保证促进了"快乐大课间"校本课程在我校蓬勃发展。

三、活动成效:学生发展,形成特色

(一)改善了身体形态和机能,提高了身体素质

实验前后,我们对全体学生身体素质、身体形态、身体机能 3 大项 10 项指标进行了检测。检测结果显示,在实验前后,学生这 10 项指标明显提高,与全国同龄学生相比身体素质高出 6.6%,身体形态(身高体重指数)高出 5.1%,身体机能高出 3.7%。

(二)形成了健康的心理

实验证明,"快乐大课间"活动对各年级段学生的心理健康有积极的影响。在活动中构建一个新的健康教育平台,把对学生进行心理健康的培养渗透到活

动中,途径是在技术、技能的学习过程中,通过设置有一定难度的目标,把目标转化为问题运用到活动中,学生通过自主学练、合作学练、探究学练去尝试解决问题的方法和途径,在身体练习中承受一定的心理负荷,从而达到提高心理素质的目标。

(三)培养了社会适应能力

在实施前后,同时也进行了社会适应能力问卷调查。调查结果表明,"快乐大课间"活动的实施,对发展学生的社会适应能力具有独特的作用。学生性格开朗,处事随和,交往能力、团队意识、合作与竞争意识、体育道德水平都有不同程度的提高。在学习中,学生能关心同伴,帮助同伴,关心班集体。

(四)塑造了学生成功者的心态,培养了学生自信的品格

"快乐大课间"活动有助于学生积极向上的人生观、健康心态和文化素养的形成。实验中,我们还对班主任、科任教师进行了访谈。在访谈中,我们无处不感到学生积极向上、乐于展示自我的心态。关于学生在"快乐大课间"活动中的收获,不少教师认为,"快乐大课间"活动融文化、艺术于体育之中,不仅促进了学生对其他学科的学习,而且对学生的整个人生都会产生积极影响,是学生难以忘怀的校园生活中的一个亮点。

(五)培养了审美素质

审美素质包括审美观念、审美情趣和审美能力。体育,尤其是现代体育中含有大量美的因素,比如健美操、竹竿舞等,本身就是栩栩如生的人体造型艺术,表现出了健与美的有机结合。"快乐大课间"活动作为体育课的延伸,为现代体育的发展创设了舞台。它以丰富的内容、独特的形式和优美的韵律,培养了学生形体美、动作美、姿态美、仪表美和心灵美,从而激发了学生对美的追求,提高了学生高尚的审美情趣,使其逐步形成正确的审美观。

(六)提升了学校的品牌效应

我校自开展"快乐大课间"活动以来,引起了社会各界和新闻媒体的广泛关注,《温州日报》《温州都市报》《乐清日报》等多次对我校开展的"雁荡山跳竹竿"活动作过专题报道,中央电视台也先后三次来到我校对我校开展的这一活

动进行了专题拍摄。如2005年9月6日,中央电视台少儿频道《少年体校》栏目组来到我校对我校开展的"雁荡山跳竹竿"活动进行了长达70分钟的拍摄,并于9月25日向全国播放,引起了全国各地中小学校的强烈反响;2008年5月21、22日,教育部电子音像出版社的《新课程体育特色项目开发与案例示范——跳竹竿》教学片在我校开机拍摄,本次拍摄已制成90分钟的录像示范教学片向全国发行,这不仅有利于跳竹竿运动的普及和推广,同时,也是对我校开展这一活动取得成绩的宣传和肯定。最近,浙江省少工委、温州市少工委有关领导来我校观摩了我校的大课间活动并对这一活动给予了高度评价。多年来,我们曾先后向社会各界展示过27次,此外,先后有来自杭州、宁波、金华等地及本市兄弟学校领导、教师500多人次到我校观摩取经,在市内外产生了很大的影响。

总之,学生发展是我校开展"快乐大课间"活动的终极追求,教师的专业化发展是我校开展"快乐大课间"活动的必然追求,学校发展是我校开展"快乐大课间"活动的自然追求。开展"快乐大课间"活动虽然经历了7年,但它是一个动态的过程,需要不断完善和发展,我们将继续努力,全力打造,使其成为我校素质教育的一张金名片。

本文写于2009年

学生体质健康调研与调控

对乐清市寄宿学校及走读学校 9～11 岁
学生身体形态调查分析

随着我国教育事业的飞速发展,特别是改革开放以来,一些经济发达地区相继出现了寄宿制学校,而且办学规模越来越大,办学水平越来越高,在校学生越来越多。以乐清市为例,现有各类寄宿制学校 20 多所,在校学生逾万人。但近年来,通过观察发现,寄宿制学校与走读学校学生身体形态有较明显的差异。为较深入、细致地了解此现象的根源,本文特对乐清市部分寄宿制学校和走读学校 9～11 岁学生身体形态及影响身体形态变化的相关因素进行抽样调查,并从调查中发现问题,制订改善对策。

一、调查方法等

(1)调查方法:测试法、统计法等。

(2)调查时间:2001 年 3 月至 2002 年 3 月。

(3)测试对象:乐清育英学校、柳市春晖学校、乐清市实验小学、柳市镇第一小等 12 所学校,其中寄宿学校 6 所(3 所在城镇、3 所在农村,共 694 名学生,男生 376 名,女生 318 名),走读学校 6 所(3 所在城镇、3 所在农村,共 843 名学生,男生 414 名,女生 429 名)。

(4)测试内容:身高、体重、胸围。

(5)调查内容:每天参加体育锻炼时间、营养卫生习惯等。

把各校测试的数据进行统计,然后按城镇学校和乡村学校学生进行分类处理,并与浙江省同龄学生体质测试标准进行对照分析,全面了解、掌握我市学生身体形态状况。

做好前测工作的统计分析后,研究制订改善学生身体形态的对策,并随机在被抽测的 12 所学校中抽取 4 所学校(寄宿、走读学校各 2 所)里原被抽测的 3 个班级(共 552 名学生)进行实验研究,并严格按照研究对策实施,随时做好实验记录。

二、前测结果分析

（一）前测结果（见图1、图2、图3）

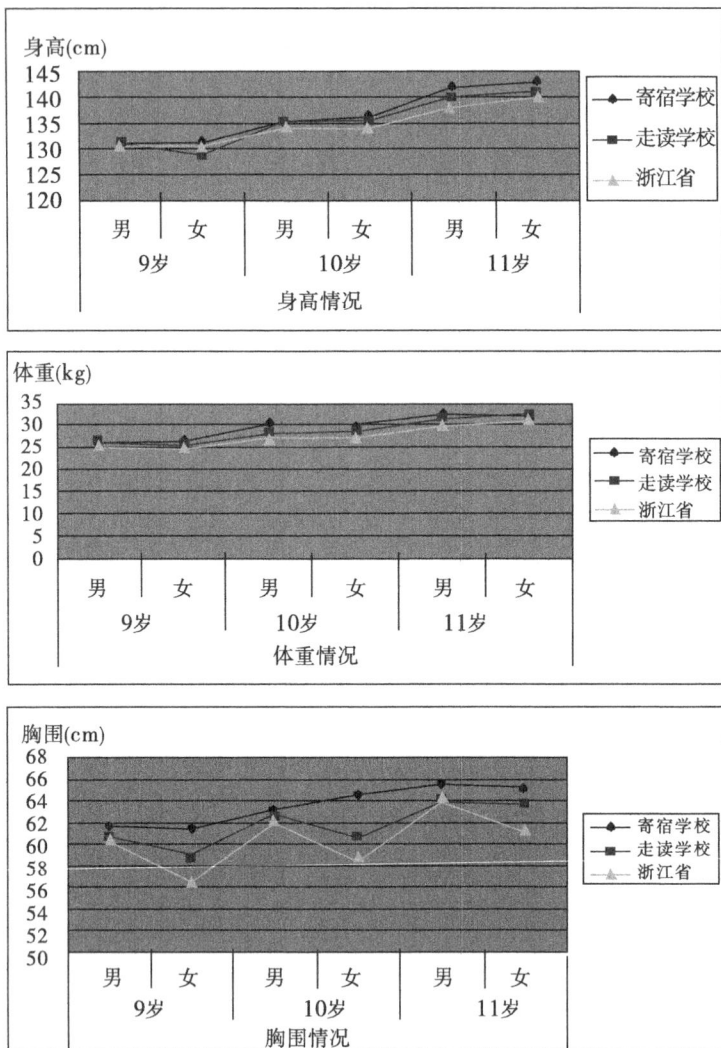

图1　乐清市寄宿学校与走读学校9～11岁学生身体形态统计图（平均）（与浙江省平均指标对照）

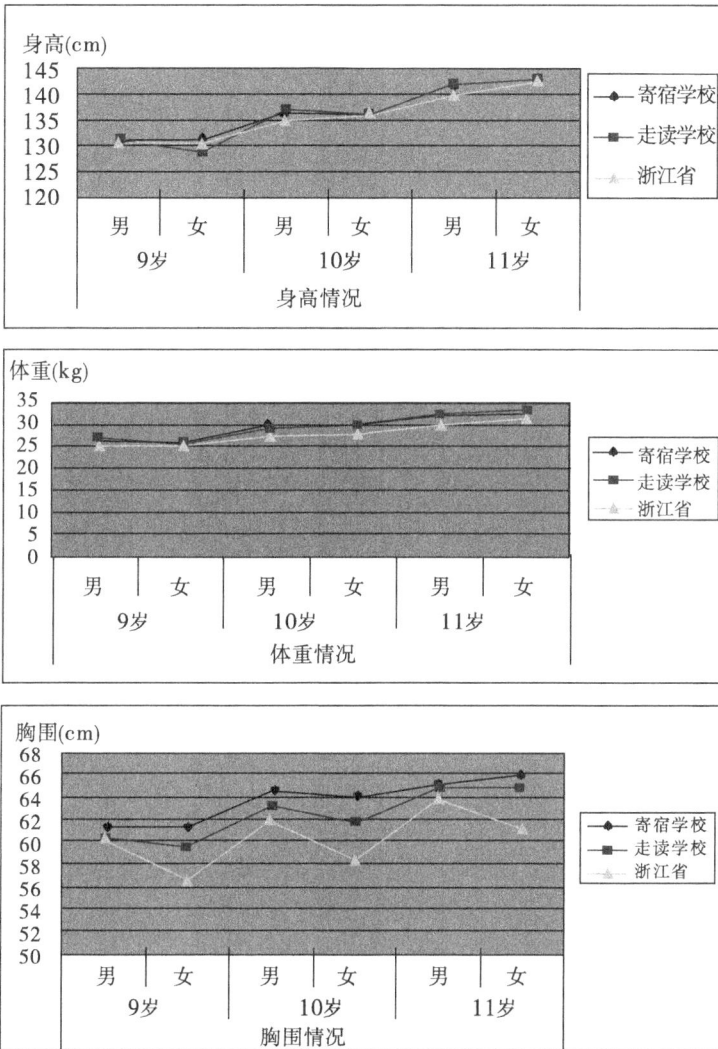

图2　乐清市寄宿学校与走读学校9~11岁学生身体形态统计图(城镇)(与浙江省城镇指标对照)

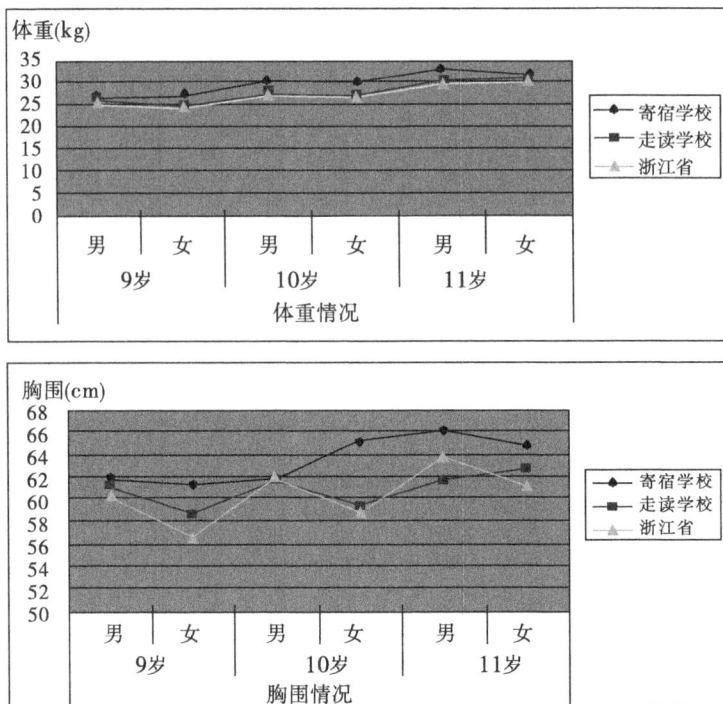

图3　乐清市寄宿学校与走读学校9～11岁学生身体形态统计图（乡村）（与浙江省乡村指标对照）

随着社会的发展和物质生活水平的提高,我市学生的身体形态总体水平有明显提高。调查结果显示,这种提高实际上是城镇学生身体形态水平的提高,且提高较为明显,乡村学生某些形态指标不仅没有提高,反而呈下降趋势,这主要与学校、家庭及学生自身因素有关。

(二)分析

1.对图1的分析

从图1可以看出,我市9～11岁学生身体形态各项指标中,除走读学校9岁女生身高指标平均值略低于浙江省平均指标外,其他指标均超过了省平均值,而且超出的幅度较大:身高平均超出 1.18 cm,体重平均超出 1.72 kg,胸围平均超出 2.20 cm。2000 年全国学生体质调研结果显示,我国儿童平均每年身高增长 0.35 cm,体重增长 0.63 kg,胸围增长 0.58 cm。我市 7～9 岁儿童这三项指标增加量与全国相比,增长超出的幅度是较大的。这一结果充分显示了我市 7～9 岁儿童身体形态发育水平和健康水平,同时也反映出了我市在大力改善学生身体形态,提高学生身体素质方面所做的工作。

从图1还可以看出,寄宿学校三项形态指标平均值超出了走读学校,其中平均身高超出 0.96 cm,平均体重超出 0.97 kg,平均胸围超出 2.11 cm,这反映出寄宿学校在办学模式等方面有其独到之处,也反映出寄宿学校在改善学生身体形态,提高学生身体素质工作上有优越的一面。

据调查,由于寄宿学校学生均食宿在校,学生的日常生活由学校统一管理,各校除了配备专职保健医生外,还配备了专职营养师,由营养师、医生共同为学生配备营养餐,而且校医务室对学生加强医务监督,定期测量学生的身体形态,发现问题及时解决,这一点是许多走读学校没有或无条件做到的。

其次,良好、有规律的生活习惯是学生正常身体发育的重要条件。调查中发现,走读学校中有70%以上的学生生活无规律,起居时间不定,尤其是就寝时间,有时晚上 7:00 就寝,有时到 12:00 就寝,人体不能形成一个良好的"生物钟",内平衡遭到了破坏,影响了正常的学习生活,从而影响了正常的生长发育。而寄宿学校有严格的作息制度,学生每天起居时间固定,基本上形成了良好、有规律的生活习惯。

此外,寄宿学校能有效地组织学生参加各项体育锻炼,能保证每个学生每天至少一个小时的体育锻炼时间。由于寄宿学校学生寄宿在校,每天早晨、课外活动集体跑步、锻炼已成为一种自觉性行为。在调查中发现,走读学校学生除了上体育课外,很少参加其他体育活动。以上三点是形成寄宿学校学生与走读学校学生身体形态差异的主要原因。

2. 对图2的分析

从图2可以看出,城镇寄宿学校和走读学校三项形态指标平均值已明显超出省城镇学校平均水平,其中体重和胸围超出的幅度最大,平均体重超出 1.70 kg,平均胸围超出 2.69 cm。在各年龄段的形态指标中,以11岁男、女生三项形态指标增幅最明显。

我们再把寄宿学校和走读学校学生身体形态作一个横向比较。从图2中的数据可以看出,二者在身高和体重两个指标中各年龄段、组别差别不明显,各项指标数相当接近,但差别主要体现在胸围上。寄宿学校学生平均胸围明显超出走读学校,平均超出 1.39 cm,其原因主要与体育锻炼有关,寄宿学校学生因体育锻炼时间多于走读学校学生,从而引起心肺功能增强,胸廓增大,胸围增大。

3.对图3的分析

从图3可以看出,我市乡村寄宿学校及走读学校学生身体形态状况尽管优于省乡村同龄学生平均水平,但情况仍不容乐观。乡村寄宿学校学生三项形态指标均超出乡村走读学校,这显示出了寄宿学校的办学优势,但乡村寄宿学校与城镇寄宿学校和城镇走读学校相比,各项指标仍有差距,而且有些指标差距较大。例如,10岁男生身高:乡村寄宿学校平均为133.65 cm,与城镇寄宿学校136.35 cm、城镇走读学校136.97 cm分别相差2.70 cm和3.32 cm。调查中我们还发现,乡村寄宿学校生活管理、文体活动等明显不及城镇寄宿学校,乡村走读学校硬件设施和学生家庭环境、经济条件、生活水平等不及城镇走读学校,这是造成城乡学生身体形态差异的主要原因。

(三)影响学生身体形态变化的因素

影响学生身体形态变化的因素是多方面的,除遗传内因及学校外因外,还有家庭、社会因素及学生自身等因素。

1.家庭、社会因素

在当前学校里,独生子女已成为一个主要的群体,父母望子成龙的迫切心情是前所未有的,家长只注意孩子的学习成绩,而忽视了孩子的营养卫生习惯、体育锻炼和体力劳动。调查中发现,有相当一部分学生营养卫生状况不乐观,克托莱指数不正常,特别是走读学校学生,他们食宿在家,大部分家长是孩子喜欢吃什么就买什么,不考虑孩子营养配餐,缺乏营养卫生知识。另外,我们在调查中还发现,在走读学校学生中,"肥胖型"学生较多,造成这一现象的主要原因是学生家庭生活水平普遍提高,高热量食物、脂肪等摄入过多及食物结构不尽合理,加之营养科学知识宣传普及滞后,导致了学生肥胖的发生。

2.学生自身因素

(1)学生对锻炼身体的原理和独立进行科学锻炼的方法缺乏必要的了解,不懂得如何通过体育锻炼来全面提高自己的身体素质,改善自己的身体形态。

(2)学生不懂得体育锻炼与营养的关系。据对学生的调查发现,不管是寄宿学校里的学生还是走读学校里的学生,大部分学生对营养方面的知识都很匮乏,更不懂得体育锻炼与营养的关系。我们知道,营养主要来自日常的平衡膳食,重在全面、均衡、适量。此外,营养素是构成人体组织的物质基础,体育活动能增强机体各器官系统的功能,两者科学配合,就可以更有效地促进生长发育和提高健康水平。若只注意营养而缺乏体育锻炼,就会引起肥胖,使人体肌肉松弛、无力、活动能力减弱;若只注意体育锻炼而缺乏必要的营养保证,则会使身体消耗的物质得不到补偿,会影响到身体发育与健康。

(3)卫生习惯不良。调查中发现,走读学校中有30%以上的学生有偏食、挑食、暴饮暴食的不良习惯,这些都是影响学生正常生理发育、引起身体形态异常的主要原因。

三、制订改善对策和方法

(1)将测试调查结果及情况分析反馈给有关学校,建议各校领导加强对学校体育、卫生工作的领导、监督、检查,认真贯彻落实《学校体育工作条件》及《学校卫生工作条例》精神,树立"健康第一"的教育思想,保证学生每天在校有一个小时体育活动时间。走读学校可试行课堂教学、课外活动、家庭作业相结合的体育锻炼模式,寄宿学校要在学生体育锻炼的形式、全面性上下工夫,要突出寄宿的特点和优势。

(2)学校要加强对家长的宣传和培训工作。充分利用家长会、家长学校阵地向家长宣传有关体育卫生知识,反馈学生身体形态测试情况,让家长了解孩子体质状况,逐步确立学校体育卫生工作在家长思想中的位置,通过培训等各种方式普及营养卫生知识,提高家长的营养意识,做到学校和家庭齐抓共管。

(3)加强对学生的饮食监控工作,严格控制学生每日各类食物的摄入量,寄宿制学校主要由学校负责实施,走读学校由学校配合家长共同实施。

四、结论与建议

(1)一年的实践性研究,基本上达到了制订的预期目标,学生的身体形态均有不同程度的提高(反馈调查结果见图4),身体形态各项指标均超出了上一年同期同龄组水平,说明我们的调查研究是有成效的。

(2)本调查结果对学校推行素质教育,全面提高学生身体素质,正确评估学校体育卫生工作有一定的参考价值,为进一步完善学生身体素质的评价体系及学校体育卫生管理工作提供了依据。

(3)学校、家庭、社会三位一体的教育模式是改善学生身体形态、增进学生身体健康、增强学生体质的有效方式。学校除了给学生增设营养午餐、改善营养结构、提高伙食质量外,还要通过家长会和家长学校阵地,向家长传授营养卫生知识。

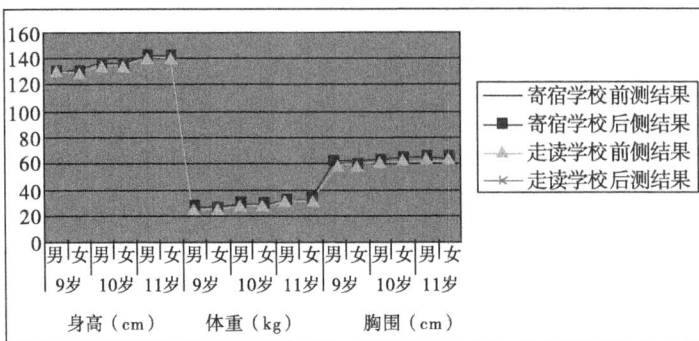

图4　实验前后学生身体形态对比

（4）建议各校开设"营养与卫生"校本课程，让学生明白、懂得、掌握有关营养卫生知识，养成良好的营养卫生习惯。

（5）建立或完善学生健康档案，对学生身体形态进行跟踪，掌握学生身体形态变化特点及规律，采取积极有效的措施，促进学生生长发育和健康成长。

（6）建议各校大力推广实施国家教委2000年试行的"学生饮用奶计划"。

本文写于2002年

对乐清市 2010 年《国家学生体质健康标准》检测结果的分析

根据《教育部、国家体育总局关于实施〈国家学生体质健康标准〉的通知》的要求,我市已于 2007 年开始在全市中小学校推行实施学生体质健康检测。本文以乐清市部分小学学生体质健康抽样检测结果为依据,通过数据统计、分析和对比,深入了解我市小学生体质健康状况,并提出相应的建议和对策,为全面增强学生体质健康水平提供科学依据。

一、研究对象与方法

(一)研究对象

以乐清育英学校、虹桥镇第一小学、柳市镇第三小学和乐成镇第七小学 4 所小学一至六年级共 6 612 名学生(其中男生 4 284 人,女生 2 238 人)为研究对象。

(二)研究方法

1. 测试法

根据《国家学生体质健康标准》(以下简称《标准》)的检测要求,我们将一至四年级学生的身高、体重和五、六年级学生的身高、体重、肺活量作为身体形态和机能的检测项目;将一、二年级的立定跳远,三、四年级的 50 米跑、坐位体前屈,五、六年级的 50 米跑、坐位体前屈、50 米 ×8 往返跑作为身体素质的检测项目。所有检测项目均由各校医务人员和体育教师共同完成,以班级为单位。

2. 数据统计法

对学生《标准》测试后的成绩用国家数据上报软件和 Excel 软件进行统计分析,使用平均数、百分比等对学生体质健康状况进行描述。

3. 文献资料法

查阅有关文献资料,进行科学的理论分析。

二、结果与分析

(一)身高体重标准

表1　各年级学生身高体重标准检测结果统计表($N = 6\,612$)

年级	总人数	男生	女生	营养不良		较低体重		正常体重		超重		肥胖	
				人数	比例(%)	人数	比例(%)	人数	比例(%)	人数	比例(%)	人数	比例(%)
一	1 134	750	384	72	6	606	53	378	33	12	1	66	6
二	984	546	438	42	4	390	40	420	43	78	8	54	5
三	1 158	720	438	120	10	462	40	420	36	60	5	96	8
四	1 026	654	372	264	26	444	43	258	25	12	1	48	5
五	1 194	840	354	252	21	486	41	324	27	72	6	60	5
六	1 116	774	342	252	23	498	45	306	27	36	3	24	2
合计	6 612	4 284	2 328	1002	15.2	2 886	43.6	2 106	31.9	270	4	348	5.3

　　身高体重标准是指身高与体重的比例,是评价人体形态发育水平和营养状况及身体匀称度的重要指标。以上统计结果显示,学生身高体重标准状况很不乐观,达到正常体重的学生才2 106人,占总人数比例为31.9%;营养不良及较低体重的学生共3 888人,占检测人数的58.8%,超过了50%;超重及肥胖的学生有618人,占9.3%;非正常体重学生人数比例达到了68.1%,营养不良、较低体重的学生比例超过超重、肥胖的学生比例。可见,我市小学生身高体重标准问题严重。

　　以上现状的产生既有客观原因,也有主观原因。客观原因主要是受遗传因素影响,主观原因主要是学生饮食结构不合理,学生偏食,高能量、高蛋白食品摄入过少,满足不了学生身体发育的需要。其次是睡眠时间过少。据有关研究表明,小学生睡眠时间应保证在10小时以上,而我市很多小学生睡眠时间不足10小时,睡眠不足影响了学生身体生长发育。此外,还与体育锻炼有关,体育锻炼能促进学生身体发育。目前,我市学生学习压力比较大,学生几乎没有时间到阳光下、到操场上去锻炼身体,与国家规定的"每天一小时体育锻炼时间"有一定的差距。当然,锻炼时间太长、运动量太大也会影响学生身体生长发育。以上原因是影响学生身高体重标准不正常的主要因素。

(二)身体素质

表2　各年级学生身体素质检测结果统计表(N = 6 612)

项目	年级	优秀		良好		及格		不及格	
		人数	比例(%)	人数	比例(%)	人数	比例(%)	人数	比例(%)
柔韧力量类	一	228	20	870	77	36	3	—	—
	二	360	37	558	57	66	7	—	—
	三	558	48	510	44	90	8	—	—
	四	414	40	546	53	66	6	—	—
	五	144	12	468	39	432	36	150	13
	六	324	29	498	45	258	23	36	3
	合计	2 028	31	3 450	52	948	14	186	3
速度灵巧类	一	192	17	612	54	324	29	—	—
	二	486	50	408	41	84	9	—	—
	三	138	12	834	72	150	13	—	—
	四	396	39	564	55	42	4	—	—
	五	168	14	672	56	240	20	114	10
	六	474	40	686	57	36	3	—	—
	合计	1 854	28	3 776	39	876	13	114	1
耐力类	五	534	45	486	41	162	14	12	1
	六	630	56	480	43	6	1	—	—
	合计	1 164	51	966	42	168	6.5	12	0.5

人体机能在肌肉工作时反映出来的力量、速度、耐力、灵敏性、柔韧性、协调性和平衡性等能力统称为身体素质。从上表统计结果可以看出,各年级学生身体素质达到良好级以上的比例平均超过了50%,且优秀级学生人数平均占30%左右,均超过了2006年全国学生体质健康标准检测公布的全国平均水平(见《中国学校体育》2007年第1期)。五年级柔韧力量类及速度灵巧类不及格

率分别为13%和10%,这可能是检测误差所致,因为天气寒冷,学生穿的比较多,对检测成绩有明显影响。但不管怎样,这部分学生柔韧素质及速度灵巧素质有待提高。从五、六年级耐力素质检测结果可以看出,学生耐力素质较好,心肺功能较强,两个年级的优秀率均超过了45%。

1. 坐位体前屈成绩分析

坐位体前屈能测量学生的躯干、腰、髋等关节在静止状态下的活动幅度,在小学阶段是选测项目之一。从这一项目统计数据看,学生合格率为97%,优秀率为31%,良好率为52%,及格率为14%,各年级女生的优秀率明显高于男生,这说明女生的柔韧素质好于男生;低年级优于高年级,这可能是由于低年级学生体育锻炼时间多于高年级学生所致,因为经常参与体育锻炼对柔韧素质发展相当有益。

2. 50米跑成绩分析

50米跑成绩可综合反映神经过程的灵活性、身体的协调性、关节和肌肉的柔韧性以及肌肉的力量和耐力。它既能部分地反映身体运动的综合素质,也是人从事体育活动、学习运动技能所必须具备的身体基本素质。从这一项目统计数据看,学生合格率为99%,优秀率为28%,良好率为39%,及格率为13%,可见,学生整体速度素质较好。由于小学阶段是发展速度素质的大好时机,因此我们必须抓住这一时机促进学生速度素质发展。

3. 50米×8往返跑成绩分析

由于台阶测试工作量大,因此,我们选测了50米×8项目,它能很好地反映学生耐久素质的发展水平和心血管机能水平,分值是30分。从检测结果看,五、六年级优秀率分别为45%和56%,良好率分别为41%和43%,两个年级有80%的学生成绩达到优良,可见,学生耐久素质的发展水平和心血管机能水平处于良好状态。但还有15%左右的学生耐力素质有待提高。在教学中应注重发展耐力素质,如开展耐久跑等运动,来提高学生的心血管机能水平。

(三)身体机能:肺活量统计分析

肺活量可以反映肺的容积和肺的扩张能力,是评价人体呼吸系统机能状况的一个重要指标,常用于评价人体生长发育水平和体质状况,是五、六年级的必测项目,分值是20分。肺活量的大小与体重、身高、胸围等因素有着密切的关系。从检测结果看,学生肺活量体重指数很不乐观,五年级不及格人数为522

人,占44%,六年级不及格人数为498人,占45%。这一检测结果与反映心肺功能的耐力素质的检测结果大相径庭,这可能与检测误差有关,如学生在进行肺活量检测时,工作人员没对学生进行培训和指导,学生没有掌握肺活量的检测方法,从而导致检测结果误差较大。

三、结论与对策

(一)结论

(1)本次所调查的4所样本学校非正常体重学生比例达到了68.1%,营养不良、较低体重的学生比例超过超重、肥胖的学生比例。可见,我市小学生身体形态发育状况不容乐观。

(2)肺活量检测数据显示,男生成绩明显好于女生,但是这个数据远没有达到《标准》设计比例,说明我市小学生心肺功能指数还有待提高,尤其是女生。据调查,其主要原因是:学生课外活动流于形式,女生缺乏体育锻炼或锻炼效果差,没有形成体育锻炼的习惯和意识。

(3)从对学生各项身体素质的检测结果来看,学生总体素质较好,尤其是反映心肺功能的耐力素质(五、六年级)较往年有了较大幅度的提高,这主要得益于近年来各城镇学校大力推行阳光体育活动,对发展学生的运动兴趣和身体素质起到了较好的推动作用。

(二)对策

在学校管理实践中要使《标准》的实施和学校各项体育工作成为一个有机的整体,将实施《标准》与开展“全国亿万学生阳光体育运动”相结合,与体育教学相结合,与实施“体育、艺术2+1项目”及丰富多彩的课外和校外体育活动相结合,通过激励学生积极锻炼来提高测试成绩,形成良好的体育锻炼习惯,切实提高学生体质健康水平。

1.加强责任意识,保证学生每天一小时体育活动时间

学校按照课程标准的要求,开足并认真上好体育课,要认真贯彻《学校体育工作条例》,大力开展“阳光体育活动”,积极推进大课间活动的开展,保证学生每天一小时体育活动时间,充分调动学生自觉锻炼身体的积极性。在体育活动内容的安排上,除了考虑不同年龄段学生的生理、心理特点外,还要针对学生体质健康存在的问题,重点选择具有一定运动负荷、有效提高学生身体素质的体育项目,通过这些项目的学习和锻炼不仅能改善学生的心肺功能、增强体能、全面提高身体素质,还能培养学生吃苦耐劳、坚韧不拔的意志品质。

2. 深化体育课程改革,加大课程改革力度

积极进行体育课程改革,构建科学的"体育与健康"课程体系。坚持以生为本,从内容的选择到教学的评价都要始终突出"健康第一"指导思想;要采取多种形式激发学生的运动兴趣,培养学生终身体育的意识,养成自觉、积极的体育锻炼习惯。

改革学校体育效果评价方式。体育教师应将每年测试的结果反馈给学生,使学生全面了解自己的体质和健康状况,并给学生提出科学的建议,帮助学生制订个人体能发展计划,有针对性地选择锻炼内容。引导学生之间相互交流体育锻炼的经验和体会,相互帮助并提高认识,更好地参与锻炼。

3. 合理膳食,加强学生健康教育和医务监督

增设"健康教育"课程,探索健康教育的形式和途径,为学生养成良好的卫生习惯、健康的生活方式发挥作用。同时,还要通过课堂教学、讲座、板报、广播等多种形式对学生进行营养知识、常见病预防知识的宣传教育,培养学生科学合理的营养观和良好的饮食卫生习惯,增强学生的卫生防病意识,提高学生社会环境适应能力和自我保护意识。寄宿制学校应采取切实措施,加强对食堂饮食的监督管理,合理配置学生饮食营养,确保学生每天必需的营养补充。同时,学校要切实减轻学生过重的课业负担,在继续落实各项"减负"措施的同时,应注意合理安排学生的作息时间和学习时间,按照有关规定严格控制作业量,确保学生睡眠时间。

本文写于 2011 年

乐清市小学生肥胖现状及改善对策

随着社会的发展,人民生活水平不断提高,富裕起来的人们饮食结构发生变化并缺乏运动,从而导致过度的能量摄入,肥胖患者逐年攀升。据不完全统计,我国肥胖患者已超过 7 000 万人。我国肥胖患者群呈现两个特点:一是人数大幅度上升,特别是青少年儿童尤其严重;二是由于肥胖引起心血管病死亡的人数,已占到城市死亡总人数的 63%。肥胖已被世界卫生组织列为严重危害人类健康的五大疾病之一,足见肥胖的危害性。

众所周知,肥胖易引发性早熟和呼吸道疾病,易造成骨骼异常。肥胖者胸腔肥厚,胸腔呼吸扩展运动时会受到限制,易造成换气不全,从而造成肺功能障碍,而因肥胖引起的高血压、高血脂、心血管疾病、糖尿病、皮肤病等的高发率早已为大家所共识。但肥胖所引发的自卑感、压抑感、性情孤僻等心理问题与人际关系障碍则更应引起我们关注。现代医学研表明,肥胖对人身体影响的范畴越来越大,如果在孩子小学阶段这一生长发育关键期忽略了一辈子的健康基础,那将会带来不可低估的影响。因此,调查我市小学生肥胖的现状并提出相应的预防措施,对保证小学生健康成长有重要意义。

一、调研对象与方法

(一)调研对象

调查对象为 45 所乐清市 2006 年《国家学生体质健康标准》检测小学(已上报国家数据库学校)一、三、五年级学生(共 10 281 名)中身高体重标准检测结果为"肥胖"的 964 名学生,以及 36 所乐清市 2005 年《国家学生体质健康标准》检测小学一、三、五年级学生(共 7 763 名)中身高体重标准检测结果为"肥胖"的 877 名学生。所取样本覆盖了整个乐清市 31 个乡镇,基本能反映乐清市小学生肥胖现状。

（二）调研方法

1. 实验法

整群抽取乐清市 2005 年 36 所小学被检测的 7 763 名一、三、五年级学生及 2006 年 45 所小学被检测的 10 281 名学生身高、体重并计算体质指数，采用中国肥胖问题工作组推荐的肥胖判定标准计算肥胖率。分别对 2005 年、2006 年体质健康检测出"肥胖"的学生进行问卷调查，并提出相应的干预措施。问卷内容涉及家庭居住地、家庭经济状况、父母体重、与小学生肥胖显著相关的饮食、卫生、运动习惯等。

2. 文献法

采用文献法收集有关资料、数据。通过各种途径检索，收集整理国内外的有关研究成果及文献资料。

3. 访谈法和调查问卷法

着重对我市 2005 年、2006 年体质健康检测结果为"肥胖"的小学生及家长进行问卷调查；访问有关专家，了解预防青少年肥胖的建议及措施。

4. 统计法

建立数据库，用杭州元华科技有限公司研制的"体康统计员"软件进行数据处理。

二、调查结果和分析

（一）乐清市小学生肥胖现状

表1　2006 年乐清市小学生肥胖率统计表

年级	检测人数			肥胖人数			肥胖率（%）		
	男	女	合计	男	女	合计	男	女	合计
一	1 643	1 867	3 510	162	76	238	9.9	4.1	6.8
三	1 986	1 638	3 624	211	126	337	10.6	7.7	9.3
五	1 714	1 533	3 247	207	182	389	12.1	11.9	12
合计	5 343	5 038	10 381	580	384	964	10.9	7.6	9.3

表2 2006年乐清市小学生肥胖率(分龄)与2005年全国同龄学生肥胖率统计表

年级	乐清市		全国	
	男(%)	女(%)	男(%)	女(%)
一	9.9	4.1	10.1	8.8
三	10.6	7.7	11.9	7.9
五	12.1	11.9	12.6	7.9

调查结果显示,2006年我市小学生肥胖率平均为9.3%,与2005年全市小学生肥胖率11.3%相比,我市小学生肥胖率降低了2%,其中男、女生肥胖率比2005年分别降低了1.6%和2.6%。在被检测出的964名肥胖小学生中,有725名学生来自城镇家庭,占75.2%,而农村家庭只占24.8%,这与我市城乡差异的现状是一致的,同时与2005年全国体质健康检测中城镇学生肥胖率高于乡村学生肥胖率的结果也是一致的。

从上述统计表可以看出,与2005年全国体质健康检测结果同年龄肥胖率相比,除五年级女生平均肥胖率略高于全国同龄组肥胖率外,我市一、三、五年级男、女生肥胖率均低于全国同级平均肥胖率。其中,我市一年级男、女生肥胖率分别低于2005年全国同龄平均水平0.2%和4.7%,三年级男、女生肥胖率低于2005年全国同龄平均水平1.3%和0.2%,五年级男生肥胖率低于2005年全国同龄平均水平0.5%,这说明通过2005年检测之后我市对肥胖儿童采取的干预措施是有成效的。

统计结果显示,随着年龄的增长,我市小学生肥胖率虽呈现下降的趋势,但仍处在较高的水平,这与乐清市经济发展水平和教育水平是不相称的,营养过剩和不健康的生活方式已成为我市小学生身心健康发展中不容忽视的问题。

(二)肥胖学生成因

1.遗传与环境因素

我们对2005年、2006年两年中检测出的共1 741名肥胖学生进行调查,发现相当多的肥胖者有一定的家族倾向,父母肥胖者,其子女及兄弟姐妹肥胖的亦较多,有247名学生肥胖与父母肥胖有关,占调查人数的14.2%。这类由于遗传与环境因素等造成的肥胖为病理性肥胖,这种肥胖也是导致我市小学生肥胖率较高的原因之一。

2. 居住环境的改变是造成肥胖的重要原因

据调查发现,由于居住条件的变化,学生生活方式也发生了改变。农村一般是独家独院式生活,城镇学生大多数是小区生活,"农转城"和"农改居"村民改居民的速度加快了,城市化小区生活以及家长对孩子用功学习的要求,使得儿童户外活动和锻炼的机会越来越少,而"静"的活动则明显增多,比如看电视、上网、做作业等,这些都是当今儿童的主要生活内容。生活方式上各种细微的变化,使现在的孩子活动不断减少,消耗的热量越来越少。

3. 膳食结构的改变是造成儿童肥胖的另一个重要原因

随着生活水平的不断提高,大部分家庭膳食结构发生了巨大改变,比如过去渴了喝开水,现在渴了喝饮料,甚至有的孩子如果没有饮料就不喝水;过去是传统的中式膳食,而现在西式快餐在中国迅猛发展,使得膳食结构发生了巨大变化,因西式快餐一味迎合儿童的口味,使得他们从这些"糖多油大"的西式快餐中摄入过多过高的热量。此外,由于现代食品工业的发展,带来甜点、糖果和各种零食的大量生产和销售,加之电视广告、媒体宣传的巨大影响力,对儿童产生难以抗拒的诱惑,这些都使儿童的膳食结构发生了改变,使其日常摄入的热量远远高于以往,孩子每天摄入的热量越来越多,身体越来越胖。

4. 不良生活方式助长了肥胖

据调查,在被检测为"肥胖"的小学生中有80%以上的小学生有长期不吃早餐的习惯。其实,早餐是一日三餐中最为重要的一顿饭,不应该被忽视。人们吃晚饭的时间通常在下午5点半左右,一般不会晚于8点,因此,如果早晨7点半进食早餐的话,距头天晚饭时间至少也有10小时,此时腹中早已空了,如果不吃早餐,至午饭时间已经空腹十五六个小时,则会出现强烈的饥饿感。为了填饱肚子,势必在中餐会吃进许多食物,长期的暴饮暴食必定会引发肥胖。

其次是吃饭速度过快。据调查,大部分肥胖学生不仅进食量大,而且进食速度过快,一顿饭花费的时间不到10分钟。其实,吃饭速度过快使人在大脑的饥饱中枢尚未得到"饱"的指令时,已经有过多的食物被装进腹中。长此以往,多余的能量在体内转变成脂肪贮存起来,便形成了肥胖。

5. 不恰当的教育方式是造成学生肥胖的不可忽视的原因

调查显示,我市小学生平均每天上课7节以上,超过国家规定课时数,此外,教师还占用课间、午休时间集体补课,学生长时间集中上课、补课,使得体育运动时间已经压缩到接近于零。同时,即使在休息时间,孩子们也是沉迷于游戏、影视、网络,体力活动和体育运动减少,这也是造成肥胖率增加的重要原因。

三、具体措施

(一)把干预措施融入学校健康教育之中

干预过程中孩子自主性的提升是至关重要的。尊重孩子,鼓励孩子,让他们在日常生活中积累,形成对健康生活的习惯及认识。科学而有计划的学习生活会使孩子潜移默化地树立健康的理念,学会远离一些对身体不利的习惯,积极持久地投入锻炼运动,提高正确选择饮食的能力,掌握如何去吃对健康有益的食品,这才是干预在小学生自主教育过程中的根本目的。

首先,要得到学校领导的大力支持,把健康教育纳入学校重要课程中。其次,要得到有关教师的指导和帮助,把这一课程渗透到各个学科,使健康教育内容得到延伸与发展。我们看到,肥胖儿童常会因体型而蒙受交往和心理困扰,因肥胖而带来情绪上的低落或不安,多少会影响孩子在各方面的表现,若不去关注他们情绪上的失调和外界的压力,有可能造成未来学习或心理发展上的更多问题、更多障碍,因此,在有计划、有目的的教育过程中,要同时关注对肥胖儿童的心理疏导。

恰当的健康教育,能增加孩子的参与感与认同感,缓解他们的压力和自卑感。此外,我们还根据小学生喜欢看动画片这一特点,设计制作形象生动、内容逼真的健康教育课件,为健康教育提供了动感的、孩子们乐于接受的教材,努力做到让孩子们在健康教育中探索,在健康教育中获得新的认知,在健康教育中养成好的生活习惯。

(二)把干预措施融入家校互动中

这是干预是否有效的关键。只有以家校互动为载体,激发家长的主动参与和榜样行为,才能让孩子逐渐形成控制肥胖的健康生活观念,自觉养成控制肥胖的良好生活习惯。这些观念和行为虽然看来微不足道,但形成习惯后,却是终身受用的行动守则。调查中发现,家庭中饮食习惯偏差,不爱吃蔬菜,爱吃不需咀嚼的软性食物,爱吃零食,不爱运动的现象比比皆是。只有家长明确认识肥胖的危害,看到帮助孩子减肥、防肥是自己应尽的责任与义务,才能真正支持与参与对肥胖的干预,使干预的动机与耐力得到强化。

(1)针对肥胖儿童家长的需求,学校要为家长举办专题讲座,提升家长健康理念。首先是开展网络互动,以一对一的问答方式,指导帮助家长转变思想;其次是每学期就养育要点、健康预防等方面发放"告家长书";此外,针对节假日及寒暑假,学校可对家长进行假期生活注意要点指导;另外,还可以建立健康家校联系册,帮助家长从观念到行为的转变,从而让家长真正树立起"建立健康饮食行为、规划健康生活内容、开展健康健身运动、关心鼓励健康成长"的健康理念。

(2)家长应以良好习惯的养成为培养目标,对孩子的坚持和进步,及时给予奖励和鼓励,但避免以食物来奖赏,特别是随着克服困难的难度提高,要坚持鼓励孩子持续改变,使鼓励的价值得到体现。同时,家长要以身示范,创设一致的生活目标。如肥胖的孩子对食物的诱惑较难抵制,则应创设全家爱吃蔬菜、水果的氛围,让孩子在耳濡目染的环境中,自然养成健康的饮食习惯和生活习惯。此外,家长要努力创设宽松、相融的心理环境,以平常心和爱心对待孩子的减肥工作,坚持有目的地和孩子一起多做运动,定时运动,做喜欢的运动。可以鼓励孩子一起参加家务劳动,在力所能及的劳动过程中,分享快乐,也能消耗一定的能量。

(3)学校要积极协助家长和孩子做生活日记,记录饮食日记,包括进食的食物、吃饭时间等。建立均衡饮食概念,学会在日常家庭生活中认识和区分高、低热量食品,并能自觉修正自己饮食上的缺失。同时,学校要定期及时将孩子有关情况以联系册形式往返于家校之间,翔实的数据和指导性的建议使家长的干预工作更具目标性和针对性。

(三)把干预措施融入运动中

运动在对肥胖儿童干预过程中起着举足轻重的作用。对于肥胖儿童来说,运动是减肥最有效的途径之一。运动能提高肥胖者的心肺功能,改善他们的心脏功能以及心血管的输氧能力,从而增强呼吸系统摄取氧、心血管系统输送氧,以及组织中有养代谢利用氧的能力。运动方式以低或中强度、较长时间的有氧运动为主,如长跑、爬山、长距离行走、跳绳等。运动时心率应控制在最大心率的60%~85%,持续时间通常为半小时或更长。运动时还要兼顾安全和趣味性,使肥胖儿童愿意运动并能长期坚持。运动频率、运动量要根据儿童的肥胖情况、运动兴趣和身体状态等因素确定,每周进行3~5次锻炼最理想,每次运动后以孩子第二天肌肉不感到酸痛为宜。若运动量过大,身体转为糖无氧供能,不能达到动用脂肪的目的,而且不合理的运动会使心血管系统、植物神经系统功能失调。运动一般在下午3点半进行为宜。因肥胖儿童的肥胖程度和运动能力等存在较大的个体差异,因此在制订运动处方时应有针对性,要不断及时调整运动强度和时间,并注意培养肥胖儿童完成运动的信心,使他们逐渐形成良好的运动习惯,以达到减肥及增强体质的目的。在运动过程中,如果感到身体不适应立即停止运动,并做有关身体检查,同时要注意运动后不宜大量饮水、喝冰饮料,不宜立即洗冷水澡。

(四)把干预措施融入合理饮食结构中

营养学家认为,预防肥胖必须做到膳食平衡,即保证人体得到热能和各种营养素的生理需要量,同时保持各种营养素间建立起的一种生理上的平衡。研究结果表明,儿童每天膳食中蛋白质在总热能中占14%,脂肪占总热能的17%~25%,碳水化合物在膳食总热能中占60%~70%。如果超过上述指标较多,则有可能引起肥胖;如果低于上述指标,则有可能偏瘦,因此,必须科学、合理调整饮食结构。

1.主食不可偏废

我们温州地区传统上是以谷、稻为主食,因此,体质特性的表现之一就是对碳水化合物有明显的需求。专家认为,谷类等主食所具有的碳水化合物,其作用并不只表现为提供能量,它对平衡体内多种营养成分,促进营养均衡有很大益处。中国营养学会也明确建议,主食在膳食中的比例应占70%,如果过分依赖高脂肪、高蛋白食物,使体内碳水化合物缺失,易引起肥胖甚至其他病变。

2.注重食品营养的相对性

在膳食平衡的基础上,要根据自身需求选择富含某种营养成分的食品。但人们往往忽略了一个问题,即该种元素的吸收利用率和实际摄入量,而这往往是能否达到营养目的的决定因素。例如,许多父母为孩子购买"AD钙奶"或"锌强化钙奶",目的当然是增加孩子体内的微量元素,但殊不知这些钙奶并非脂溶性维生素和锌、钙的良好载体,造成吸收率较低,强化食品反而因此成了"弱化食品"。这说明对某种食品营养价值的确定,不能仅仅依据成分配料表上的数据,而应考虑各元素的相互制约性和由此产生的人体吸收率,因此我们在选购食品时不能轻信和盲目,否则会适得其反,影响孩子正常的生长发育。

3. 控制进食量

小学生肥胖 80% 以上是单纯性肥胖,对于单纯性肥胖的学生来说,治疗方法可采用不吃药、不打针,主要通过仔细分析其饮食情况、活动情况后,进行合理干预,使其过渡到合理的饮食模式和活动模式。专家指出,小学生每天应摄入 1 000 ~ 1 600 千卡热量,以食用高蛋白质、适量脂肪和碳水化合物为原则,应多吃鱼、虾,每天吃 500 克左右绿色蔬菜,适当补充维生素、微量元素及矿物质等。

进食量与运动是控制体重的两个主要因素。食物提供人体能量,运动消耗能量。如果进食量过大而运动量不足,多余的能量就会在体内以脂肪的形式积存即增加体重,久之发胖;相反,若食量不足,运动量过大,则会由于能量不足而引起消瘦,所以需要保持食量与能量消耗之间的平衡。控制食量是减肥的基本功,我们日常所说的节食减肥不是饿肚子,而是低热量均衡饮食,如减少油、脂肪及糖分的摄取,以减低热量吸收,至于减少分量因人而异。三餐分配要合理,一般早、中、晚餐的能量分别占总能量的 30%、40%、30% 为宜。

(五)把干预措施融入良好的生活卫生习惯中

建立良好、稳定的生活习惯,包括定时用餐、定时作息、努力减少以至不吃只有热量而无营养的零食。掌握更多的控制肥胖的技能至关重要,如饭前先喝些汤水或吃些蔬菜,以减弱饮食欲望;饭后坚持漱口,以减少对食物的依恋心理。同时要保证肥胖学生有充足的睡眠,在控制体重的同时,能有更多生长荷尔蒙促进孩子生长发育。调查中我们发现,大部分肥胖学生或多或少存在着不良的生活习惯,如挑食偏食、暴饮暴食、早睡晚起等。要改变不良生活习惯,减慢餐速,做到每餐在 20 ~ 30 分钟吃完,平时不吃高热能食品,晚餐后除了喝白开水外,不再吃任何食物,减少每天看电视时间等。孩子及父母要认识肥胖的潜在危害,充分理解和配合,养成良好的生活习惯。

四、结 语

儿童期肥胖已成为我市乃至全国范围的公共卫生问题而日益引起关注和重视。逐年上升的儿童肥胖趋势,不仅对下一代健康造成潜在威胁,若任其发展,更将会对未来一代的健康和创造力带来不可低估的影响。通过近两年来的研究实践,我们发现我市城镇小学生肥胖的风险比农村高,家庭富裕的小学生的肥胖风险比不富裕家庭高,父母超重或肥胖的小学生的肥胖风险比父母体重正常的高。通过一年来的干预实践,尽管我市小学生肥胖率得到了有效控制,但这仍是一项长期而艰巨的工作,也是让孩子受益终身的工作。在当今倡导和谐社会、以人为本、促进每个孩子健康和谐发展的大背景下,将此措施在实践验证的基础上,努力推广使其转化成为我市区域内小学常态化、个性化的干预工作。同时,这项工作需要全社会的关心和支持,尤其是我们广大教育工作者,要树立起对下一代、对整个社会的高度责任感和使命感,以切实提高广大小学生的健康水准和健康质量。

本文写于 2006 年

提升农村留守儿童体质健康水平的策略

——以浙江省沿海三市部分农村学校为例

以温州、台州、宁波三个浙江沿海城市30所农村学校（每市10所,10所学校分布在不同的县市区）1 200名三年级学生（每所学校40名）及30所城镇学校（每市10所,10所学校分布在不同的县市区）1 200名三年级学生为研究对象,采用问卷调查、访谈、测验对比、文献研究等方法,着重从影响留守儿童体质健康状况的学校体育基础设施、体育师资、体育教学现状等方面设计问卷,发放问卷2 400份,收回2 377份（农村留守孩子1 187份,城镇非留守孩子1 190份）,有效率99.04%。通过统计、对比、分析研究,发现留守儿童与非留守儿童体质健康水平差异较大,其原因除家庭教育失衡外,主要体现在留守儿童所在学校体育设施、体育师资力量等方面的失衡。

一、现状与问题

所谓留守儿童是指父母双方流动到其他地区,孩子留在户籍所在地生活、学习,由他人托养的14岁以下的儿童。据全国妇联2013年发布《全国农村留守儿童、城乡流动儿童状况研究报告》指出,目前我国农村留守儿童和城乡流动儿童已达到9 683万,其中6～14岁留守儿童达3 762万,有近205.7万的留守儿童处于独居状态。据杭州网报道,截至2013年,浙江省有留守儿童44万,其中,温州、台州、宁波三个沿海城市留守儿童就有23.2万,这些孩子65.7%集中在农村小学,其父母基本上是从事外出经商、出海捕捞两大行业。

（一）家庭教育失衡

问卷统计结果显示,有92.3%的留守儿童是爷爷、奶奶或外公、外婆照顾,这些老人基本上是小学文化程度甚至是文盲,他们只能在生活上给予照顾,根本无力胜任孩子的思想、学习和身心健康发展的教育任务,使得留守儿童在家庭教育这一环节严重缺失。家庭教育的失衡进而会导致自暴自弃、焦虑自闭、缺乏自信、悲观消极等心理障碍,这对留守儿童的心理健康极为不利。

（二）体育教育资源缺失

由于城乡小学在体育师资、场地、器材等方面的差距较大，因此体育资源存在实质性的差别。按国家要求，体育专职教师配备比例是1:350左右；体育器材配备要达到农村学校《小学体育器材设施配备目录》要求。而调查中发现，所有城镇小学均配齐配足了专职体育教师，而80%的农村学校则没有专职体育教师；城镇小学所配备的体育器材均按国家城镇小学一类学校标准配备，而农村小学则远远低于《小学体育器材设施配备目录》要求，此外，有80%的城镇小学建有塑胶运动场，而70%的农村小学连运动场地都没有。

（三）体育课开设缺失

按体育与健康课程标准要求，小学一、二年级的体育开课节数为每周4节，三至六年级为每周3节；调查发现，95%以上的城镇小学按要求开齐开足了体育课，而没有一所农村小学按要求开齐开足体育课，大部分农村小学一至六年级体育课开课节数仅为每周2节，甚至还不同程度地存在体育课被占用现象。

（四）体育教科研及学生活动缺失

由于没有专业的体育教师，也就无法保证正常的体育教学，体育课常年"放羊"，留守在这些农村学校里的孩子无法进行正常的体育技能学习。在被调查的30所农村小学中，有独立体育教研组的学校只有1所，而且是形同虚设，根本没开展过教研活动，而大部分学校把体育学科纳入综合学科教研组，教研活动情况及其成效可想而知。调查中发现，大部分城镇小学每天都能正常开展大课间、课外活动，而留守在农村小学的孩子们除了课间广播操外就没有其他文体活动，使得留守在农村学校里的孩子"每天一小时体育锻炼时间"无从保证。

（五）体质健康水平检测结果失衡

检测结果显示，城镇非留守儿童与农村留守儿童分年级、性别、样本数的综合评定存在明显的差异（见下表）。

表1　2013年留守儿童与非留守儿童综合评定等级

年级	样本数		优秀(%)		良好(%)		及格(%)		不及格(%)	
	留守	非留守	留守	非留守	留守	非留守	留守	非留守	留守	非留守
三年级	1187	1190	8.00	24.29	24.09	37.27	41.95	34.20	25.95	4.29

从上表可以看出,留守儿童体质健康综合评定优秀率、良好率、及格率均低于非留守儿童,而不及格率又高于非留守儿童,反映出留守儿童与非留守儿童体质健康水平发展不平衡。

二、策略与思考

(一)加强督导,保障留守儿童体育教育的权益

城乡小学体育教育的均衡发展需要政策的支撑和支持,必须通过相应的政策法规来规范体育教学行为,切实保障农村小学留守儿童接受体育教育的权利。必须遵守和执行《中华人民共和国义务教育法》《学校体育工作条例》等法律法规,同时,应加大对这些与体育教育相关政策执行情况的督导力度,尤其是农村学校,杜绝不按要求开齐开足体育课、不按要求配备体育器材等现象的发生,使各级领导、教育管理者及教育者重视农村学校体育,重视留守儿童的身心健康发展。

(二)机制联动,确保留守儿童心理健康

针对留守儿童家庭教育的失衡,以学校为龙头,建立行之有效的家庭、村委会和学校联动机制。学校应把"留守儿童"的教育作为专项工作,常抓不懈,为每个孩子建立个人发展档案,同时,教师应给每个孩子以更多的关注和帮助,使留守孩子真正能感受到家的温暖,感受到父爱、母爱,营造良好的身心健康发展环境。村委会应建立邻里管护网,做到每个留守儿童回到家里均有人照顾,使留守儿童充分感受到邻里的关怀;而家长应尽可能为孩子提供必要的生活和学习条件,选定的监护人最好是有文化、有责任感、能监督和指导自己孩子的亲朋好友,保证孩子充分的学习、锻炼时间,同时不要娇惯孩子。只有学校、村委和家庭之间做到各司其职、及时沟通、及时了解,遇到问题及时解决,才能形成对留守儿童最坚强有力的保护网,保证他们健康成长。

（三）资源共享，构建区域体育联合体

农村学校是留守儿童学习的主要场所，鉴于农村学校体育资源缺乏与失衡，可以充分挖掘、发现和利用区域内的一些体育资源，包括体育设施、体育师资等，这些资源对孩子体育运动水平和健康水平的提高大有裨益。

1. 构建区域内体育场地、器材资源共享

体育场地、器材资源主要指各种运动场馆、运动器材等。从校情出发，在合适的区域内建立体育场地、器材资源共享制度，并建立统一的体育场地、器材资源管理平台，对区域内各校的所有体育场地、器材资源有计划地进行调配，使区域内体育场地、器材最大限度地流动起来，从而解决农村小学体育经费的不足，有效弥补体育场地、器材的短缺，保障农村学校体育教学工作的正常开展。

2. 构建区域内体育师资共享

师资均衡是实现教育公平、促进农村学校体育均衡发展的重要因素。除了制定农村小学体育教师工资待遇、评先评优等方面的优惠政策，鼓励优秀骨干体育教师到农村小学任教这些措施外，还可以建立"手拉手"结对帮扶制度及区域内体育名师、体育骨干教师联系制度，发挥区域内体育名师、体育骨干教师的作用。调动区域内城镇学校体育学科带头人、体育骨干教师及教学经验丰富的体育教师，开展体育骨干教师带普通体育教师的"结对"活动，聘请体育专业特长教师来农村学校兼课，同时构建区域内"名师"资源共享机制，学校之间体育教师进行定期或不定期交流上课，有效解决农村学校体育专业师资缺少而导致留守孩子体育课不能正常开展的弊端。

3. 共享教科研资源

区域内体育教研一体，创新集体备课模式。如：我们把全镇 9 所农村小学体育教研组组成一个大体育教研组，每两周进行一次体育教研活动。在制订学期大体育组教研活动计划时，要明确本学期的教研主题和具体周次主备教师名单和教学内容。活动中主备教师带领大家进行集体备课，组内教师评议后，主备教师综合大家的建议，再次构建教学设计。教研活动时主备教师上课汇报，课后教师进行综合评议，形成对本课的最终也是最佳创意教案，每一个参加教研活动的教师都要形成课后反思，填写评课意见书。这种活动模式很好地解决了农村小学体育教研中的"低效、重复、形式化"的问题，同时也共享了体育教科研资源，全面促进了体育教师的专业化水平，也提升了体育课堂质量，发展了农

村学校留守儿童的身体素质。

4.构建区域内体育课程及体育文化资源共享

充分利用网络资源优势,构建区域内体育课程资源共享平台,通过QQ群、微信群、博客群和电子信箱等手段,在群内进行体育教学交流,共享优秀的教学设计、教案、备课资源、课程等,实现体育课程资源共享。农村中心校要充分发挥自身的示范和引领作用,用先进的体育理念、体育管理模式、体育文化传统和良好的校风全面带动区域内学校的体育工作发展,提高区域内的体育文化软实力。与此同时,还鼓励每所学校体育个性发展和体育特色发展,充分挖掘学校内在潜力,形成各自不同的体育品牌,满足留守儿童体育生活的需要。

(四)加大投入,保障农村小学体育硬件设施均衡配置

体育场地、器材均衡是体育教育公平的基础,体育场地、器材等硬件资源的均衡发展离不开充足的经费支持。城乡小学在体育硬件资源配置上存在较大的差距,除上所述建立区域内体育场地、器材共享机制外,还应加大对农村小学体育硬件设施的投入,严格执行小学办学标准,把体育器材配备标准作为农村小学办学的一项重要指标,为农村小学体育教育提供必要条件,确保留守儿童体育课正常开展。

留守儿童在体育教育方面属于弱势群体。城镇家庭经济条件相对较好,他们有能力为孩子提供优质的体育器材,而农村留守孩子家庭因经济原因很难为孩子购买体育器材,因此,政府就要在政策、经费上给予支持,使留守孩子与城镇孩子一样享受体育活动带来的欢乐。

三、结论与期待

(1)农村小学留守儿童与非留守儿童健康状况存在差异。与非留守儿童相比,留守儿童不仅心理发展存在一些问题,体质健康水平也存在较大的差异。

(2)实施均衡教育是改变农村学校体育面貌的强有力措施。实施均衡教育能缩小城镇学校及农村学校体育差距,提高农村留守儿童体质健康水平。

(3)建立校、家、村联动机制机制,是解决农村留守儿童心理健康问题的有效手段。

(4)构建区域体育联合体,是提升留守儿童体质健康水平有效措施。实施区域内体育设施资源、人力资源、教科研资源、体育课程与文化资源共享,能有

效促进农村学校体育工作,改变农村体育教育教学现状,从而提升留守孩子体质健康水平。

伴随城市化和人口流动,流守儿童数量还会持续增加,流守儿童体质健康问题可以说是现阶段乃至相当长一个阶段必须关注和着力解决的社会问题。在"均衡教育"发展理念的支撑下,实现体育教育的均衡发展,就必须因地制宜,关注农村小学体育改革,关注留守儿童体质健康发展,只有这样才能真正落实好"健康第一"的教育理念,真正实现"教育均衡"。

本文写于 2015 年